胡适经典

胡 适 著

当代世界出版社

图书在版编目（CIP）数据

胡适经典/胡适著. —北京：当代世界出版社，2016.2

（民国文化名家经典书馆/滕浩主编）

ISBN 978-7-5090-1069-3

Ⅰ.①胡… Ⅱ.①胡… Ⅲ.①胡适（1891～1962）—文集 Ⅳ.①C52

中国版本图书馆 CIP 数据核字（2015）第 306870 号

书　　名：	胡适经典
出版发行：	当代世界出版社
地　　址：	北京市复兴路 4 号（100860）
网　　址：	http：//www.worldpress.com.cn
编务电话：	(010) 83907332
发行电话：	(010) 83908409
	(010) 83908455
	(010) 83908377
	(010) 83908423（邮购）
	(010) 83908410（传真）
经　　销：	全国新华书店
印　　刷：	北京欣睿虹彩印刷有限公司
开　　本：	710 毫米×1000 毫米　1/16
印　　张：	17
字　　数：	269 千字
版　　次：	2016 年 2 月第 1 版
印　　次：	2016 年 2 月第 1 次
书　　号：	ISBN 978-7-5090-1069-3
定　　价：	26.80 元

如发现印装质量问题，请与承印厂联系调换。
版权所有，翻印必究；未经许可，不得转载！

目　录

随笔杂谈

归国杂感 …………………………………………… 3
贞操问题 …………………………………………… 9
多研究些问题，少谈些"主义" …………………… 18
人权与约法 ………………………………………… 22
信心与反省 ………………………………………… 28
我的歧路 …………………………………………… 34
不朽 ………………………………………………… 38
九年的家乡教育 …………………………………… 46
介绍我自己的思想 ………………………………… 60
我的信仰 …………………………………………… 74
问题与主义 ………………………………………… 95
新思潮的意义 ……………………………………… 104

文学小品

一个问题 …………………………………………… 115
差不多先生传 ……………………………………… 122
漫游的感想 ………………………………………… 124

南游杂忆 ………………………………………… 136
我们对于西洋近代文明的态度 ………………… 171
文学进化观念 …………………………………… 182
国语的进化 ……………………………………… 188
文学革命运动 …………………………………… 202

讲 演 录

自由主义 ………………………………………… 221
中学生的修养与择业 …………………………… 227
少年中国之精神 ………………………………… 235
"五四"运动纪念 ………………………………… 239
科学的人生观 …………………………………… 247
赠与今年的大学毕业生 ………………………… 251
中国文艺复兴运动 ……………………………… 256

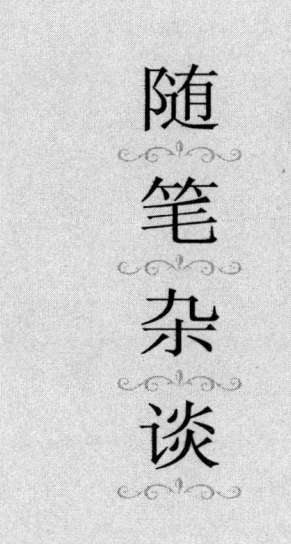
随笔杂谈

归国杂感

我在美国动身的时候，有许多朋友对我道："密斯忒胡，你和中国别了七个足年了，这七年之中，中国已经革了三次的命，朝代也换了几个了。真个是一日千里的进步。你回去时，恐怕要不认得那七年前的老大帝国了。"我笑着对他们说道："列位不用替我担忧。我们中国正恐怕进步太快，我们留学生回去要不认得他了，所以他走上几步，又退回几步。他正在那里回头等我们回去认旧相识呢。"

这话并不是戏言，乃是真话。我每每劝人回国时莫存大希望；希望越大，失望越大。所以我自己回国时，并不曾怀什么大希望。果然船到了横滨，便听得张勋复辟的消息。如今在中国已住了四个月了，所见所闻，果然不出我所料。七年没见面的中国还是七年前的老相识！到上海的时候，有一天，一位朋友拉我到大舞台去看戏。我走进去坐了两点钟，出来的时候，对我的朋友说道："这个大舞台真正是中国的一个绝妙的缩本模型。你看这大舞台三个字岂不很新？外面的房屋岂不是洋房？这里面的座位和戏台上的布景装潢岂不是西洋新式？但是做戏的人都不过是赵如泉、沈韵秋、万盏灯、何家声、何金寿这些人。没有一个不是二十年前的旧古董！我十三岁到上海的时候，他们已成了老角色了。如今又隔了十三年了，却还是他们在台上撑场面。这十三年造出来的新角色都到哪里去了呢？你再看那台上做的《举鼎观画》。那祖先堂上的布景，岂不很完备？只是那小薛蛟拿了那老头儿的书信，就此跨马加鞭，却忘记了台上布的景是一座祖先堂！又看那出《四进士》。台上布景，明明有了门了，那宋士杰却还要做手势去关那没有的门！上公堂时，还要跨那没有的门槛！你看这二十年前的旧古董，在二十世纪的大舞台上做戏；装上了二十世纪的新布景，却偏要做那二十年前的旧手脚！这不是一副绝妙的中国现势图吗？"

我在上海住了十二天，在内地住了一个月，在北京住了两个月，在路上走了二十天，看了两件大进步的事：第一件是"三炮台"的纸烟，居然行到我们徽州去了；第二件是"扑克"牌居然比麻雀牌还要时髦了。"三炮台"纸烟还不算希奇，只有那"扑克"牌何以会这样风行呢？有许多老先生向来学 A、B、C、D，是很不行的，如今打起"扑克"来，也会说"恩德""累死""接客倭彭"了！这些怪不好记的名词，何以会这样容易上口呢？他们学这些名词这样容易，何以学正经的 A、B、C、D，又那样蠢呢？我想这里面很有可以研究的道理。新思想行不到徽州，恐怕是因为新思想没有"三炮台"那样中吃罢？A、B、C、D，不容易教，恐怕是因为教的人不得其法罢？

我第一次走过四马路，就看见了三部教"扑克"的书。我心想"扑克"的书已有这许多了，那别种有用的书，自然更不少了，所以我就花了一天的工夫，专去调查上海的出版界。我是学哲学的，自然先寻哲学的书。不料这几年来，中国竟可以算得没有出过一部哲学书。找来找去，找到一部《中国哲学史》，内中王阳明占了四大页，《洪范》倒占了八页！还说了些"孔子既受天之命""与天地合德"的话。又看见一部《韩非子精华》，删去了《五蠹》和《显学》两篇，竟成了一部"韩非子糟粕"了。文学书内，只有一部王国维的《宋元戏曲史》是很好的。又看见一家书目上有翻译的莎士比亚剧本，找来一看，原来把会话体的戏剧，都改作了《聊斋志异》体的叙事古文！又看见一部《妇女文学史》，内中苏蕙的回文诗足足占了六十页！又看见《饮冰室丛著》内有《墨学微》一书，我是喜欢看看墨家的书的人，自然心中很高兴。不料抽出来一看，原来是任公先生十四年前的旧作，不曾改了一个字！此外只有一部《中国外交史》，可算是一部好书，如今居然到了三版了。这件事还可以使人乐观。此外那些新出版的小说，看来看去，实在找不出一部可看的小说。有人对我说,如今最风行的是一部《新华春梦记》,这也可以想见中国小说界的程度了。

总而言之,上海的出版界——中国的出版界——这七年来简直没有两三部以上可看的书!不但高等学问的书一部都没有,就是要找一部轮船上火车上消遣的书,也找不出!(后来我寻来寻去,只寻得一部吴稚晖先生的《上下古今谈》,带到芜湖路上去看。)我看了这个怪现状,真可以放声大哭。如今的中国人,肚子饿了,还有些施粥的厂把粥给他们吃。只是那些脑子叫饿的人可真没有东西吃了。难道可以把《九尾龟》《十尾龟》来充饥吗?

中文书籍既是如此,我又去调查现在市上最通行的英文书籍。看来看去,都是些什么莎士比亚的《威匿思商》《麦克白传》,阿狄生的《文报选录》,戈司密的《威克斐牧师》,欧文的《见闻杂记》,……大概都是些十七世纪十八世纪的书。内中有几部十九世纪的书,也不过是欧文、迭更司、司各脱、麦考来几个人的书,都是和现在欧美的新思潮毫无关系的。怪不得我后来问起一位有名的英文教习,竟连 Bernard Shaw 的名字也不曾听见过,不要说 Tchekoff 和 Andreyev 了。我想这都是现在一班教会学堂出身的英文教习的罪过。这些英文教习,只会用他们先生教过的课本。他们的先生又只会用他们先生的先生教过的课本。所以现在中国学堂所用的英文书籍,大概都是教会先生的太老师或太太老师们教过的课本!怪不得和现在的思想潮流绝无关系了。

有人说,思想是一件事,文字又是一件事,学英文的人何必要读与现代新思潮有关系的书呢?这话似乎有理,其实不然。我们中国人学英文,和英国、美国的小孩子学英文,是两样的。我们学西洋文字,不单是要认得几个洋字,会说几句洋话,我们的目的在于输入西洋的学术思想,所以我以为中国学校教授西洋文字,应该用一种"一箭射双雕"的方法,把"思想"和"文字"同时并教。例如教散文,与其用欧文的《见闻杂记》,或阿狄生的《文报选录》,不如用赫胥黎的《进化杂论》。

又如教戏曲，与其教莎士比亚的《威匿思商》，不如用 Bernard Shaw 的 *Androcles and the Lion* 或是 Galsworthy 的 *Strife* 或 *Justice*。又如教长篇的文字，与其教麦考来的《约翰生行述》不如教弥尔的《群己权界论》。……我写到这里，忽然想起日本东京丸善书店的英文书目。那书目上，凡是英美两国一年前出版的新书，大概都有。我把这书目和商务书馆与伊文思书馆的书目一比较，我几乎要羞死了。

我回中国所见的怪现状，最普通的是"时间不值钱"。中国人吃了饭没有事做，不是打麻雀，便是打"扑克"。有的人走上茶馆，泡了一碗茶，便是一天了。有的人拿一只鸟儿到处逛逛，也是一天了。更可笑的是朋友去看朋友，一坐下便生了根了，再也不肯走。有事商议，或是有话谈论，倒也罢了。其实并没有可议的事，可说的话。我有一天在一位朋友处有事，忽然来了两位客，是××馆的人员。我的朋友走出去会客，我因为事没有完，便在他房里等他。我以为这两位客一定是来商议这××馆中什么要事的。不料我听得他们开口道："××先生，今回是打津浦火车来的，还是坐轮船来的？"我的朋友说是坐轮船来的。这两位客接着便说轮船怎样不便，怎样迟缓。又从轮船上谈到铁路上，从铁路上又谈到现在中交两银行的钞洋跌价。因此又谈到梁任公的财政本领，又谈到梁士诒的行踪去迹……谈了一点多钟，没有谈上一句要紧的话。后来我等的没法了，只好叫听差去请我的朋友。那两位客还不知趣，不肯就走。我不得已，只好跑了，让我的朋友去领教他们的"二梁优劣论"罢！

美国有一位大贤名弗兰克令（Benjamin Franklin）的，曾说道："时间乃是造成生命的东西。"时间不值钱，生命仍然也不值钱了。上海那些拣茶叶的女工，一天拣到黑，至多不过得二百个钱，少的不过得五六十钱。茶叶店的伙计，一天做十六七点钟的工，一个月平均只拿得两三块钱！还有那些工厂的工人，更不用说了。还有那些更下等，更苦痛的工作，更不用说了。人力那样不值钱，所以卫生也不讲究，医药也不讲究。我在北京、上海看那些小店铺里和穷人家里的种种不卫生，真是一个黑暗世界。至于道路的不洁净，瘟疫的流行，更不消说了。最可怪的是无论阿猫阿狗都可挂牌医病，医死了人，也没有人怨恨，也没有人干涉。人命的不值钱，真可算得到了极端了。

现今的人都说教育可以救种种的弊病，但是依我看来，中国的教育，不但不能救亡，简直可以亡国。我有十几年没到内地去了，这回回去，自然去看看那些学堂。学堂的课程表，看来何尝不完备？体操也有，图画也有，英文也有，那些国文、修身之类，更不用说了。但是学堂的弊病，却正在这课程完备上。例如我们家乡的小学堂，经费自然不充足了，却也要每年花六十块钱去请一个中学堂学生兼教英文唱歌。又花二十块钱买一架风琴。我心想，这六十块一年的英文教习，能教什么英文？教的英文，在我们山里的小地方，又有什么用处？至于那音乐一科，更无道理了。请问那种学堂的音乐，还是可以增进"美感"呢？还是可以增进音乐知识呢？若果然要教音乐，为什么不去村乡里找一个会吹笛子唱昆腔的人来教。为什么一定要用那实在不中听的二十块钱的风琴呢？那些穷人的子弟学了音乐回家，能买得起一架风琴来练习他所学的音乐知识吗？我真是莫名其妙了。所以我在内地常说："列位办学堂，尽不必问教育部规程是什么，须先问这块地方上最需要的是什么。譬如我们这里最需要的是农家常识、蚕桑常识、商业常识、卫生常识，列位却把修身教科书去教他们做圣贤！又把二十块钱的风琴去教他们学音乐！又请一位六十块钱一年的教习教他们的英文！那位自己想想看，这样的教育，造得出怎么样的人才？所以我奉劝列位办学堂，切莫注重课程的完备，须要注意课程的实用。尽不必去巴结视学员，且去巴结那些小百姓。视学员说这个学堂好，是没有用的。须要小百姓都肯把他们的子弟送来上学，那才是教育有成效了。"

以上说的是小学堂。至于那些中学校的成绩，更可怕了。我遇见一位省立法政学堂的本科学生，谈了一会，他忽然问道："听说东文是和英文差不多的,这话可真吗?"我已经大诧异了。后来他听我说日本人总有些岛国习气,忽然问道:"原来日本也在海岛上吗?"……这个固然是一个极端的例。但是如今中学堂毕业的人才,高又高不得,低又低不得,竟成了一种无能的游民。这都由于学校里所教的功课,和社会上的需要毫无关涉。所以学校只管多,教育只管兴,社会上的工人、伙计、账房、警察、兵士、农夫……还只是用没有受过教育的人。社会所需要的是做事的人才,学堂所造成的是不会做事又不肯做事的人才,这种教育不是亡国的教育吗?

我说我的"归国杂感",提起笔来,便写三四千字。说的都是些很可以悲观的话,但是我却并不是悲观的人。我以为这二十年来中国并不是完全没有进步,不过惰性太大,向前三步又退回两步,所以到如今还是这个样子。我这回回家寻出了一部叶德辉的《翼教丛编》,读了一遍,才知道这二十年的中国实在已经有了许多大进步。不到二十年前,那些老先生们,如叶德辉、王益吾之流,出了死力去驳康有为,所以这书叫做《翼教丛编》。我们今日也痛骂康有为,但二十年前的中国,骂康有为太新;二十年后的中国却骂康有为太旧。如今康有为没有皇帝可保了,很可以做一部《翼教续编》来骂陈独秀了。这两部"翼教"的书的不同之处,便是中国二十年来的进步了。

贞操问题

一

周作人先生所译的日本人与谢野晶子的《贞操论》(《新青年》四卷五号),我读了很有感触。这个问题,在世界上受了几千年的无意识的迷信,到近几十年中,方才有些西洋学者正式讨论这问题的真意义。文学家如易卜生的《群鬼》和 Thomas Hardy 的《苔史》(Tess),都带着讨论这个问题。如今家庭专制最厉害的日本居然也有这样大胆的议论!这是东方文明史上一件极可贺的事。

当周先生翻译这篇文字的时候,北京一家很有价值的报纸登出一篇恰相反的文章。这篇文章是海宁朱尔迈的《会葬唐烈妇记》(七月二十三日北京《中华新报》)。上半篇写唐烈妇之死如下:

> 唐烈妇之死,所阅灰水,钱卤,投河,雉经者五,前后绝食者三;又益之以砒霜,则其亲试于杀人之方者凡九。自除夕上溯其夫亡之夕,凡九十有八日。夫以九死之惨毒,又历九十八日之长,非所称百挫于折有进而无退者乎?……

下文又借出一件"俞氏女守节"的事来替唐烈妇作陪衬:

> 女年十九,受海盐张氏聘,未于归,夫夭,女即绝食七日;家人劝之力,始进糜曰,"吾即生,必至张氏,宁服丧三年,然后归报地下。"

最妙的是朱尔迈的论断：

> 嗟乎，俞氏女盖闻烈妇之风而兴起者乎？……俞氏女果能死于绝食七日之内岂不甚幸？乃为家人阻之，俞氏女亦以三年为己任，余正恐三年之间，凡一千八十日有奇，非如烈妇之九十八日也。且绝食之后，其家人防之者百端，……虽有死之志，而无死之间，可奈何？烈妇倘能阴相之以成其节，风化所关，猗欤甚矣！

这种议论简直是全无心肝的贞操论。俞氏女还不曾出嫁，不过因为信了那种荒谬的贞操迷信，想做那"青史上留名的事"，所以绝食寻死，想做烈女。这位朱先生要维持风化，所以忍心害理地巴望那位烈妇的英灵来帮助俞氏女赶快死了，"岂不甚幸"！这种议论可算得贞操迷信的极端代表。《儒林外史》里面的王玉辉看他女儿殉夫死了，不但不哀痛，反仰天大笑道："死得好！死得好！"（五十二回）王玉辉的女儿殉已嫁之夫，尚在情理之中。王玉辉自己"生这女儿为伦纪生色"，他看他女儿死了反觉高兴，已不在情理之中了。至于这位朱先生巴望别人家的女儿替她未婚夫做烈女，说出那种"猗欤盛哉"的全无心肝的话，可不是贞操迷信的极端代表吗？

贞操问题之中，第一无道理的，便是这个替未婚夫守节和殉烈的风俗。在文明国里，男女用自由意志，由高尚的恋爱，订了婚约，有时男的或女的不幸死了，剩下的那一个因为生时爱情太深，故情愿不再婚嫁。这是合情理的事。若在婚姻不自由之国，男女订婚以后，女的还不知男的面长面短，有何情爱可言？不料竟有一种陋儒，用"青史上留名的事"来鼓励无知女儿做烈女，"为伦纪生色""风化所关，猗欤盛矣！"我以为我们今日若要作具体的贞操论，第一步就该反对这种忍心害理的烈女论，要渐渐养成一种舆论，不但永不把这种行为看作"猗欤盛矣"

可旌表褒扬的事，还要公认这是不合人情、不合天理的罪恶；还要公认劝人做烈女，罪等于故意杀人。

这不过是贞操问题的一方面。这个问题的真相，已经与谢野晶子说得很明白了。她提出几个疑问，内中有一条是："贞操是否单是女子必要的道德，还是男女都必要的呢？"这个疑问，在中国更为重要。中国的男子要他们的妻子替他们守贞守节，他们自己却公然嫖妓，公然纳妾，公然"吊膀子"。再嫁的妇人在社会上几乎没有社交的资格；再婚的男子，多妻的男子，却一毫不损失他们的身份。这不是最不平等的事吗？怪不得古人要请"周婆制礼"来补救"周公制礼"的不平等了。

我不是说，因为男子嫖妓，女子便该偷汉；也不是说，因为老爷有姨太太，太太便该有姨老爷。我说的是，男子嫖妓，与妇人偷汉，犯的是同等的罪恶；老爷纳妾，与太太偷人，犯的也是同等的罪恶。

为什么呢？因为贞操不是个人的事，乃是人对人的事；不是一方面的事，乃是双方面的事。女子尊重男子的爱情，心思专一，不肯再爱别人，这就是贞操。贞操是一个"人"对别一个"人"的一种态度。因为如此，男子对于女子，也该有同等的态度。若男子不能照样还敬，他就是不配受这种贞操的待遇。这并不是外国进口的妖言，这乃是孔丘说的"己所不欲，勿施于人"。孔丘说：

> 君子之道四，丘未能一焉：所求乎子以事父，未能也；所求乎臣以事君，未能也；所求乎弟以事兄，未能也；所求乎朋友，先施之，未能也。

孔丘五伦之中，只说了四伦，未免有点欠缺。他理该加上一句道：所求乎吾妇，先施之，未能也。

这才是大公无私的圣人之道！

二

我这篇文字刚才做完,又在上海报上看见陈烈女殉夫的事。今先记此事大略如下:

陈烈女名宛珍,绍兴县人,三世居上海。年十七,字王远甫之子菁士。菁士于本年三月廿三日病死,年十八岁。陈女闻死耗,即沐浴更衣,潜自仰药。其家人觉察,仓皇施救,已无及。女乃泫然曰:"儿志早决,生虽未获见夫,殁或相从地下……"言讫,遂死,死时距其未婚夫之死仅三时而已。(此据上海绍兴同乡会所出征文启。)

过了两天,又见上海县知事呈江苏省长请予褒扬的呈文,中说:

呈为陈烈女行实可风,造册具书证明,请予按例褒扬事。……(事实略)……兹据呈称,……并开具事实,附送褒扬费银六元前来。……知事复查无异。除先给予"贞烈可风"匾额,以资旌表外,谨援《褒扬条例》……之规定,造具清册,并附证明书,连同褒扬费,一并备文呈送,仰祈鉴核,俯赐咨行内务部将陈烈女按例褒扬,实为德便。

我读了这篇呈文,方才知道我们中华民国居然还有什么《褒扬条例》。于是我把那些条例寻来一看,只见第一条九种可褒扬的行谊的第二款便是"妇女节烈贞操可以风世者";第七款是"著述书籍,制造器用,于学术技艺或发明或改良之功者";第九款是"年逾百岁者"!一个人偶然活到了一百岁,居然也可以与学术技艺上的著作发明享受同等的褒扬！这已是不伦不类可笑得很了。再看那条例《施行细则》解释第一条第二款的"妇女节烈贞操可以风世者"如下：

  第二条：《褒扬条例》第一条第二款所称之"节"妇，其守节年限自三十岁以前守节至五十岁以后者。但年未五十而身故，其守节已及六年者同。
  第三条：同条款所称之"烈"妇"烈"女，凡遇强暴不从致死，或羞忿自尽，及夫亡殉节者，属之。
  第四条：同条款所称之"贞"女，守贞年限与节妇同。其在夫家守贞身故，及未符年例而身故者，亦属之。

  以上各条乃是中国贞操问题的中心点。第二条褒扬"自三十岁以前守节至五十岁以后"的节妇，是中国法律明明认三十岁以下的寡妇不该再嫁，再嫁为不道德。第三条褒扬"夫亡殉节"的烈妇烈女，是中国法律明明鼓励妇人自杀以殉夫；明明鼓励未嫁女子自杀以殉未嫁之夫。第四条褒扬未嫁女子替未婚亡夫守贞二十年以上，是中国法律明明说未嫁而丧夫的女子不该再嫁人，再嫁便是不道德。
  这是中国法律对于贞操问题的规定。
  依我个人的意思看来，这三种规定都没有成立的理由。
  第一，寡妇再嫁问题。这全是一个个人问题。妇人若是对她已死的丈夫真有割不断的情义，她自己不忍再嫁；或是已有了孩子，不肯再嫁；或是年纪已大，不能再嫁；或是家道殷实，不愁衣食，不必再嫁；——妇人处于这种境地，自然守节不嫁。还有一些妇人，对她丈夫，或有怨心，或无恩意，年纪又轻，不肯抛弃人生正当的家庭快乐；或是没有儿女，家又贫苦，不能度日；——妇人处于这种境遇没有守节的理由，为个人计，为社会计，为人道计，都该劝她改嫁。贞操乃是夫妇相待的一种态度。夫妇之间爱情深了，恩谊厚了，无论谁生谁死，无论生时死后，都不忍把这爱情移于别人，这便是贞操。夫妻之间若没有爱情恩意，即没有贞操可说。若不问夫妇之间有无可以永久不变的爱情，若不问做丈夫的配不配受他妻子的贞操，只晓得主张做妻子的总该替她丈夫守节，这是一偏的贞操论，这是不合人情公理的伦理。再者，贞操的道德，"照各人境遇体质的不同，有时能守，有时不能守；在甲能守，在乙不能守"（用与谢野晶子的话）。若不问个人的境遇体质，只晓得说"忠臣不事二君，烈女不更二夫"；只晓得说"饿死事极小，失节事极大"（用程子语）；这是忍心害理，男子专制的贞操论。——以上所说，大旨只要指出寡妇应否再嫁全是个人问题，有个人恩情上、体质上、家计上种种不同的理由，不可偏于一方面主张不近情理的守节。因为如此，故我极端反对国家用法律的规定来褒扬守节不嫁的寡妇。褒扬守节的寡妇，即是说寡妇再嫁为不道德，即是主张一偏的贞操论。法律既不能断定寡妇再嫁为不道德，即不该褒扬不嫁的寡妇。

第二，烈妇殉夫问题。寡妇守节最正当的理由是夫妇间的爱情。妇人殉夫最正当的理由也是夫妇间的爱情，爱情深了，生离尚且不能堪。何况死别？再加以宗教的迷信，以为死后可以夫妇团圆。因此有许多妇人，夫死之后，情愿杀身从夫于地下。这个不属于贞操问题。但我以为无论如何，这也是个人恩爱问题，应由个人自由意志去决定。无论如何，法律总不该正式褒扬妇人自杀殉夫的举动。一来呢，殉夫既由于个人的恩爱，何须用法律来褒扬鼓励？二来呢，殉夫若由于死后团圆的迷信，更不该有法律的褒扬了。三来呢，若用法律来褒扬殉夫的烈妇，有一些好名的妇人，便要借此博一个"青史留名"；是法律的褒扬反发生一种沽名钓誉、作伪不诚的行为了！

第三，贞女烈女问题。未嫁而夫死的女子，守贞不嫁的，是"贞女"；杀身殉夫的是"烈女"。我上文说过，夫妇之间若没有恩爱，即没有贞操可说。依此看来，那未嫁的女子，对于她丈夫有何恩爱？既无恩爱，更有何贞操可守？我说到这里，有个朋友驳我道："这话别人说了还可,胡适之可不该说这话。为什么呢?你自己曾做过一首诗,诗里有一段道'我不认得他,他不认得我,我却常念他,这是为什么?岂不因我们,分定常相亲?由分生情意。所以非路人。海外土生子,生不识故里,终有故乡情,其理亦如此。'依你这诗的理论看来,岂不是已订婚而未嫁娶的男女因为名分已定,也会有一种情意。既有了情意,自然发生贞操问题。你如今又说未婚嫁的男女没有恩爱,故也没有贞操可说,可不是自相矛盾吗?"

我听了这段驳论,几乎开口不得。想了一想,我才回答道,我那首诗所说名分上发生的情意,自然是有的;若没有那种名分上的情意,中国的旧式婚姻决不能存在。如旧日女子听人说她未婚夫的事,即面红害羞,即留神注意,可见她对她未婚夫实有这种名分上所发生的情谊。但这种情谊完全属于理想的。这种理想的情谊往往因实际上的反证,遂完全消灭。如女子悬想一个可爱的丈夫,及到嫁时,只见一个极下流不堪的男子,她如何能坚持那从前理想中的情谊呢?我承认名分可以发生一种情谊,我并且希望一切名分都能发生相当的情谊。但这种理想的情谊,依我看来实在不够发生终身不嫁的贞操,更不够发生杀身殉夫的节烈。即使我更让一步,承认中国有些女子,例如吴趼人《恨海》里那个浪子的聘妻,深中了圣贤经传的毒,由名分上真能生出极浓挚的情谊,无论她未婚夫如何淫荡,人格如何堕落,依旧贞一不变。试问我们在这个文明时代,是否应该赞成提倡这种盲从的贞操?这种盲从的贞操,只值得一句"其愚不可及也"的评论,却不值得法律的褒扬。法律既许未嫁的女子夫死再嫁,便不该褒扬处女守贞。至于法律褒扬无辜女子自杀以殉不曾见面的丈夫,那更是男子专制时代的风俗,不该存在于现今的世界。

总而言之,我对于中国人的贞操问题,有三层意见。

第一,这个问题,从前的人都看作"天经地义",一味盲从,全不研究"贞操"两字究竟有何意义。我们生在今日,无论提倡何种道德,总该想想那种道德的真意义是什么。墨子说得好：

> 子墨子问于儒者曰，"何故为乐？"曰，"乐以为乐也。"子墨子曰，"子未我应也。今我问曰，'何故为室？'曰，'冬避寒焉，夏避暑焉，室以为男女之别也。'则子告我为室之故矣。今问曰，'何故为乐？'曰，'乐以为乐也。'是犹曰，'何故为室？'曰，'室以为室也。'"（《墨子·公孟篇》）

今试问人"贞操是什么？"或"为什么你褒扬贞操？"他一定回答道："贞操就是贞操。我因为这是贞操，故褒扬他。"这种"室以为室也"的论理，便是今日道德思想宣告破产的证据。故我做这篇文字的第一个主意只是要大家知道"贞操"这个问题并不是"天经地义"，是可以彻底研究，可以反复讨论的。

第二，我以为贞操是男女相待的一种态度，乃是双方交互的道德，不是偏于女子一方面的。由这个前提，便生出几条引申的意见：（一）男子对于女子，丈夫对于妻子，也应有贞操的态度；（二）男子做不贞操的行为，如嫖妓娶妾之类，社会上应该用对待不贞妇女的态度来对待他；（三）妇女对于无贞操的丈夫，没有守贞操的责任；（四）社会法律既不认嫖妓纳妾为不道德，便不该褒扬女子的"节烈贞操"。

第三，我绝对地反对褒扬贞操的法律。我的理由是：

（一）贞操既是个人男女双方对待的一种态度，诚意的贞操是完全自动的道德，不容有外部的干涉，不须有法律的提倡。

（二）若用法律的褒扬为提倡贞操的方法，势必至造成许多沽名钓誉、不诚不实、无意识的贞操举动。

（三）在现代社会，许多贞操问题，如寡妇再嫁，处女守贞，等等问题的是非得失，却都还有讨论余地，法律不当以武断的态度制定褒贬的规条。

（四）法律既不奖励男子的贞操，又不惩男子的不贞操，便不该单独提倡女子的贞操。

（五）以近世人道主义的眼光看来，褒扬烈妇烈女杀身殉夫，都是野蛮残忍的法律，这种法律，在今日没有存在的地位。

多研究些问题，少谈些"主义"

本报（《每周评论》）第二十八号里，我曾说过：

> 现在舆论界的大危险，就是偏向纸上的学说，不去实地考察中国今日的社会需要究竟是什么东西。那些提倡尊孔祀天的人，固然是不懂得现时社会的需要。那些迷信军国主义或无政府主义的人，就可算是懂得现时社会的需要吗？
>
> 要知道舆论家第一天职，就是要细心考察社会的实在情形。一切学理，一切"主义"，都只是这种考察的工具。有了学理作参考材料，便可使我们容易懂得所考察的情形，容易明白某种情形有什么意义，应该用什么救济的方法。

我这种议论，有许多人一定不愿意听。但是前几天北京《公言报》《新民国报》《新民报》（皆安福部的报）和日本文的《新支那报》，都极力恭维安福部首领王揖唐主张民生主义的演说，并且恭维安福部设立"民生主义研究会"的办法。有许多人自然嘲笑这种假充时髦的行为。但是我看了这种消息，发生一种感想，这种感想是："安福部也来高谈民生主义了，这不是给我们这班新舆论家一种教训吗？"什么样的教训呢？这个可分三层说：

第一，空谈好听的"主义"，是极容易的事，是阿猫阿狗都能做的事，是鹦鹉和留声机都能做的事。

第二，空谈外来进口的"主义"，是没有什么用处的。一切主义都是某时某地有心人，对于那时那地的社会需要的救济方法。我们不去实地研究我们现在的社会需要，单会高谈某某主义。好比医生单记得许多汤头歌诀，不去研究病人的症候，如何能有用呢？

第三，偏向纸上的"主义"，是很危险的。这种口头禅很容易被无耻政客利用来做种种害人的事。欧洲政客和资本家利用国家主义的流毒，都是人所共知的。现在中国的政客又要利用某种某种主义来欺人了。罗兰夫人说："自由！自由！天下多少罪恶都是借你的名做出的！"一切好听的主义，都有这种危险。

这三条合起来看，可以看出"主义"的性质。凡"主义"都是应时势而起的。某种社会到了某时代，受了某种的影响，呈现某种不满意的现状。于是有一些有心人观察这种现象，想出某种救济的法子。这是"主义"的缘起。主义初起时，大都是一种救时的具体主张。后来这种主张传播出去，传播的人要图简便，便用一两个字来代表这种具体的主张，所以叫他做"某某主义"。主张成了主义，便由具体的计划，变成一个抽象的名词。"主义"的弱点和危险就在这里。因为世间没有一个抽象名词能把某人某派的具体主张都包括在里面。比如"社会主义"一个名词，马克思的社会主义和王揖唐的社会主义不同；你的社会主义和我的社会主义不同：决不是这一个抽象名词所能包括。你谈你的社会主义，我谈我的社会主义，王揖唐又谈他的社会主义，同用一个名词，中间也许隔开七八个世纪，也许隔开两三万里路，然而你和我和王揖唐都可自称社会主义家，都可用这一个抽象名词来骗人。这不是"主义"的大缺点和大危险吗？

我再举现在人人嘴里挂着的"过激主义"做一个例。现在中国有几个人知道这一个名词做何意义？但是大家都痛恨痛骂"过激主义"，内务部下令严防"过激主义"，曹锟也行文严禁"过激主义"，卢永祥也出示查禁"过激主义"。前两个月，北京有几个老官僚在酒席上叹气说，"不好了，过激派到了中国了。"前两天有一个小官僚看见我写的一把扇子，大诧异道："这不是过激党胡适吗？"哈哈，这就是"主义"的用处！

我因为深觉得高谈主义的危险，所以我现在奉劝现在新舆论界的同志道："请你们多提出一些问题，少谈一些纸上的主义。"

更进一步说："请你们多多研究这个问题如何解决，那个问题如何解决，不要高谈这种主义如何新奇，那种主义如何奥妙。"

现在中国应该赶紧解决的问题真多得很。从人力车夫的生计问题到大总统的权限问题，从卖淫问题到卖官卖国问题，从解散安福部问题到加入国际联盟问题，从女子解放问题到男子解放问题……哪一个不是火烧眉毛的紧急问题？

我们不去研究人力车夫的生计，却去高谈社会主义！不去研究女子如何解放，家庭制度如何救正，却去高谈公妻主义和自由恋爱！不去研究安福部如何解散，不去研究南北问题如何解决，却去高谈无政府主义！我们还要得意洋洋地夸口道："我们所谈的是根本解决。"老实说罢，这是自欺欺人的梦话！这是中国思想界破产的铁证！这是中国社会改良的死刑宣告！

为什么谈主义的人那么多？为什么研究问题的人那么少呢？这都由于一个懒字。懒的定义是避难就易。研究问题是极困难的事，高谈主义是极容易的事。比如研究安福部如何解散，研究南北和议如何解决，这都是要费工夫，挖心血，收集材料，征求意见，考察情形，还要冒险吃苦，方才可以得一种解决的意见。又没有成例可援，又没有黄梨洲、柏拉图的话可引，又没有《大英百科全书》可查，全凭研究考察的工夫，这岂不是难事吗？高谈"无政府主义"便不同了。买一两本《实社自由录》，看一两本西文无政府主义的小册子，再翻一翻《大英百科全书》，便可以高谈无忌了！这岂不是极容易的事吗？

高谈主义，不研究问题的人，只是畏难求易，只是懒！

凡是有价值的思想，都是从这个那个具体的问题下手的。先研究了问题的种种方面的种种的事实，看看究竟病在何处，这是思想的第一步工夫。然后根据于一生的经验学问，提出种种解决的方法，提出种种医病的丹方，这是思想的第二步工夫。然后用一生的经验学问，加上想象的能力，推想每一种假定的解决法，该有什么样的效果，推想这种效果是否真能解决眼前这个困难问题。推想的结果，拣定一种假定的解决，认为我的主张，这是思想的第三步工夫。凡是有价值的主张，都是先经过这三步工夫来的。不如此，算不得舆论家，只可算是抄书手。

读者不要误会我的意思。我并不是劝人不研究一切学说和一切"主义"。学理是我们研究问题的一种工具。没有学理做工具，就如同王阳明对着竹子痴坐，妄想"格物"，那是做不到的事。种种学说和主义，我们都应该研究。有了许多学理做材料，见了具体的问题方才能寻出一个解决的方法。

但是我希望中国的舆论家，把一切"主义"摆在脑背后做参考资料，不要挂在嘴上做招牌，不要叫一知半解的人拾了这半生不熟的主义，去做口头禅。

"主义"的大危险，就是能使人心满意足，自以为寻着了包医百病的"根本解决"，从此用不着费心力去研究这个那个具体问题的解决法了。

人权与约法

四月二十日国民政府下了一道保障人权的命令，全文是：

> 世界各国人权均受法律之保障。当此训政开始，法治基础亟宜确立。凡在中华民国法权管辖之内，无论个人或团体均不得以非法行为侵害他人身体、自由及财产。违者即依法严行惩办不贷。著行政司法各院通饬一体遵照。此令。

在这个人权被剥夺几乎没有丝毫余剩的时候，忽然有明令保障人权的盛举，我们老百姓自然是喜出望外，但我们欢喜一阵之后，揩揩眼镜，仔细重读这道命令，便不能不感觉大失望。失望之点是：

第一，这道命令认"人权"为"身体、自由、财产"三项，但这三项都没有明确规定。就如"自由"究竟是哪几种自由？又如"财产"究竟受怎样的保障？这都是很重要的缺点。

第二，命令所禁止的只是"个人或团体"，而并不曾提及政府机关。个人或团体固然不得以非法行为侵害他人身体自由及财产，但今日我们最感觉痛苦的是种种政府机关或假借政府与党部的机关侵害人民的身体自由及财产。如今日言论出版自由之受干涉，如各地私人财产之被没收，如近日各地电气工业之被没收，都是以政府机关的名义执行的。四月二十日的命令对于这一方面完全没有给人民什么保障。这岂不是"只许州官放火，不许百姓点灯"吗？

第三，命令中说，"违者即依法严行惩办不贷"，所谓"依法"是依什么法？我们就不知道今日有何种法律可以保障人民的人权。中华民国刑法固然有"妨害自由罪"等章,但种种妨害若以政府或党部名义行之,人民便完全没有保障了。

果然,这道命令颁布不久,上海各报上便发现"反日会的活动是否在此命令范围之内"的讨论。日本文的报纸以为这命令可以包括反日会(改名救国会)的行动;而中文报纸如《时事新报》畏垒先生的社论则以为反日会的行动不受此命令的制裁。

岂但反日会的问题吗?无论什么人,只须贴上"反动分子""土豪劣绅""反革命""共党嫌疑"等等招牌,便都没有人权的保障。身体可以受侮辱,自由可以完全被剥夺,财产可以任意宰制,都不是"非法行为"了。无论什么书报,只须贴上"反动刊物"的字样,都在禁止之列,都不算侵害自由了。无论什么学校,外国人办的只须贴上"文化侵略"字样,中国人办的只须贴上"学阀""反动势力"等等字样,也就都可以封禁没收,都不算非法侵害了。

我们在这种种方面,有什么保障呢?

我且说一件最近的小事,事体虽小,其中含着的意义却很重要。

三月二十六日上海各报登出一个专电,说上海特别市党部代表陈德征先生在三全大会提出了一个《严厉处置反革命分子案》。此案的大意是责备现有的法院太拘泥证据了,往往使反革命分子容易漏网。陈德征先生提案的办法是:

> 凡经省党部及特别市吏郎书面证明为反革命分子者,法院或其他法定之受理机关应以反革命罪处分之。如不服,得上诉。惟上级法院或其他上级法定之受理机关,如得中央党部之书面证明,即当驳斥之。

这就是说,法院对于这种案子,不须审问,只凭党部的一纸证明,便须定罪处刑。这岂不是根本否认法治了吗?

我那天看了这个提案，有点忍不住，便写了封信给司法院长王宠惠博士，大意是问他"对于此种提议作何感想"，并且问他"在世界法制史上，不知在哪一世纪哪一个文明民族曾经有这样一种办法，笔之于书，立为制度的吗"？

我认为这个问题是值得大家注意的，故把信稿送给国闻通信社发表。过了几天，我接得国闻通信社的来信，说：

> 昨稿已为转送各报，未见刊出，闻已被检查者扣去。兹将原稿奉还。

我不知道我这封信有什么军事上的重要而竟被检查新闻的人扣去。这封信是我亲自负责署名的。我不知道一个公民为什么不可以负责发表对于国家问题的讨论。

但我们对于这种无理的干涉，有什么保障呢？

又如安徽大学的一个学长，因为语言上顶撞了蒋主席，遂被拘禁了多少天。他的家人朋友只能到处奔走求情，决不能到任何法院去控告蒋主席。只能求情而不能控诉，这是人治，不是法治。

又如最近唐山罢市的案子，其起原是因为两益成商号的经理杨润普被当地驻军指为收买枪支，拘去拷打监禁。据四月二十八日《大公报》的电讯，唐山总商会的代表十二人到一百五十二旅去请求释放，军法官不肯释放。代表等辞出时，正遇兵士提杨润普入内，"时杨之两腿已甚臃肿，并有血迹，周身动转不灵，见代表等则欲哭无泪，语不成声，其凄惨情形，实难尽述"。但总商会及唐山商店八十八家打电报给唐生智，也只能求情而已；求情而无效，也只能相率罢市而已。人权在哪里？法治在哪里？

我写到这里，又看见五月二日的《大公报》，唐山全市罢市的结果，杨润普被释放了。"但因受刑过重，已不能行走，遂以门板抬出，未回

两益成,直赴中华医院医治。"《大公报》记者亲自去访问,他的记载中说:

> 见杨润普前后身衣短褂,血迹模糊。衣服均粘于身上,经医生施以手术,始脱下。记者当问被捕后情形,杨答,苦不堪言,曾用旧时惩治盗匪之压杠子,余实不堪其苦。正在疼痛难忍时,压于腿上之木杠忽然折断。旋又易以竹板,周身抽打,移时亦断。时刘连长在旁,主以铁棍代木棍,郑法官恐生意外,未果。此后每讯必打,至今周身是伤。据医生言,杨伤过重,非调养三个月不能复原。

这是人权保障的命令公布后十一日的实事,国民政府诸公对于此事不知作何感想?

我在上文随便举的几件实事,都可以指出人权的保障和法治的确定决不是一纸模糊命令所能办到的。

法治只是要政府官吏的一切行为都不得逾越法律规定的权限。法治只认得法律,不得认人。在法治之下,国民政府的主席与唐山一百五十二旅的军官都同样的不得逾越法律规定的权限。国民政府主席可以随意拘禁公民,一百五十二旅的军官自然也可以随意拘禁拷打商人了。

但是现在中国的政治行为根本上从没有法律规定的权限,人民的权利自由也从没有法律规定的保障。在这种状态之下,说什么保障人权!说什么确立法治基础!

在今日如果真要保障人权,如果真要确立法治基础,第一件应该制定一个中华民国的宪法,至少,至少,也应该制定所谓训政时期的约法。

孙中山先生当日制定《革命方略》时,他把革命建国事业的措施程序分作三个时期:

第一期为军法之治（三年）。

第二期为约法之治（六年）。……"凡军政府对于人民之权利义务，及人民对于军政府之权利义务，悉规定于约法。军政府与地方议会及人民各循守之。有违法者，负其责任。……"

第三期为宪法之治。

《革命方略》成于丙午年（1906），其后续有修订。至民国八年中山先生作《孙文学说》时，他在第六章里再三申说"过渡时期"的重要，很明白地说：

> 在此时期，行约法之治，以训导民人，实行地方自治。

至民国十二年一月，中山先生作《中国革命史》时，第二时期仍名为"过渡时期"，他对于这个时期特别注意。他说，第二为过渡时期。在此时期内，施行约法（非现行者），建设地方自治，促进民权发达。以一县为自治单位，每县于散兵驱除战事停止之日，立颁约法，以规定人民之权利义务，与革命政府之统治权。以三年为限，三年期满，则由人民选举其县官。……革命政府之对于此自治团体只能照约法所规定而行其训政之权。

又过了一年之后，当民国十三年四月中山先生起草《建国大纲》时，建设的程序也分作三个时期，第二期为"训政时期"。但他在《建国大纲》里不曾提起训政时期的约法，又不曾提起训政时期的年限，不幸一年之后他就死了，后来的人只读他的《建国大纲》，而不研究这"三期"说的历史，遂以为训政时期可以无限地延长，又可以不用约法之治，这是大错的。

中山先生的《建国大纲》虽没有明说"约法"，但我们研究他民国十三年以前的言论，可以知道他绝不会相信统治这样一个大国可以不用一个根本大法的。况且《建国大纲》里遗漏的东西多着哩。如二十一条说"宪法未颁布以前,各院长皆归总统任免",是训政时期有"总统",而全篇中不说总统如何产生。又如民国十三年一月国民党第一次代表大会宣言已有"以党为掌握政权之中枢"的话,而是年四月十二日中山先生草定《建国大纲》全文二十五条中没有一句话提到一党专政的。这都可见《建国大纲》不过是中山先生一时想到的一个方案,并不是应有尽有的,也不是应无尽无的。大纲所有,早已因时势而改动了。(如十九条五院之设立在宪政开始时期,而去年已设立五院了。)大纲所无,又何妨因时势的需要而设立呢?

我们今日需要一个约法,需要中山先生说的"规定人民之权利义务与革命政府之统治权"的一个约法。我们要一个约法来规定政府的权限;过此权限,便是"非法行为"。我们要一个约法来规定人民的"身体、自由及财产"的保障;有侵犯这法定的人权的,无论是一百五十二旅的连长或国民政府的主席,人民都可以控告,都得受法律的制裁。

我们的口号是:

快快制定约法以确定法治基础!

快快制定约法以保障人权!

信心与反省

这一期（《独立》一零三期）里有寿生先生的一篇文章，题为《我们要有信心》。在这文里，他提出一个大问题：中华民族真不行吗？他自己的答案是：我们是还有生存权的。

我很高兴我们的青年在这种恶劣空气里还能保持他们对于国家民族前途的绝大信心。这种信心是一个民族生存的基础，我们当然是完全同情的。

可是我们要补充一点：这种信心本身要建筑在稳固的基础之上，不可站在散沙之上，如果信仰的根据不稳固，一朝根基动摇了，信仰也就完了。

寿生先生不赞成那些旧人"拿什么五千年的古国哟，精神文明哟，地大物博哟，来遮丑"。这是不错的。然而他自己提出的民族信心的根据，依我看来，文字上虽然和他们不同，实质上还是和他们同样地站在散沙之上，同样地挡不住风吹雨打。例如他说：

> 我们今日之改进不如日本之速者，就是因为我们的固有文化太丰富了。富于创造性的人，个性必强，接受性就较缓。

这种思想在实质上和那五千年古国精神文明的迷梦是同样的无稽的夸大。第一，他的原则"富于创造性的人，个性必强，接受性就较缓"，这个大前提就是完全无稽之谈，就是懒惰的中国士大夫捏造出来替自己遮丑的胡说。事实上恰是相反的：凡富于创造性的人必敏于模仿，凡不善模仿的人决不能创造。创造是一个最误人的名词，其实创造只是模仿到十足时的一点点新花样。古人说得最好："太阳之下，没有新的东西。"一切所谓创造都从模仿出来。我们不要被新名词骗了。新名词的模仿就是旧名词的"学"字："学之为言效也"是一句不磨的老话。例如学琴，必须先模仿琴师弹琴；学画必须先模仿画师作画；就是画自然界的景物，也是模仿。模仿熟了，就是学会了，工具用得熟了，方法练得细密了，有天才的人自然会"熟能生巧"，这一点功夫到时的奇巧新花样就叫做创造。凡不肯模仿，就是不肯学人的长处。不肯学如何能创造？伽利略（Galileo）听说荷兰有个磨镜匠人做成了一座望远镜，他就依他听说的造法，自己制造了一座望远镜。这就是模仿，也就是创造。从十七世纪初年到如今，望远镜和显微镜都年年有进步，可是这三百年的进步，步步是模仿，也步步是创造。一切进步都是如此：没有一件创造不是先从模仿下手的。孔子说得好：

  三人行，必有我师焉：择其善者而从之，其不善者而改之。

  这就是一个圣人的模仿。懒人不肯模仿，所以绝不会创造。一个民族也和个人一样，最肯学人的时代就是那个民族最伟大的时代；等到他不肯学人的时候，他的盛世已过去了，他已走上衰老僵化的时期了，我们中国民族最伟大的时代，正是我们最肯模仿四邻的时代：从汉到唐宋，一切建筑、绘画、雕刻、音乐、宗教、思想、算学、天文、工艺，哪一件里没有模仿外国的重要成分？佛教和他带来的美术建筑，不用说了。从汉朝到今日，我们的历法改革，无一次不是采用外国的新法；最近三百年的历法是完全学西洋的，更不用说了。到了我们不肯学人家的好处的时候，我们的文化也就不进步了。我们到了民族中衰的时代，只有懒劲学印度人的吸食鸦片，却没有精力学满洲人的不缠脚，那就是我们自杀的法门了。

第二，我们不可轻视日本人的模仿。寿生先生也犯了一般人轻视日本的恶习惯，抹杀日本人善于模仿的绝大长处。日本的成功，正可以证明我在上文说的"一切创造都从模仿出来"的原则。寿生说：

> 从唐以至日本明治维新，千数百年间，日本有一件事足为中国取镜者吗？中国的学术思想在她手里去发展改进过吗？我们实无法说有。

这又是无稽的诬告了。三百年前，朱舜水到日本，他居留久了，能了解那个岛国民族的优点，所以他写信给中国的朋友说，日本的政治虽不能上比唐虞，可以说比得上三代盛世。这是一个中国大学者在长期寄居之后下的考语，是值得我们注意的。日本民族的长处全在他们肯一心一意地学别人的好处。他们学了中国的无数好处，但始终不曾学我们的小脚、八股文、鸦片烟。这不够"为中国取镜"吗？他们学别国的文化，无论在哪一方面，凡是学到家的，都能有创造的贡献。这是必然的道理。浅见的人都说日本的山水人物画是模仿中国的；其实日本画自有他的特点，在人物方面的成绩远胜过中国画，在山水方面也没有走上四王的笨路。在文学方面，他们也有很大的创造。近年已有人赏识日本的小诗了。我且举一个大家不甚留意的例子。文学史家往往说日本的《源氏物语》等作品是模仿中国唐人的小说《游仙窟》等画的。现今《游仙窟》已从日本翻印回中国来了，《源氏物语》也有了英国人卫来先生（Arthur waley）的五巨册的译本。我们若比较这两部画，就不能不惊叹日本人创造力的伟大。如果"源氏"真是从模仿《游仙窟》出来的，那真是徒弟胜过师傅千万倍了！寿生先生原文里批评日本的工商业，也是中了成见的毒。日本今日工商业的长足发展，虽然也受了生活程度比人低和货币低落的恩惠，但他的根基实在是全靠科学与工商业的进步。今日大阪与兰肯歇的竞争，骨子里还是新式工业与旧式工业的竞争。日本今日自造的纺织器是世界各国公认为最新最良的。今日英国纺织业也不能不购买日本的新机器了。这是从模仿到创造的最好的例子。不然，我们工人的工资比日本更低，货币平常也比日本钱更贱，为什么我们不能"与他国资本家抢商场"呢？我们到了今日，若还要抹煞事实，笑人模仿，而自居于"富于创造性者"的不屑模仿，那真是盲目的夸大狂了。

第三，再看看"我们的固有文化"是不是真的"太丰富了"。寿生和其他夸大本国固有文化的人们，如果真肯平心想想，必然也会明白这句话也是无根的乱谈。这个问题太大，不是这篇短文里所能详细讨论的，我只能指出几个比较重要之点，使人明白我们的固有文化实在是很贫乏的，谈不到"太丰富"的梦话。近代的科学文化、工业文化，我们可以撇开不谈，因为在那些方面，我们的贫乏未免太丢人了。

我们且谈谈老远的过去时代罢。我们的周秦时代当然可以和希腊罗马相提并论，然而我们如果平心研究希腊罗马的文学、雕刻、科学、政治，单是这四项就不能不使我们感觉我们的文化的贫乏了。尤其是造形美术与算学的两方面，我们真不能不低头愧汗。我们试想想，《几何原本》的作者欧几里得正和孟子先后同时；在那么早的时代，在二千多年前，我们在科学上早已大落后了！（少年爱国的人何不试拿《墨子·经上》篇里的三五条几何学界说来比较《几何原本》？）从此以后，我们所有的，欧洲也都有；我们所没有的，人家所独有的，人家都比我们强。试举一个例子：欧洲有三个一千年的大学，有许多个五百年以上的大学，至今继续存在，继续发展，我们有没有？至于我们所独有的宝贝，骈文，律诗，八股，小脚，太监，姨太太，五世同居的大家庭，贞节牌坊，地狱活现的监狱，廷杖，板子夹棍的法庭，……虽然"丰富"，虽然"在这世界无不足以单独成一系统"，究竟都是使我们抬不起头来的文物制度。即如寿生先生指出的"那更光辉万丈"的宋明理学，说起来也真正可怜！讲了七八百年的理学，没有一个理学圣贤来指出裹小脚是不人道的野蛮行为，只见大家崇信"饿死事极小，失节事极大"的吃人礼教：请问那万丈光辉究竟照耀到哪里去了？

以上说的，都只是略略指出寿生先生代表的民族信心是建筑在散沙上面，经不起风吹草动，就会倒塌下来的。信心是我们需要的，但无根据的信心是没有力量的。

可靠的民族信心，必须建筑在一个坚固的基础之上，祖宗的光荣自是祖宗之光荣，不能救我们的痛苦羞辱。何况祖宗所建的基业不全是光荣呢？我们要指出：我们的民族信心必须站在"反省"的惟一基础之上。反省就是要闭门思过，要诚心诚意地想，我们祖宗的罪孽深重，我们自己的罪孽深重；要认清了罪孽所在，然后我们可以用全副精力去消灾灭罪。寿生先生引了一句"中国不亡是无天理"的悲叹词句，他也许不知道这句伤心的话是我十三四年前在中央公园后面柏树下对孙伏园先生说的，第二天被他记在《晨报》上，就流传至今。我说出那句话的目的，不是要人消极，是要人反省；不是要人灰心，是要人起信心，发下大弘誓来忏悔；来替祖宗忏悔，替我们自己忏悔；要发愿造新因来替代旧日种下的恶因。

今日的大患在于全国人不知耻。所以不知耻者，只是因为不曾反省。一个国家兵力不如人，被人打败了，被人抢夺了一大块土地去，这不算是最大的耻辱。一个国家在今日还容许整个的省份遍种鸦片烟，一个政府在今日还要依靠鸦片烟的税收——公卖税、吸户税、烟苗税、过境税——来做政府的收入的一部分，这是最大的耻辱。一个现代民族在今日还容许他们的最高官吏公然提倡什么"时轮金刚法会""息灾利民法会"，这是最大的耻辱。一个国家有五千年的历史，而没有一个四十年的大学，甚至于没有一个真正完备的大学，这是最大的耻辱。一个国家能养三百万不能捍卫国家的兵，而至今不肯计划任何区域的国民义务教育，这是最大的耻辱。

真诚的反省自然发生真诚的愧耻。孟子说得好："不耻不若人，何若人有？"真诚的愧耻自然引起向上的努力，要发弘愿努力学人家的好处，铲除自家的罪恶。经过这种反省与忏悔之后，然后可以起新的信心：要信仰我们自己正是拨乱反正的人，这个担子必须我们自己来挑起。三四十年的天足运动已经差不多完全铲除了小脚的风气：从前大脚的女人要装小脚，现在小脚的女人要装大脚了。风气转移得这样快，这不够坚定我们的自信心吗？

历史的反省自然使我们明了今日的失败都因为过去的不努力，同时也可以使我们格外明了"种瓜得瓜，种豆得豆"的因果铁律。铲除过去的罪孽只是割断已往种下的果。我们要收新果，必须努力造新因。祖宗生在过去的时代，他们没有我们今日的新工具，也居然能给我们留下了不少的遗产。我们今日有了祖宗不曾梦见的种种新工具，当然应该有比祖宗高明千百倍的成绩，才对得起这个新鲜的世界。日本一个小岛国，那么贫瘠的土地，那么少的人民，只因为伊藤博文、大久保利通、西乡隆盛等几十个人的努力，只因为他们肯拼命地学人家，肯拼命地用这个世界的新工具，居然在半个世纪之内一跃而为世界三五大强国之一。这不够鼓舞我们的信心吗？

反省的结果应该使我们明白那五千年的精神文明。那"光辉万丈"的宋明理学，那并不太丰富的固有文化，都是无济于事的银样蜡枪头。我们的前途在我们自己的手里。我们的信心应该望在我们的将来。我们的将来全靠我们下什么种，出多少力。"播了种一定会有收获，用了力绝不至于白费"：这是翁文灏先生要我们有的信心。

我的歧路

梅先生是向来不赞成我谈思想文学的，现在却极赞成我谈政治；孙先生是向来最赞成我谈思想文学的，现在很恳挚地怪我不该谈政治；常先生又不同了，他并非不赞成我谈思想文学，他只希望我此时把全副精神用在政治上。——这真是我的歧路！

我在这三岔路口，也曾迟回了三年；我现在忍着心肠来谈政治，一只脚已踏上东街，一只脚还踏在西街，我的头还是回望着那原来的老路上！伏庐的怪我走错了路，我也可以承认；燕生怪我精神不贯注，也是真的。我要我的朋友们知道我所以"变节"与"变节而又迟回"的原故，我不能不写一段自述的文章。

我是一个注意政治的人。当我在大学时，政治经济的功课占了我三分之一的时间。当一九一二到一九一六年，我一面为中国的民主辩护，一面注意世界的政治。我那时是世界学生会的会员，国际政策会的会员，联校非兵会的干事。一九一五年，我为了讨论中日交涉的问题，几乎成为众矢之的。一九一六年，我的国际非攻论文曾得最高奖金。但我那时已在中国哲学史的研究上寻着我的终身事业了，同时又被一班讨论文学问题的好朋友逼上文学革命的道路了。从此以后，哲学史成了我的职业，文学做了我的娱乐。

一九一七年七月我回国时，船到横滨，便听见张勋复辟的消息；到了上海，看了出版界的孤陋，教育界的沉寂，我方才知道张勋的复辟乃是极自然的现象，我方才打定二十年不谈政治的决心，要想在思想文艺上替中国政治建筑一个革新的基础。我这四年多以来，写了八九十万字的文章，内中只有一篇曾琦《国体与青年》的短序是谈政治的，其余的文字都是关于思想与文艺的。

一九一八年十二月,我的朋友陈独秀、李守常等发起《每周评论》。那是一个谈政治的报,但我在《每周评论》做的文字总不过是小说文艺一类,不曾谈过政治。直到一九一九年六月中,独秀被捕,我接办《每周评论》,方才有不能不谈政治的感觉。那时正当安福部极盛的时代,上海的分赃和会还不曾散伙。然而国内的"新"分子闭口不谈具体的政治问题,却高谈什么无政府主义与马克思主义。我看不过了,忍不住了,——因为我是一个实验主义的信徒,——于是发愤要想谈政治。我在《每周评论》第三十一号里提出我的政论的导言,叫做《多研究些问题,少谈些"主义"》(《文存》卷二,页一四七以下)。我那时说:

> 我们不去研究人力车夫的生计,却去高谈社会主义!……不去研究安福部如何解散,不去研究南北问题如何解决,却去高谈无政府主义!我们还要得意洋洋地夸口道:"我们所谈的是根本解决。"老实说罢,这是自欺欺人的梦话!这是中国思想界破产的铁证!这是中国社会改良的死刑宣告!
>
> ……
>
> 高谈主义,不研究问题的人,只是畏难求易,只是懒!

但我的政论的"导言"虽然出来了,我始终没有做到"本文"的机会!我的导言引起了无数的抗议:北方的社会主义者驳我,南方的无政府主义者痛骂我。我第三次替这篇导言辩护的文章刚排上版,《每周评论》就被封禁了;我的政论文章也就流产了。

《每周评论》是一九一九年八月三十日被封的。这两年零八个月之中,忙于病,使我不能分出工夫来做舆论的事业。我心里也觉得我的哲学文学事业格外重要,实在舍不得丢了我的旧恋来巴结我的新欢。况且几年不谈政治的人,实在不容易提起一股高兴来做政论的文章,心里总想国内有人起来干这种事业，何必要我来加一忙呢？

然而我等候了两年零八个月，中国的舆论界仍然使我大失望。一班"新"分子天天高谈基尔特社会主义与马克思社会主义，高谈"阶级战争"与"赢余价值"；内政腐败到了极处，他们好像都不曾看见，他们索性把"社论""时评"都取消了，拿那马克思——克洛泡特金——爱罗先柯的附张来做挡箭牌，掩眼法！外交的失败，他们确然也还谈谈，因为骂日本是不犯禁的；然而华盛顿会议中，英美调停，由中日两国代表开议，国内的报纸就加上一个"直接交涉"的名目。直接交涉是他们反对过的，现在这个莫名其妙的东西又叫做"直接交涉"了，所以他们不能不极力反对。然而他们争的是什么呢？怎样才可以达到目的呢？是不是要日本无条件地屈伏呢？外交问题是不是可以不交涉而解决呢？这些问题就很少人过问了。

我等候两年零八个月，实在忍不住了。我现在出来谈政治，虽是国内的腐败政治激出来的，其实大部分是这几年的"高谈主义而不研究问题"的"新舆论界"把我激出来的。我现在的谈政治，只是实行我那"多研究问题，少谈主义"的主张。我自信这是和我的思想一致的。梅迪生说我谈政治"较之谈白话文与实验主义胜万万矣"，他可错了；我谈政治只是实行我的实验主义，正如我谈白话文也只是实行我的实验主义。

实验主义自然也是一种主义，但实验主义只是一个方法，只是一个研究问题的方法。他的方法是：细心搜求事实，大胆提出假设，再细心求实证。一切主义，一切学理，都只是参考的材料、暗示的材料、待证的假设，绝不是天经地义的信条。实验主义注重在具体的事实与问题，故不承认根本的解决。他只承认那一点一滴做到的进步，——步步有智慧的指导，步步有自动的实验，——才是真进化。

我这几年的言论文字，只是这一种实验主义的态度在各方面的应用。我的唯一目的是要提倡一种新的思想方法，要提倡一种注重事实，服从证验的思想方法。古文学的推翻，白话文学的提倡，哲学史的研究，《水浒》《红楼梦》的考证，一个"了"字或"们"字的历史，都只是这一个目的。我现在谈政治，也希望在政论界提倡这一种"注重事实，尊崇证验"的方法。

我的朋友们，我不曾"变节"；我的态度是如故的，只是我的材料与实例变了。

孙伏庐说他想把那被政治史夺去的我，替文化史夺回来。我很感谢他的厚意。但我要加一句：没有不在政治史上发生影响的文化；如果把政治划出文化之外，那就又成了躲懒的、出世的、非人生的文化了。

至于我精神不能贯注在政治上的原因，也是很容易明白的。哲学是我的职业，文学是我的娱乐，政治只是我的一种忍不住的新努力。我家中政治的书比其余的书，只成一与五千的比例，我七天之中，至多只能费一天在《努力周报》上；我做一段二百字的短评，远不如做一万字《李觏学说》的便利愉快。我只希望提倡这一点"多研究问题，少谈主义"的政论态度，我最希望国内爱谈政治又能谈政治的学者来霸占这个周报。以后我七天之中，分出一天来替他们编辑整理，其余六天仍旧去研究我的哲学与文学，那就是我的幸福了。

我很承认常燕生的责备，但我不能承认他责备的理由。他说：

> 至于思想文艺等事，先生们这几年提倡的效果也可见了，难道还期望他尚能再有进步吗？

他下文又说"现在到了山顶以后，便应当往下走了"。这些话我不大懂得。燕生绝不会承认现在的思想文艺已到了山顶，不能"再有进步"了。我对于现今的思想文艺，是很不满意的。孔丘、朱熹的奴隶减少了，却添上了一班马克思、克洛泡特金的奴隶；陈腐的古典主义打倒了，却换上了种种浅薄的新古典主义。我们"提倡有心，创造无力"的罪名是不能避免的。这也是我在这歧路上迟回瞻顾的一个原因了。

不 朽
——我的宗教

不朽有种种说法，但是总括看来，只有两种说法是真有区别的。一种是把"不朽"解作灵魂不灭的意思。一种就是《春秋》《左传》[①]上说的"三不朽"。

（一）神不灭论。宗教家往往说灵魂不灭，死后须受末日的裁判：做好事的享受天国天堂的快乐，做恶事的要受地狱的苦痛。这种说法，几千年来不但受了无数愚夫愚妇的迷信，居然还受了许多学者的信仰。但是古往今来也有许多学者对于灵魂是否可离形体而存在的问题，不能不发生疑问。最重要的如南北朝人范缜的《神灭论》说："形者神之质，神者形之用……神之于质，犹利之于刀；形之于用，犹刀之于利。……舍利无刀，舍刀无利。未闻刀没而利存，岂容形亡而神在？"宋朝的司马光也说："形既朽灭，神亦飘散，虽有剉烧舂磨，亦无所施。"但是司马光说得"形既朽灭，神亦飘散"，还不免把形与神看作两件事，不如范缜说的更透切。范缜说人的神灵即是形体的作用，形体便是神灵的形质。正如刀子是形质，刀子的利钝是作用；有刀子方才有利钝，没有刀子便没有利钝。人有形体方才有作用：这个作用，我们叫做"灵魂"。若没有形体，便没有作用了，便没有灵魂了。范缜这篇《神灭论》出来的时候，惹起了无数人的反对。梁武帝叫了七十几个名士作论驳他，都没有什么真有价值的议论。其中只有沈约的《难神灭论》说："利若遍施四方，则利体无处复立；利之为用正存一边毫毛处耳。神之与形，举

[①] 《春秋》，即《春秋经》，又称《麟经》或《麟史》，是我国第一部编年体历史著作，由孔子修订而成。《左传》，又名《左氏春秋》《春秋左氏传》，相传由春秋末期鲁国史官左丘明根据《春秋》编成。

体若合,又安得同乎?若以此譬为尽耶,则不尽;若谓本不尽耶,则不可以为譬也。"这一段是说刀是无机体,人是有机体,故不能彼此相比。这话固然有理,但终不能推翻"神者形之用"的议论。近世唯物派的学者也说人的灵魂并不是什么无形体、独立存在的物事,不过是神经作用的总名;灵魂的种种作用都即是脑部各部分的机能作用;若有某部被损伤,某种作用即时废止;人年幼时脑部不曾完全发达,神灵作用也不能完全,老年人脑部渐渐衰耗,神灵作用也渐渐衰耗。这种议论的大旨,与范缜所说"神者形之用"正相同。但是有许多人总舍不得把灵魂打消了,所以咬住说灵魂另是一种神秘玄妙的物事,并不是神经的作用。这个"神秘玄妙"的物事究竟是什么,他们也说不出来,只觉得总应该有这么一件物事。既是"神秘玄妙",自然不能用科学试验来证明他,也不能用科学试验来驳倒他。既然如此,我们只好用实验主义(Pragmatism)的方法,看这种学说的实际效果如何,以为评判的标准。依此标准看来,信神不灭论的固然也有好人,信神灭论的也未必全是坏人。即如司马光、范缜、赫胥黎一类的人,说不信灵魂不灭的话,何尝没有高尚的道德?更进一层说,有些人因为迷信天堂、天国、地狱、末日裁判,方才修德行善,这种修行全是自私自利的,也算不得真正道德。总而言之,灵魂灭不灭的问题,于人生行为上实在没有什么重大影响;既没有实际的影响,简直可说是不成问题了。

(二)三不朽说。《左传》说的三种不朽是:(1)立德的不朽;(2)立功的不朽;(3)立言的不朽。"德"便是个人人格的价值,像墨翟、耶稣一类的人,一生刻意孤行,精诚勇猛,使当时的人敬爱信仰,使千百年后的人想念崇拜。这便是立德的不朽。"功"便是事业,像哥仑布发现美洲,像华盛顿造成美洲共和国,替当时的人开一新天地,替历史开一新纪元,替天下后世的人种下无量幸福的种子。这便是立功的不朽。"言"便是语言著作,像那《诗经》三百篇的许多无名诗人,又像陶潜、杜甫、莎士比亚、易卜生一类的文学家,又像柏拉图、卢骚、弥儿一类的哲学家，又像牛敦、达尔文一类的科学家，或是做了几首好诗使千百年后的人欢喜感叹；或是做了几本好戏使当时的人鼓舞感动，使后世的人发愤兴起；或是创出一种新哲学，或是发明了一种新学说，或在当时发生思想的革命，或在后世影响无穷。这便是立言的不朽。总而言之，这种不朽说，不问人死后灵魂能不能存在，只问他的人格，他的事业，他的著作有没有永远存在的价值。即如基督教徒说耶稣是上帝的儿子，他的灵魂永永存在，我们正不用驳这种无凭据的神话，只说耶稣的人格、事业和教训都可以不朽，又何必说那些无谓的神话呢？又如孔教会的人每到了孔丘的生日，一定要举行祭孔的典礼，还有些人学那"朝山进香"的法子，要赶到曲阜孔林去对孔丘的神灵表示敬意！其实孔丘的不朽全在他的人格与教训，不在他那"在天之灵"。大总统多行两次丁祭，孔教会多走两次"朝山进香"，就可以使孔丘格外不朽了吗？更进一步说，像那《三百篇》里的诗人，也没有姓名，也没有事实，但是他们都可说是立言的不朽。为什么呢？因为不朽全靠一个人的真价值，并不靠姓名事实的流传，也不靠灵魂的存在。试看古今来的多少大发明家，那发明火的，发明养蚕的，发明缫丝的，发明织布的，发明水车的，发明舂米的水碓的，发明规矩的，发明秤的，……虽然姓名不传，事实湮没，但他们的功业永远存在，他们也就都不朽了。这种不朽比那个人的小小灵魂的存在，可不是更可宝贵，更可羡慕吗？况且那灵魂的有无还在不可知之中，这三种不朽——德，功，言，——可是实在的。这三种不朽可不是比那灵魂的不灭更靠得住吗？

以上两种不朽论，依我个人看来，不消说得，那"三不朽说"是比那"神不灭说"好得多了。但是那"三不朽说"还有三层缺点，不可不知。第一，照平常的解说看来，那些真能不朽的人只不过那极少数有道德、有功业、有著述的人。还有那无量平常人难道就没有不朽的希望吗？世界上能有几个墨翟、耶稣，几个哥仑布、华盛顿，几个杜甫、陶潜，几个牛敦、达尔文呢？这岂不成了一种"寡头"的不朽论吗？第二，这种不朽论单从积极一方面着想，但没有消极的裁制。那种灵魂的不朽论既说有天国的快乐，又说有地狱的苦楚，是积极消极两方面都顾着的。如今单说立德可以不朽，不立德又怎样呢？立功可以不朽，有罪恶又怎样呢？第三，这种不朽论所说的"德，功，言"三件，范围都很含糊。究竟怎样的人格方才可算是"德"呢？怎样的事业方才可算是"功"呢？怎样的著作方才可算是"言"呢？我且举一个例。哥仑布发现美洲固然可算得立了不朽之功，但是他船上的水手火头又怎样呢？他那只船的造船工人又怎样呢？他船上用的罗盘器械的制造工人又怎样呢？他所读的书的著作者又怎样呢？……举这一条例，已可见"三不朽"的界限含糊不清了。

因为要补足这三层缺点，所以我想提出第三种不朽论来请大家讨论。我一时想不起别的好名字，姑且称他做"社会的不朽论"。

（三）社会的不朽论。社会的生命，无论是看纵剖面，是看横截面，都像一种有机的组织。从纵剖面看来，社会的历史是不断的；前人影响后人，后人又影响更后人；没有我们的祖宗和那无数的古人，又哪里有今日的我和你？没有今日的我和你，又哪里有将来的后人？没有那无量数的个人，便没有历史，但是没有历史，那无数的个人也绝不是那个样子的个人。总而言之，个人造成历史，历史造成个人。从横截面看来，社会的生括是交互影响的：个人造成社会，社会造成个人；社会的生活全靠个人分工合作的生活，但个人的生活，无论如何不同，都脱不了社会的影响；若没有那样这样的社会，绝不会有这样那样的我和你；若没有无数的我和你，社会也绝不是这个样子。来勃尼慈（Leibnitz）说得好：

> 这个世界乃是一片大充实（Plenum，为真空 Vacuum 之对），其中一切物质都是接连着的。一个大充实里面有一点变动，全部的物质都要受影响，影响的程度与物体距离的远近成

正此例。世界也是如此。每一个人不但直接受他身边亲近的人的影响，并且间接又间接地受距离很远的人的影响。所以世间的交互影响，无论距离远近，都受得着的。所以世界上的人，每人受着全世界一切动作的影响。如果他有周知万物的智慧，他可以在每人的身上看出世间一切施为，无论过去未来都可看得出，在这一个现在里面便有无穷时间空间的影子。（见 Monadology 第六十一节）

从这个交互影响的社会观和世界观上面，便生出我所说的"社会的不朽论"来。我这"社会的不朽论"的大旨是：

我这个"小我"不是独立存在的，是和无量数小我有直接或间接的交互关系的；是和社会的全体和世界的全体都有互为影响的关系的；是和社会世界的过去和未来都有因果关系的。种种从前的因，种种现在无数"小我"和无数他种势力所造成的因，都成了我这个"小我"的一部分。我这个"小我"，加上了种种从前的因，又加上了种种现在的因，传递下去，又要造成无数将来的"小我"。这种种过去的"小我"，和种种现在的"小我"，和种种将来无穷的"小我"，一代传一代，一点加一滴；一线相传，连绵不断；一水奔流，滔滔不绝：——这便是一个"大我"。"小我"是会消灭的，"大我"是永远不灭的。"小我"是有死的，"大我"是永远不死，永远不朽的。"小我"虽然会死，但是每一个"小我"的一切作为，一切功德罪恶，一切语言行事，无论大小，无论是非，无论善恶，一都永远留存在那个"大我"之中。那个"大我"，便是古往今来一切"小我"的纪功碑，彰善祠，罪状判决书，孝子慈孙百世不能改的恶谥法。这个"大我"是永远不朽的，故一切"小我"的事业，人格，一举一动，一言一笑，一个念头，一场功劳，一桩罪过，也都永远不朽。这便是社会的不朽，"大我"的不朽。

那边"一座低低的土墙，遮着一个弹三弦的人"。那三弦的声浪，在空间起了无数波澜；那被冲动的空气质点，直接间接冲动无数旁的空气质点；这种波澜，由近而远，至于无穷空间；由现在而将来，由此刹那以至于无量刹那，至于无穷时间：——这已是不灭不朽了。那时间，那"低低的土墙"外边来了一位诗人，听见那三弦的声音，忽然起了一个念头；由这一个念头，就成了一首好诗；这首好诗传诵了许多人；人读了这诗，各起种种念头；由这种种念头，更发生无量数的念头，更发生无数的动作，以至于无穷。然而那"低低的土墙"里面那个弹三弦的人又如何知道他所发生的影响呢？

一个生肺病的人在路上偶然吐了一口痰。那口痰被太阳晒干了，化为微尘，被风吹起空中，东西飘散，渐吹渐远，至于无穷时间，至于无穷空间。偶然一部分的病菌被体弱的人呼吸进去，便发生肺病，由他一身传染一家，更由一家传染无数人家。如此辗转传染，至于无穷空间，至于无穷时间。然而那先前吐痰的人的骨头早已腐烂了，他又如何知道他所种的恶果呢？

一千五六百年前有一个人叫做范缜说了几句话道："神之于形，犹利之于刀；未闻刀没而利存，岂容形亡而神在？"这几句话在当时受了无数人的攻击。到了宋朝有个司马光把这几句话记在他的《资治通鉴》里。一千五六百年之后，有一个十一岁的小孩子，——就是我，——看《通鉴》到这几句话，心里受了一大感动，后来便影响了他半生的思想行事。然而那说话的范缜早已死了一千五六百年了！

二千六七百年前，在印度地方有一个穷人病死了，没人收尸，尸首暴露在路上，已腐烂了。那边来了一辆车，车上坐着一个王太子，看见了这个腐烂发臭的死人，心中起了一念；由这一念，辗转发生无数念。后来那位王太子把王位也抛了，富贵也抛了，父母妻子也抛了，独自去寻思一个解脱生老病死的方法。后来这位王子便成了一个教主，创了一种哲学的宗教，感化了无数人。他的影响势力至今还在；将来即使他的宗教全灭了，他的影响势力终久还存在，以至于无穷。这可是那腐烂发臭的路毙所曾梦想到的吗？

以上不过是略举几件事，说明上文说的"社会的不朽""大我的不朽"。这种不朽论，总而言之，只是说个人的一切功德罪恶，一切言语行事，无论大小好坏，一一都留下一些影响在那个"大我"之中，一一都与这永远不朽的"大我"一同永远不朽。

上文我批评那"三不朽论"的三层缺点：（一）只限于极少数的人；（二）没有消极的裁制；（三）所说"功，德，言"的范围太含糊了。如今所说"社会的不朽"，其实只是把那"三不朽论"的范围更推广了。既然不论事业功德的大小，一切都可不朽，那第一第三两层短处都没有了。冠绝古今的道德功业固可以不朽，那极平常的"庸言庸行"，油盐柴米的琐屑，愚夫愚妇的细事，一言一笑的微细，也都永远不朽。那发现美洲的哥伦布固可以不朽，那些和他同行的水手火头，造船的工人，造罗盘器械的工人，供给他粮食衣服银钱的人，他所读的书的著作家，生他的父母，生他父母的父母祖宗，以及生育训练那些工人商人的父母祖宗，以及他以前和同时的社会，……都永远不朽。社会是有机的组织，那英雄伟人可以不朽，那挑水的，烧饭的，甚至于浴堂里替你擦背的，甚至于每天替你家掏粪倒马桶的，也都永远不朽。至于那第二层缺点，也可免去。如今说立德不朽，行恶也不朽；立功不朽，犯罪也不朽；"流芳百世"不朽，"遗臭万年"也不朽；功德盖世固是不朽的善因，吐一口痰也有不朽的恶果。我的朋友李守常先生说得好："稍一失脚，必致遗留层层罪恶种子于未来无量的人，——即未来无量的我，——永不能消除，永不能忏悔。"这就是消极的裁制了。

中国儒家的宗教提出一个父母的观念，和一个祖先的观念，来做人生一切行为的裁制力。所以说，"一出言而不敢忘父母，一举足而不敢忘父母"。父母死后，又用丧礼祭礼等等见神见鬼的方法，时刻提醒这种人生行为的裁制力。所以又说，"斋明盛服，以承祭祀，洋洋乎如在其上，如在其左右"。又说，"斋三日，则见其所为斋者；祭之日，入室，僾然必有见乎其位；周还出户，肃然必有闻乎其容声；出户而听，忾然必有闻乎其叹息之声"。这都是"神道设教"，见神见鬼的手段。这种宗教的手段在今日是不中用了。还有那种"默示"的宗教，神权的宗教，崇拜偶像的宗教，在我们心里也不能发生效力，不能裁制我们一生的行为。以我个人看来，这种"社会的不朽"观念很可以做我的宗教了。我的宗教的教旨是：

我这个现在的"小我"，对于那永远不朽的"大我"的无穷过去，须负重大的责任。对于那永远不朽的"大我"的无穷未来，也须负重大的责任。我须要时时想着，我应该如何努力利用现在的"小我"，方才可以不辜负了那"大我"的无穷过去，方才可以不遗害那"大我"的无穷未来？

跋

这篇文章的主意是民国七年年底当我的母亲丧事里想到的。那时只写成一部分，到八年二月十九日方才写定付印。后来俞颂华先生在报纸上指出"我论社会是有机体"一段很有语病，我觉得他的批评很有理，故九年二月间我用英文发表这篇文章时，我就把那一段完全改过了。十年五月，又改定中文原稿，并记作文与修改的缘起于此。

九年的家乡教育

一

我生在光绪十七年十一月十七日（1891 年 12 月 17 日），那时候我家寄住在上海大东门外。

我生后两个月，我父亲被台湾巡抚邵友濂调往台湾；江苏巡抚奏请免调，没有效果。我父亲于十八年二月底到台湾，我母亲和我搬到川沙住了一年。十九年（1892）① 二月二十六日我们一家（我母，四叔介如，二哥嗣秬，三哥嗣秠）也从上海到台湾。我们在台南住了十个月。十九年五月，我父亲做台东直隶州知州，兼统镇海后军各营。台东是新设的州，一切草创，故我父不能带家眷去。到十九年底，我们才到台东。我们在台东住了整一年。

甲午（1894）中日战争开始，台湾也在备战的区域，恰好介如四叔来台湾，我父亲便托他把家眷送回徽州故乡，只留二哥嗣秬跟着他在台东。我们于乙未年（1895）正月离开台湾，二月初十日从上海起程回绩溪故乡。

那年四月，中日和议成，把台湾割让给日本。台湾绅民反对割台，要求巡抚唐景崧坚守。唐景崧请西洋各国出来干涉，各国不允。台人公请唐为台湾民主国大总统，帮办军务刘永福为主军大总统。我父亲在台东办后山的防务，电报已不通，饷源已断绝。那时他已得脚气病，左脚已不能行动。他守到闰五月初三日，始离开后山。到安平时，刘永福苦

---

① 原文如此。光绪十九年为公历 1893 年。

苦留他帮忙,不肯放行。到六月二十五日,他双脚都不能动了。七月初三日他死在厦门,成为东亚第一个民主国的第一个牺牲者!

这时候我只有三岁零八个月。我仿佛记得我父亲死信到家时,我母亲正在家中老屋的前堂,她坐在房门口的椅子上。她听见读信人读到我父亲的死信,身子往后一倒,连椅子倒在房门槛上。东边房门口坐的珍伯母也放声大哭起来,一时满屋都是哭声,我只觉得天地都翻覆了!我只仿佛记得这一点悽惨的情状,其余都不记得了。

二

我父亲死时,我母亲只有二十三岁。我父初娶冯氏,结婚不久便遭太平天国之乱,同治二年(1863)死在兵乱里。次娶曹氏,生了三个儿子,三个女儿,死于光绪四年(1878)。我父亲因家贫,又有志远游,故久不续娶。到光绪十五年(1889),他在江苏候补,生活稍稍安定,才续娶我的母亲。我母亲结婚后三天,我的大哥嗣稼也娶亲了。那时我的大姊已出嫁生了儿子。大姊比我母亲大七岁。大哥比她大两岁。二姊是从小抱给人家的。三姊比我母亲小三岁,二哥三哥(孪生的)比她小四岁。这样一个家庭里忽然来了一个十七岁的后母,她的地位自然十分困难,她的生活自然免不了苦痛。

结婚后不久,我父亲把她接到了上海同住。她脱离了大家庭的痛苦,我父又很爱她,每日在百忙中教她认字读书,这几年的生活是很快乐的。我小时也很得我父亲钟爱,不满三岁时,他就把教我母亲的红纸方字教我认。父亲作教师,母亲便在旁作助教。我认的是生字,她便借此温她的熟字。他太忙时,她就是代理教师。我们离开台湾时,她认得了近千字,我也认得了七百多字。这些方字都是我父亲亲手写的楷字,我母亲终身保存着,因为这些方块红笺上都是我们三个人的最神圣的团居生活的纪念。

我母亲二十三岁就做了寡妇，从此以后，又过了二十三年。这二十三年的生活真是十分苦痛的生活，只因为还有我这一点骨血，她含辛茹苦，把全副希望寄托在我的渺茫不可知的将来，这一点希望居然使她挣扎着活了二十三年。

我父亲在临死之前两个多月，写了几张遗嘱，我母亲和四个儿子每人各有一张，每张只有几句话。给我母亲的遗嘱上说穈儿（我的名字叫嗣穈，穈字音门）天资颇聪明，应该令他读书。给我的遗嘱也教我努力读书上进。这寥寥几句话在我的一生很有重大的影响。我十一岁的时候，二哥和三哥都在家，有一天我母亲向他们道："穈今年十一岁了。你老子叫他念书。你们看看他念书念得出吗？"二哥不曾开口，三哥冷笑道："哼，念书！"二哥始终没有说什么。我母亲忍气坐了一会，回到了房里才敢掉眼泪。她不敢得罪他们，因为一家的财政权全在二哥的手里，我若出门求学是要靠他供给学费的。所以她只能掉眼泪，终年不敢哭。

但父亲的遗嘱究竟是父亲的遗嘱，我是应该念书的。况且我小时候很聪明，四乡的人都知道三先生的小儿子是能够念书的。所以隔了两年，三哥往上海医肺病，我就跟他出门求学了。

三

我在台湾时，大病了半年，故身体很弱。回家乡时，我号称五岁了，还不能跨一个七八寸高的门槛。但我母亲望我念书的心很切，故到家的时候，我才满三岁零几个月，就在我四叔父介如先生（名玠）的学堂里读书了。我的身体太小，他们抱我坐在一只高凳子上面。我坐上了就爬不下来，还要别人抱下来。但我在学堂并不算最低级的学生，因为我进学堂之前已认得近一千字了。

因为我的程度不算"破蒙"的学生，故我不须念《三字经》《千字文》《百家姓》《神童诗》一类的书。我念的第一部书是我父亲自己编的一部四言韵文，叫做《学为人诗》，他亲笔抄写了给我的。这部书说的是做人的道理。

我把开头几行抄在这里：

> 为人之道，在率其性。子臣弟友，循理之正。
> 谨乎庸言，勉乎庸行。以学为人，以期作圣。
> ……

以下分说五伦。最后三节，因为可以代表我父亲的思想，我也抄在这里：

> 五常之中，不幸有变，名分攸关，不容稍紊。
> 义之所在，身可以殉。求仁得仁，无所尤怨。
> 古之学者，察于人伦，因亲及亲，九族克敦。
> 因爱推爱，万物同仁。能尽其性，斯为圣人。
> 经籍所载，师儒所述，为人之道，非有他术：
> 穷理致知，返躬践实，黾勉于学，守道勿失。

我念的第二部书也是我父亲编的一部四言韵文，名叫《原学》，是一部略述哲理的书。这两部书虽是韵文，先生仍讲不了，我也懂不了。

我念的第三部书叫做《律诗六钞》，我不记是谁选的了。三十多年来，我不曾重见这部书，故没有机会考出此书的编者；依我的猜测，似是姚鼐的选本，但我不敢坚持此说。这一册诗全是律诗，我读了虽不懂得，却背得很熟。至今回忆，却完全不记得了。

我虽不曾读《三字经》等书，却因为听惯了别的小孩子高声诵读，我也能背这些书的一部分，尤其是那五七言的《神童诗》，我差不多能

从头背到底。这本书后面的七言句子,如:

人心曲曲弯弯水,世事重重叠叠山。

我当时虽不懂得其中的意义,却常常嘴上爱念着玩,大概也是因为喜欢那些重字双声的缘故。

我念的第四部书以下,除了《诗经》,就都是散文的了。

我依诵读的次序,把这些书名写在下面:

(4)《孝经》。

(5)朱子的《小学》,江永集注本。

(6)《论语》。以下四书皆用朱子注本。

(7)《孟子》。

(8)《大学》与《中庸》(《四书》皆连注文读)。

(9)《诗经》,朱子集传本(注文读一部分)。

(10)《书经》,蔡沈注本(以下三书不读注文)。

(11)《易经》,朱子《本义》本。

(12)《礼记》,陈澔注本。

读到了《论语》的下半部,我的四叔父选了颍州府阜阳县的训导,要上任去了,就把家塾移交给族兄禹臣先生(名观象)。四叔是个绅董,常常被本族或外村请出去议事或和案子;他又喜欢打纸牌(徽州纸牌,每副一百五十五张),常常被明达叔公、映基叔、祝封叔、茂张叔等人邀出去打牌。所以我们的功课很松,四叔往往在出门之前,给我们"上一进书",叫我们自己念;他到天将黑时,回来一趟,把我们的习字纸加了圈,放了学,才又出门去。

四叔的学堂里只有两个学生,一个是我,一个是四叔的儿子嗣秝,比我大几岁。嗣秝承继给瑜婶(星五伯公的二子,珍伯瑜叔,皆无子,我家三哥承继珍伯,秝哥承继瑜婶),她很溺爱他,不肯管束他,故四叔一走开，秫哥就溜到灶下或后堂去玩了（他们和四叔住一屋，学堂在这屋的东边小屋内）。我的母亲管得严厉，我又不大觉得念书是苦事，故我一个人坐在学堂里温书念书，到天黑才回家。

禹臣先生接受家塾后，学生就增多了。先是五个，后来添到十多个，四叔家的小屋不够用了，就移到一所大屋——名叫来新书屋——里去。最初添的三个学生，有两个是守瓒叔的儿子，嗣昭，嗣逵。嗣昭比我大两三岁，天资不算笨，却不爱读书，最爱"逃学"，我们土话叫做"赖学"。他逃出去，往往躲在麦田或稻田里，宁可睡在田里挨饿，却不愿念书。先生往往差嗣秫去捉；有时候，嗣昭被捉回来了，总得挨一顿毒打；有时候，连嗣秫也不回来了，——乐得不回来了，因为这是"奉命差遣"，不算是逃学！

我常觉得奇怪，为什么嗣昭要逃学？为什么一个人情愿挨饿，挨打，挨大家笑骂，而不情愿念书？后来我稍懂得世事，才明白了。瓒叔自小在江西做生意，后来在九江开布店，才娶妻生子；一家人都说江西话，回家乡时，嗣昭弟兄都不容易改口音；说话改了，而嗣昭念书常带江西音，常常因此吃戒方或吃"作瘤栗"（钩起五指，打在头上，常打起瘤子，故叫做"作瘤栗"）。这是先生不原谅，难怪他不愿念书。

还有一个原因。我们家乡的蒙馆学金太轻，每个学生每年只送两块银元。先生对于这一类学生，自然不肯耐心教书，每天只教他们念死书，背死书，从来不肯为他们"讲书"。小学生初念有韵的书，也还不十分叫苦。后来念《幼学琼林》《四书》一类的散文，他们自然毫不觉得有趣味，因为全不懂得书中说的是什么。因为这个缘故，许多学生常常赖学；先有嗣昭，后来有个士祥，都是有名的"赖学胚"。他们都属于这每年两元钱的阶级。因为逃学，先生生了气，打得更利害。越打得利害，他们越要逃学。

我一个人不属于这"两元"的阶级。我母亲渴望我读书，故学金特别优厚，第一年就送六块钱，以后每年增加，最后一年加到十二元。这样的学金,在家乡要算"打破纪录"的了。我母亲大概是受了我父亲的叮嘱,她嘱托四叔和禹臣先生为我"讲书":每读一字,须讲一字的意思;每读一句,须讲一句的意思。我先已认得了近千个"方字",每个字都经过父母的讲解,故进学堂之后,不觉得很苦。念的几本书虽然有许多是乡里先生讲不明白的,但每天总遇着几句可懂的话。我最喜欢朱子《小学》里的记述古人行事的部分,因为那些部分最容易懂得,所以比较最有趣味。

同学之中有念《幼学琼林》的,我常常帮他们的忙,教他们不认得的生字,因此常常借这些书看;他们念大字,我却最爱看《幼学琼林》的小注,因为注文中有许多神话和故事,比《四书》《五经》有趣味多了。

有一天,一件小事使我忽然明白我母亲增加学金的大恩惠。一个同学的母亲来请禹臣先生代写家信给她的丈夫;信写成了,先生交她的儿子带回家去。一会儿,先生出门去了,这位同学把家信抽出来偷看。他忽然过来问我道:"糜,这信上第一句'父亲大人膝下'是什么意思?"他比我只小一岁,也念过《四书》,却不懂"父亲大人膝下"是什么!这时候,我才明白我是一个受特别待遇的人,因为别人每年出两块钱,我去年却送十块钱。我一生最得力的是讲书:父亲母亲为我讲方字,两位先生为我讲书。念古文而不讲解,等于念"揭谛揭谛,波罗揭谛",全无用处。

四

当我九岁时,有一天我在四叔家东边小屋里玩耍。这小屋前面是我们的学堂,后边有一间卧房,有客便住在这里。这一天没有课,我偶然走进那卧房里去,偶然看见桌子下一只美孚煤油板箱里的废纸堆中露出一本破书。我偶然捡起了这本书,两头都被老鼠咬坏了,书面也扯破了。但这一本破书忽然为我开辟了一个新天地,忽然在我的儿童生活史上打开了一个新鲜的世界!

这本破书原来是一本小字木板的《第五才子》,我记得很清楚,开始便是"李逵打死殷天锡"一回。我在戏台上早已认得李逵是谁了,便站在那只美孚破板箱边,把这本《水浒传》残本一口气看完了。不看尚可,看了之后,我的心里很不好过:这一本的前面是些什么?后面是些什么?这两个问题,我都不能回答,却最急要一个回答。

我拿了这本书去寻我的五叔,因为他最会"说笑话"("说笑话"就是"讲故事",小说书叫做"笑话书"),应该有这种笑话书。不料五叔竟没有这书,他叫我去寻宋焕哥。宋焕哥说:"我没有《第五才子》,我替你去借一部;我家中有部《第一才子》,你先拿去看,好吧?"《第一才子》便是《三国演义》,他很郑重地捧出来,我很高兴地捧回去。

后来我居然得着《水浒传》全部。《三国演义》也看完了。从此以后,我到处去借小说看。五叔,宋焕哥,都帮了我不少的忙。三姊夫(周绍瑾)在上海乡间周浦开店,他吸鸦片烟,最爱看小说书,带了不少回家乡;他每到我家来,总带些《正德皇帝下江南》《七剑十三侠》一类的书来送给我。这是我自己收藏小说的起点。我的大哥(嗣稼)最不长进,也是吃鸦片烟的,但鸦片烟灯是和小说书常作伴的,——五叔,宋焕哥,三姊夫都是吸鸦片烟的,——所以他们也有一些小说书。大嫂认得一些字,嫁妆里带来了好几种弹词小说,如《双珠凤》之类。这些书不久都成了我的藏书的一部分。

三哥在家乡时多;他同二哥都进过梅溪书院,都做过南洋公学的师范生,旧学都有根柢,故三哥看小说很有选择。我在他书架上只寻得三部小说:一部《红楼梦》,一部《儒林外史》,一部《聊斋志异》。二哥有一次回家,带了一部新译出的《经国美谈》,讲的是希腊的爱国志士的故事,是日本人做的。这是我读外国小说的第一步。

帮助我借小说最出力的是族叔近仁,就是民国十二年和顾颉刚先生讨论古史的胡堇人。他比我大几岁，已"开笔"做文章了，十几岁就考取了秀才。我同他不同学堂，但常常相见，成了最要好的朋友。他天才很高，也肯用功，读书比我多，家中也颇有藏书。他看过的小说，常借给我看。

我借到的小说，也常借给他看。我们两人各有一个小手折，把看过的小说都记在上面，时时交换比较，看谁看的书多。

这两个折子后来都不见了，但我记得离开家乡时，我的折子上好像已有了三十多部小说了。

这里所谓"小说"，包括弹词、传奇，以及笔记小说在内。《双珠凤》在内，《琵琶记》也在内；《聊斋》《夜雨秋灯录》《夜谭随笔》《兰苕馆外史》《寄园寄所寄》《虞初新志》等等也在内。从《薛仁贵征东》《薛丁山征西》《五虎平西》《粉妆楼》一类最无意义的小说，到《红楼梦》和《儒林外史》一类的第一流作品，这里面的程度已是天悬地隔了。我到离开家乡时，还不能了解《红楼梦》和《儒林外史》的好处。但这一大类都是白话小说，我在不知不觉之中得了不少的白话散文的训练，在十几年后于我很有用处。

看小说还有一桩绝大的好处，就是帮助我把文字弄通顺了。那时正是废八股时文的时代，科举制度本身也动摇了。二哥三哥在上海受了时代思潮的影响，所以不要我"开笔"做八股文，也不要我学做策论经义。他们只要先生给我讲书，教我读书。但学堂里念的书，越到后来，越不好懂了。《诗经》起初还好懂，读到《大雅》，就难懂了；读到《周颂》，更不可懂了。《书经》有几篇，如《五子之歌》，我读得很起劲；但《盘庚》三篇，我总读不熟。我在学堂九年，只有《盘庚》害我挨了一次打。后来隔了十多年，我才知道《尚书》有今文和古文两大类，向来学者都说古文诸篇是假的，今文是真的；《盘庚》属于今文一类，应该是真的。但我研究《盘庚》用的代名词最杂乱不成条理，故我总疑心这三篇书是后人假造的。有时候，我自己想，我的怀疑《盘庚》，也许暗中含有报那一个"作瘤栗"的仇恨的意味罢？

《周颂》《尚书》《周易》等书都是不能帮助我作通顺文字的。但小说书却给了我绝大的帮助。从《三国演义》读到《聊斋志异》和《虞初新志》，这一跳虽然跳得太远，但因为书中的故事实在有趣味，所以我能细细读下去。石印本的《聊斋志异》有圈点，所以更容易读。到我十二三岁时，已能对本家姊妹们讲说《聊斋》故事了。那时候，四叔的女儿巧菊，禹臣先生的妹子广菊多菊，祝封叔的女儿杏仙，和本家侄女翠蘋定娇等，都在十五六岁之间；她们常常邀我去，请我讲故事。我们平常请五叔讲故事时，忙着替他点火、装旱烟，替他捶背。现在轮到我受人巴结了。

我不用人装烟捶背，她们听我说完故事，总去泡炒米，或做蛋炒饭来请我吃。她们绣花做鞋，我讲《凤仙》《莲香》《张鸿渐》《江城》。这样的讲书，逼我把古文的故事翻译成绩溪土话，使我更了解古文的文理。所以我到十四岁来上海开始作古文时，就能做很像样的文字了。

五

我小时身体弱，不能跟着野蛮的孩子们一块儿玩。我母亲也不准我和他们乱跑乱跳。小时不曾养成活泼游戏的习惯，无论在什么地方，我总是文绉绉的。所以家乡老辈都说我"像个先生样子"，遂叫我做"穈先生"。这个绰号叫出去之后，人都知道三先生的小儿子叫做穈先生了。既有"先生"之名，我不能不装出点"先生"样子，更不能跟着顽童们"野"了。有一天，我在我家八字门口和一班孩子"掷铜钱"，一位老辈走过，见了我，笑道："穈先生也掷铜钱吗？"我听了羞愧得面红耳热，觉得大失了"先生"的身份！

大人们鼓励我装先生样子，我也没有嬉戏的能力和习惯，又因为我确是喜欢看书，所以我一生可算是不曾享过儿童游戏的生活。每年秋天，我的庶祖母同我到田里去"监割"（顶好的田，水旱无扰，收成最好，佃户每约田主来监割，打下谷子，两家平分），我总是坐在小树下看小说。

十一二岁时，我稍活泼一点，居然和一群同学组织了一个戏剧班，做了一些木刀竹枪，借得了几副假胡须，就在村田里做戏。我做的往往是诸葛亮、刘备一类的文角儿；只有一次我做史文恭，被花荣一箭从椅子上射倒下去，这算是我最活泼的玩艺儿了。

我在这九年（1895—1904）之中，只学得了读书写字两件事。在文字和思想的方面，不能不算是打了一点底子。但别的方面都没有发展的机会。有一次我们村里"当朋"（八都凡五村，称为"五朋"，每年一村轮着做太子会，名为"当朋"），筹备太子会，有人提议要派我加入前村的昆腔队里学习吹笙或吹笛。族里长辈反对，说我年纪太小，不能跟着太子会走遍五朋。于是我失掉了这学习音乐的唯一机会。三十年来，我不曾拿过乐器，也全不懂音乐；究竟我有没有一点学音乐的天资，我至今还不知道。至于学图画，更是不可能的事。我常常用竹纸蒙在小说书的石印绘像上，摹画书上的英雄美人。有一天，被先生看见了，挨了一顿大骂，抽屉里的图画都被搜出撕毁了。

于是我又失掉了学做画家的机会。

但这九年的生活，除了读书看书之外，究竟给了我一点做人的训练。在这一点上，我的恩师就是我的慈母。

每天天刚亮时，我母亲就把我喊醒，叫我披衣坐起。我从不知道她醒来坐了多久了。她看我清醒了，才对我说昨天我做错了什么事，说错了什么话，要我认错，要我用功读书。有时候她对我说父亲的种种好处，她说："你总要踏上你老子的脚步。我一生只晓得这一个完全的人，你要学他，不要跌他的股"（跌股便是丢脸，出丑）。她说到伤心处，往往掉下泪来。到天大明时，她才把我的衣服穿好，催我去上早学。学堂门上的锁匙放在先生家里；我先到学堂门口一望，便跑到先生家里去敲门。先生家里有人把锁匙从门缝里递出来,我拿了跑回去,开了门,坐下念生书。十天之中,总有八九天我是第一个去开学堂门的。等到先生来了,我背了生书,才回家吃早饭。

我母亲管束我最严,她是慈母兼任严父。但她从来不在别人面前骂我一句,打我一下。我做错了事,她只对我一望,我看见了她的严厉眼光,就吓住了。犯的事小,她等到第二天早晨我睡醒时才教训我。犯的事大,她等到晚上人静时,关了房门,先责备我,然后行罚,或跪罚,或拧我的肉。无论怎样重罚,总不许我哭出声音来。她教训儿子不是借此出气叫别人听的。

有一个初秋的傍晚,我吃了晚饭,在门口玩,身上只穿着一件单背心。这时候我母亲的妹子玉英姨母在我家住,她怕我冷了,拿了一件小衫出来叫我穿上。我不肯穿,她说:"穿上吧,凉了。"我随口回答:"娘(凉)什么!老子都不老子啊。"我刚说了这句话,一抬头,看见母亲从家里走出,我赶快把小衫穿上。但她已听见这句轻薄的话了。

晚上人静后,她罚我跪下,重重地责罚了一顿。她说:"你没了老子,是多么得意的事!好用来说嘴!"她气得坐着发抖,也不许我上床去睡。我跪着哭,用手擦眼泪,不知擦进了什么微菌,后来足足害了一年多的眼翳病。医来医去,总医不好。我母亲心里又悔又急,听说眼翳可以用舌头舔去,有一夜她把我叫醒,她真用舌头舔我的病眼。这是我的严师,我的慈母。

我母亲二十三岁做了寡妇,又是当家的后母。这种生活的痛苦,我的笨笔写不出一万分之一二。家中财政本不宽裕,全靠二哥在上海经营调度。大哥从小就是败子,吸鸦片烟,赌博,钱到手就光,光了就回家打主意,见了香炉就拿出去卖,捞着锡茶壶就拿出去押。我母亲几次邀了本家长辈来,给他定下每月用费的数目。但他总不够用,到处都欠下烟债赌债。每年除夕我家中总有一大群讨债的,每人一盏灯笼,坐在大厅上不肯去。大哥早已避出去了。大厅的两排椅子上满满的都是灯笼和债主。我母亲走进走出。料理年夜饭，谢灶神，压岁钱等事，只当做不曾看见这一群人。到了近半夜，快要"封门"了，我母亲才走后门出去，央一位邻舍本家到我家来，每一家债户开发一点钱。做好做歹的，这一群讨债的才一个一个提着灯笼走出去。一会儿，大哥敲门回来了。我母亲从不骂他一句。并且因为是新年，她脸上从不露出一点怒色。这样的过年，我过了六七次。

大嫂是个最无能而又最不懂事的人，二嫂是个很能干而气量很窄小的人。她们常常闹意见，只因为我母亲的和气榜样，她们还不曾有公然相骂相打的事。她们闹气时，只是不说话，不答话，把脸放下来，叫人难看；二嫂生气时，脸色变青，更是怕人。她们对我母亲闹气时，也是如此。我起初全不懂得这一套，后来也渐渐懂得看人的脸色了。我渐渐明白，世间最可厌恶的事莫如一张生气的脸；世间最下流的事莫如把生气的脸摆给旁人看。这比打骂还难受。

我母亲的气量大，性子好，又因为做了后母后婆，她更事事留心，事事格外容忍。大哥的女儿比我只小一岁，她的饮食衣料总是和我的一样。我和她有小争执，总是我吃亏，母亲总是责备我，要我事事让她。后来大嫂二嫂都生了儿子了，她们生气时便打骂孩子来出气，一面打，一面用尖刻有刺的话骂给别人听。我母亲只装做不听见。有时候，她实在忍不住了，便悄悄走出门去，或到左邻立大嫂家去坐一会，或走后门到后邻度嫂家去闲谈。她从不和两个嫂子吵一句嘴。

每个嫂子一生气，往往十天半个月不歇，天天走进走出，板着脸，咬着嘴，打骂小孩子出气。我母亲只忍耐着，忍到实在不可再忍的一天，她也有她的法子。这一天的天明时，她就不起床，轻轻地哭一场。她不骂一个人，只哭她的丈夫，哭她自己苦命，留不住她丈夫来照管她。她先哭时，声音很低，渐渐哭出声来。我醒了起来劝她，她不肯住。这时候，我总听见前堂（二嫂住前堂东房）或后堂（大嫂住后堂西房）有一扇房门开了，一个嫂子走出房向厨房走去。不多一会，那位嫂子来敲我们的房门了。我开了房门,她走进来,捧着一碗热茶,送到我母亲床前,劝她止哭,请她喝口热茶。我母亲慢慢停住哭声,伸手接了茶碗。那位嫂子站着劝一会,才退出去。没有一句话提到什么人,也没有一个字提到这十天半个月来的气脸,然而各人心里明白,泡茶进来的嫂子总是那十天半个月来闹气的人。奇怪的很,这一哭之后,至少有一两个月的太平清静日子。

我母亲待人最仁慈,最温和,从来没有一句伤人感情的话。但她有时候也很有刚气,不受一点人格上的侮辱。我家五叔是个无正业的浪人,有一天在烟馆里发牢骚,说我母亲家中有事总请某人帮忙,大概总有什么好处给他。这句话传到了我母亲耳朵里,她气得大哭,请了几位本家来,把五叔喊来,她当面质问他她给了某人什么好处。直到五叔当众认错赔罪,她才罢休。

我在我母亲的教训之下住了九年,受了她的极大深刻的影响。我十四岁(其实只有十二岁零两三个月)就离开她了,在这广漠的人海里独自混了二十多年,没有一个人管束过我。如果我学得了一丝一毫的好脾气,如果我学得了一点点待人接物的和气,如果我能宽恕人,体谅人,——我都得感谢我的慈母。

介绍我自己的思想

我在这十年之中，出版了三集《胡适文存》，约计有一百四五十万字。我希望少年学生能读我的书，故用报纸印刷，要使定价不贵。但现在三集的书价已在七元以上，贫寒的中学生已无力全买了；字数近百十万，也不是中学生能全读的了。所以我现在从这三集里选出了二十二篇论文，印作一册，预备给国内的少年朋友们作一种课外读物。如有学校教师愿意选我的文字作课本的，我也希望他们用这个选本。

我选的这二十二篇文字，可以分作五组。

第一组六篇，泛论思想的方法。

第二组三篇，论人生观。

第三组三篇，论中西文化。

第四组六篇，代表我对于中国文学的见解。

第五组四篇，代表我对于整理国故问题的态度与方法。

为读者的便利起见，我现在给每一组作一个简短的提要，使我的少年朋友们容易明白我的思想的路径。

一

第一组收的文字是：

　　演化论与存疑主义

　　杜威先生与中国

　　杜威论思想

随笔杂谈

问题与主义

新生活

新思潮的意义

    我的思想受两个人的影响最大：一个是赫胥黎，一个是杜威先生。赫胥黎教我怎样怀疑，教我不信任一切没有充分证据的东西。杜威先生教我怎样思想，教我处处顾到当前的问题，教我把一切学说理想到思想都看作待证的假设，教我处处顾到思想的结果。这两个人使我明了科学方法的性质与功用，故我选前三篇介绍这两位大师给我的少年朋友们。

    从前陈独秀先生曾说实验主义和辩证法的唯物史观是近代两个最重要的思想方法，他希望这两种方法能合作一条联合战线。这个希望是错误的。辩证法出于海格尔的哲学，是生物进化论成立以前的玄学方法。实验主义是生物进化论出世以后的科学方法。这两种方法所以根本不相容，只是因为中间隔了一层达尔文主义。达尔文的生物演化学说给了我们一个大教训：就是教我们明了生物进化，无论是自然的演变，或是人为的选择，都由于一点一滴的变异，所以是一种很复杂的现象，绝没有一个简单的目的地可以一步跳到，更不会有一步跳到之后可以一成不变。辩证法的哲学本来也是生物学发达以前的一种进化理论；依他本身的理论，这个一正一反相毁相成的阶段应该永远不断地呈现。但狭义的共产主义者却似乎忘了这个原则，所以武断地虚悬一个共产共有的理想境界，以为可以用阶级斗争的方法一蹴即到，即到之后又可以用一阶级专政的方法把持不变。这样的化复杂为简单，这样的根本否定演变的继续便是十足的达尔文以前的武断思想，比那顽固的海格尔更顽固了。

    实验主义从达尔文主义出发，故只承认一点一滴的不断的改进是真实可靠的进化。我在"问题与主义"和"新思潮的意义"两篇里，只发挥这个根本观念。我认定民国六年以后的新文化运动的目的是再造中国文明，而再造文明的途径全靠研究一个个的具体问题。我说：

文明不是笼统造成的,是一点一滴的造成的。进化不是一晚上笼统进化的,是一点一滴的进化的。现今的人爱谈"解放与改造",须知解放不是笼统解放,改造也不是笼统改造。解放是这个那个制度的解放,这种那种思想的解放,这个那个人的解放,是一点一滴的解放。改造是这个那个制度的改造,这种那种思想的改造,这个那个人的改造,是一点一滴的改造。

再造文明的下手工夫是这个那个问题的研究。再造文明的进行,是这个那个问题的解决。

我这个主张在当时最不能得各方面的了解。当时(民国八年)承"五四""六三"之后,国内正倾向于谈主义。我预料到这个趋势的危险,故发表《多研究问题,少谈些主义》的警告。我说:

凡是有价值的思想,都是从这个那个具体的问题下手的。先研究了问题的种种方面的种种事实,看看究竟病在何处,这是思想的第一步工夫。然后根据于一生的经验学问,提出种种解决的办法,提出种种医病的丹方,这是思想的第二步工夫。然后用一生的经验学问,加上想象的能力,推想每一种假定的解决法应该可以有什么样的效果,推想这种效果是否真能解决眼前这个困难问题。推想的结果,拣定一种假定的(最满意的)解决,认为我的主张,这是思想的第三步工夫。凡是有价值的主张,都是先经过这三步工夫来的。

我又说:

一切主义,一切学理,都该研究。但只可认作一些假设的(待证的)见解,不可认作天经地义的信条;只可认作参考印证的材料，不可奉为金科玉律的宗教；只可用作启发心思的工具，切不可用作蒙蔽聪明、停止思想的绝对真理。如此方才可以渐渐养成人类的创造的思想力，方才可以渐渐使人类有解决具体问题的能力，方才可以渐渐解放人类对于抽象名词的迷信。

这些话是民国八年七月写的。于今已隔了十几年，当日和我讨论的朋友，一个已被杀死了，一个也颓唐了，但这些话字字句句都还可以应用到今日思想界的现状。十几年前我所预料的种种危险，——"目的热"和"方法盲"，迷信抽象名词，把主义用作蒙蔽聪明、停止思想的绝对真理，一一都显现在眼前了。所以我十分诚恳地把这些老话贡献给我的少年朋友们，希望他们不可再走错了思想的路子。

《新生活》一篇，本是为一个通俗周报写的；十几年来，这篇短文走进了中小学的教科书里，读过的人应该在一千万以上了。但我盼望读过此文的朋友们把这篇短文放在同组的五篇里重新读一遍。赫胥黎教人记得一句"拿证据来！"我现在教人记得一句"为什么？"少年的朋友们，请仔细想想：你进学校是为什么？你进一个政党是为什么？你努力作革命工作是为什么？革命是为了什么而革命？政府是为了什么而存在？

请大家记得：人同畜生的分别，就在这个"为什么"上。

二

第二组的文字只有三篇：

　　科学与人生观序

　　不朽

易卜生主义

这三篇代表我的人生观,代表我的宗教。

《易卜生主义》一篇写得最早,最初的英文稿是民国三年在康奈尔大学哲学会宣读的,中文稿是民国七年写的。易卜生最可代表十九世纪欧洲的个人主义的精华,故我这篇文章只写得一种健全的个人主义的人生观。这篇文章在民国七八年间所以能有最大的兴奋作用和解放作用,也正是因为它所提倡的个人主义在当日确是最新鲜又最需要的一针注射。

娜拉抛弃了家庭丈夫儿女,飘然而去,只因为她觉悟了她自己也是一个人,只因为她感觉到她"无论如何,务必努力做一个人"。这便是易卜生主义。易卜生说:

> 我所最期望于你的是一种真实纯粹的为我主义,要使你有时觉得天下只有关于你的事最要紧,其余的都算不得什么……你要想有益于社会,最好的法子莫如把你自己这块材料铸造成器。……有的时候我真觉得全世界都像海上撞沉了船,最要紧的还是救出自己。

这便是最健全的个人主义。救出自己的唯一法子便是把你自己这块材料铸造成器。

把自己铸造成器,方才可以希望有益于社会。真实的为我,便是最有益的为人。把自己铸造成了自由独立的人格,你自然会不知足,不满意于现状,敢说老实话,敢攻击社会上的腐败情形,做一个"贫贱不能移,富贵不能淫,威武不能曲"的斯铎曼医生。斯铎曼医生为了说老实话,为了揭穿本地社会的黑幕,遂被全社会的人喊作"国民公敌"。但他不肯避"国民公敌"的恶名,他还要说老实话。他大胆地宣言:

世上最强有力的人就是那最孤立的人!

这也是健全的个人主义的真精神。

这个个人主义的人生观一面教我们学娜拉,要努力把自己铸造成个人;一面教我们学斯铎曼医生,要特立独行,敢说老实话,敢向恶势力作战。少年的朋友们,不要笑这是十九世纪维多利亚时代的陈腐思想!我们去维多利亚时代还老远哩。欧洲有了十八九世纪的个人主义,造出了无数爱自由过于面包、爱真理过于生命的特立独行之士,方才有今日的文明世界。

现在有人对你们说:"牺牲你们个人的自由,去求国家的自由!"我对你们说:"争你们个人的自由,便是为国家争自由!争你们自己的人格,便是为国家争人格!自由平等的国家不是一群奴才建造得起来的!"

《科学与人生观序》一篇略述民国十二年的中国思想界里的一场大论战的背景和内容。(我盼望读者能参读《文存》三集里《几个反理学的思想家》的吴敬恒一篇。)在此序的末段,我提出我所谓"自然主义的人生观"。这不过是一个轮廓,我希望少年的朋友们不要仅仅接受这个轮廓,我希望他们能把这十条都拿到科学教室和实验室里去细细证实或否证。

这十条的最后一条是:根据生物学及社会学的知识,叫人知道个人——"小我"——是要死灭的,而人类——"大我"——是不死的,不朽的;叫人知道"为全种万世而生活"就是宗教,就是最高的宗教;而那些替个人谋死后的天堂净土的宗教乃是自私自利的宗教。

这个意思在这里说得太简单了,读者容易起误解。所以我把《不朽》一篇收在后面,专门说明这一点。

我不信灵魂不朽之说,也不信天堂地狱之说,故我说这个小我是会死灭的。死灭是一切生物的普遍现象,不足怕,也不足惜。但个人自有他不死不灭的部分:他的一切作为,一切功德罪恶,一切语言行事,无论大小，都在那大我上留下不能磨灭的结果和影响。他吐一口痰在地上，也许可以毁灭一村一族。他起一个念头，也许可以引起几十年的血战。他也许"一言可以兴邦；一言可以丧邦"。善亦不朽，恶亦不朽；功盖万世固然不朽，种一担谷子也可以不朽，喝一杯酒，吐一口痰也可以不朽。古人说"一出言而不敢忘父母，一举足而不敢忘父母"，我们应该说"说一句话而不敢忘这句话的社会影响，走一步路而不敢忘这步路的社会影响"。这才是对于大我负责任，能如此做，便是道德，便是宗教。

这样说法，并不是推崇社会而抹杀个人。这正是极力抬高个人的重要。个人虽渺小，而他的一言一动都在社会上留下不朽的痕迹，芳不止流百世，臭也不止遗万年，这不是绝对承认个人的重要吗？成功不必在我，也许在我千百年后，但没有我也绝不能成功。毒害不必在眼前，"我躬不阅，遑恤我后"！然而我岂能不负这毒害的责任？今日的世界便是我们的祖宗集的德，造的孽。未来的世界全看我们自己集什么德或造什么孽。世界的关键全在我们手里，真如古人说的："任重而道远"；我们岂可错过这绝好的机会，放下这绝大的担子？

有人对你说"人生如梦"。就算是一场梦罢，可是你只有这一个作梦的机会。岂可不振作一番，做一个痛痛快快轰轰烈烈的梦？

有人对你说"人生如戏"。就说是作戏罢，可是，吴稚晖先生说得好，"这唱的是义务戏，自己要好看才唱的；谁便无端的自己扮做跑龙套，辛苦地出台，止算做没有呢？"

其实人生不是梦，也不是戏，是一件最严重的事实。你种谷子，便有人充饥；你种树，便有人砍柴，便有人乘凉；你拆烂污，便有人遭瘟；你放野火，便有人烧死。你种瓜便得瓜种豆便得豆，种荆棘便得荆棘。少年的朋友们，你爱种什么？你能种什么？

三

第三组的文字，也只有三篇：

我们对于西洋近代文明的态度
漫游的感想
请大家来照镜子

在这三篇里，我很不客气地指摘我们的东方文明，很热烈地颂扬西洋的近代文明。

人们常说东方文明是精神的文明，西方文明是物质的文明，或唯物的文明。这是有夸大狂的妄人捏造出来的谣言，用来遮掩我们的羞脸的。其实一切文明都有物质和精神的两部分：材料都是物质的，而运用材料的心思才智都是精神的。木头是物质；而刳木为舟，构木为屋，都靠人的智力，那便是精神的部分。器物越完备复杂，精神的因子越多。一只蒸汽锅炉，一辆摩托车，一部有声电影机器，其中所含的精神因子比我们老祖宗的瓦罐、大车、毛笔多得多了。我们不能坐在舢板船上自夸精神文明，而嘲笑五万吨大汽船是物质文明。

但是物质是倔强的东西，你不征服他，他便要征服你。东方人在过去的时代，也曾制造器物，做出一点利用厚生的文明。但后世的懒惰子孙得过且过，不肯用手用脑去和物质抗争，并且编出"不以人易天"的懒人哲学，于是不久便被物质战胜了。天旱了，只会求雨；河决了，只会拜金龙大王；风浪大了，只会祷告观音菩萨或天后娘娘。荒年了，只好逃荒去；瘟疫来了，只好闭门等死；病上身了，只好求神许愿；树砍完了，只好烧茅草；山都精光了，只好对着叹气。这样又愚又懒的民族，不能征服物质，便完全被压死在物质环境之下，成了一分像人九分像鬼的不长进民族。所以我说：

　　这样受物质环境的拘束与支配，不能跳出来，不能运用人的心思智力来改造环境改良现状的文明，是懒惰不长进的民族的文明，是真正唯物的文明。

反过来看看西洋的文明：

　　这样充分运用人的聪明智慧来寻求真理以解放人的心灵，来制服天行以供人用，来改造物质的环境，来改革社会政治的制度，来谋求人类最大多数的最大幸福，——这样的文明是精神的文明。

　　这是我的东西文化论的大旨。

　　少年的朋友们，现在有一些妄人要煽动你们的夸大狂，天天要你们相信中国的旧文化比任何国高，中国的旧道德比任何国好。还有一些不曾出国门的愚人鼓起喉咙对你们喊道："往东走！往东走！西方的这一套把戏是行不通的了！"

　　我要对你们说：不要上他们的当！不要拿耳朵当眼睛！睁开眼睛看看自己，再看看世界。我们如果还要把这个国家整顿起来，如果还希望这个民族在世界上占一个地位，——只有一条生路，就是我们自己要认错。我们必须承认我们自己百事不如人，不但物质机械上不如人，不但政治制度不如人，并且道德不如人，知识不如人，文学不如人，音乐不如人，艺术不如人，身体不如人。

　　肯认错了，方才肯死心塌地的去学人家。不要怕模仿，因为模仿是创造的必要预备工夫。不要怕丧失我们自己的民族文化，因为绝大多数人的惰性已尽够保守那旧文化了，用不着你们少年人去担心。你们的职务在进取,不在保守。

请大家认清我们当前的紧急问题。我们的问题是救国,救这个衰病的民族,救这半死的文化。在这件大工作的历程里,无论什么文化,凡可以使我们起死回生、返老还童的,都可以充分采用,都应该充分吸收。我们救国建国,正如大匠建屋,只求材料可以应用,不管他来自何方。

四

第四组的文字有六篇:

  建设的文学革命论
  《尝试集》自序
  文学进化观念
  国语的进化
  文学革命运动
  《词选》自序

这里有一部分是叙述文学革命运动的经过的,有一部分是我自己对于文学的见解。

我在这十几年的中国文学革命运动上,如果有一点贡献,我的贡献只在:

(1)我指出了"用白话作新文学"的一条路子。

(2)我供给了一种根据历史事实的中国文学演变论,使人明了国语是古文的进化,使人明了白话文学在中国史上占什么地位。

(3)我发起了白话新诗的尝试。

这些文字都可以表出我的文学革命论,也只是进化论和实验主义的一种实际应用。

五

第五组的文字有四篇：

《国学季刊》发刊宣言
古史讨论的读后感
《红楼梦》考证
治学的方法与材料

这都是关于整理国故的文字。

"季刊宣言"是一篇整理国故的方法总论，有三个要点：

第一，用历史的眼光来扩大研究的范围。

第二，用系统的整理来部勒研究的资料。

第三，用比较的研究来帮助材料的整理与解释。

这一篇是一种概论，故未免觉得太悬空一点。以下的两篇便是两个具体的例子，都可以说明历史考证的方法。

"古史讨论"一篇，在我的《文存》里要算是最精彩的方法论。这里面讨论了两个基本方法：一个是用历史演变的眼光来追求传说的演变，一个是用严格的考据方法来评判史料。

顾颉刚先生在他的《古史辨》的自序里曾说他从我的《〈水浒传〉考证》和《井田辨》等文字里得着历史方法的暗示。这个方法便是用历史演化的眼光来追求每一个传说演变的历程。我考证水浒的故事、包公的传说、狸猫换太子的故事、井田的制度，都是用这个方法。顾先生用这个方法来研究中国古史，曾有很好的成绩。顾先生说得最好："我们看史籍的整理还轻而看传说的经历却重。凡是一件史事，应看他最先是怎样，以后逐步的变迁是怎样。"其实对于纸上的古史籍，追求其演变的步骤，便是整理他了。

在这篇文字里，我又略述考证的方法，我说：

> 我们对于"证据"的态度是：一切史料都是证据。但史家要问：
> （1）这种证据是在什么地方寻出的？
> （2）什么时候寻出的？
> （3）什么人寻出的？
> （4）依地方和时候上看起来，这个人有做证人的资格吗？
> （5）这个人虽有证人资格，而他说这句话有作伪（无心的，或有意的）的可能吗？

《〈红楼梦〉考证》诸篇只是考证方法的一个实例。我说：

> 我觉得我们做《红楼梦》的考证，只能在"著者"和"本子"两个问题上着手；只能运用我们力所能搜集的材料，参考互证，然后抽出一些比较的最近情理的结论。
>
> 这是考证学的方法。我在这篇文章里，处处想撇开一切先入的成见，处处存一个求证据的目的，处处尊重证据，让证据做向导，引我到相当的结论上去。

这不过是赫胥黎、杜威的思想方法的实际应用。我的几十万字的小说考证，都只是用一些"深切而著名"的实例来教人怎样思想。

试举曹雪芹的年代一个问题作个实例。民国十年，我收得了一些证据，得着这些结论：

> 我们可以断定曹雪芹死于乾隆三十年左右（约西历1765）……我们可以猜想雪芹大约生于康熙末叶（约1715—1720），当他死时，约五十岁左右。

民国十一年五月，我得着了《四松堂集》的原本。见敦诚挽曹雪芹的诗题下注"甲申"二字，又诗中有"四十年华"的话，故修正我的结论如下：

> 曹雪芹死在乾隆二十九年甲申（1764），……他死时只有"四十年华"，我们可以断定他的年纪不能在四十五岁以上。假定他死时年四十五岁，他的生时当康熙五十八年（1719）。

但到了民国十六年，我又得了脂砚斋评本《石头记》，其中有"壬午除夕，书未成，芹为泪尽而逝"的话。壬午为乾隆二十七年，除夕当西历一七六三年二月十二日，和我七年前的断定（"乾隆三十年左右，约西历1765"）只差一年多。又假定他活了四十五岁，他的生年大概在康熙五十六年（1717），这也和我七年前的猜测正相符合。

考证两个年代，经过七年的时间，方才得着证实。证实是思想方法的最后又最重要的一步。不曾证实的理论，只可算是假设；证实之后，才是定论，才是真理。我在别处（《文存》三集）说过：我为什么要考证《红楼梦》？

在消极方面，我要教人怀疑王梦阮、徐柳泉一班人的谬说。

在积极方面，我要教人一个思想学问的方法。我要教人疑而后信，考而后信，有充分证据而后信。

我为什么要替《水浒传》作五万字的考证？我为什么要替庐山一个塔作四千字的考证？

我要教人知道学问是平等的，思想是一贯的。……肯疑问"佛陀耶舍究竟到过庐山没有"的人，方才肯疑问"夏禹是神是人"。有了不肯放过一个塔的真伪的思想习惯，方才敢疑上帝的有无。

少年的朋友们，莫把这些小说考证看作我教你们读小说的文字。这些都只是思想学问的方法的一些例子。在这些文字里，我要读者学得一点科学精神，一点科学态度，一点科学方法。科学精神在于寻求事实，寻求真理。科学态度在于撇开成见，搁起感情，只认得事实，只跟着证据走。科学方法只是"大胆的假设，小心的求证"十个字。没有证据，只可悬而不断；证据不够，只可假设，不可武断；必须等到证实之后，方才奉为定论。

少年的朋友们，用这个方法来做学问，可以无大差失；用这种态度来做人处事，可以不至被人蒙着眼睛牵着鼻子走。

禅宗和尚曾说："菩提达摩东来，只要寻一个不受人惑的人。"我这里千言万语，也只要教人一个不受人惑的方法。被孔丘、朱熹牵着鼻子走，固然不算高明；被马克思、列宁、斯大林牵着鼻子走，也算不得好汉。我自己绝不想牵着谁的鼻子走。我只希望尽我的微薄的能力，教我的少年朋友们学一点防身的本领，努力做一个不受人惑的人。

抱着无限的爱和无限的希望，我很诚挚地把这一本小书贡献给全国的少年朋友！

我的信仰

一

我父胡传,是一位学者,也是一个有坚强意志,有治理才干的人。经过一个时期的文史经籍训练后,他对于地理研究,特别是边省的地理,大起兴趣。他前往京师,怀了一封介绍书,又走了四十二日而达北满吉林,觐见钦差大臣吴大澂。吴氏是现在见知于欧洲研究中国学问者之中国的一个大考古学家。

吴氏延见他,问有什么可以替他为力的。我父说道:"没有什么,只求准我随节去解决中俄界务的纠纷,俾我得以研究东北各省的地理。"吴氏对于这个只有秀才底子,在关外长途跋涉之后,差不多已是身无分文的学者,觉得有味。他带了这个少年去干他那历史上有名的差使,得他做了一个最有价值、最肯做事的帮手。

有一次与我父亲同走的一队人,迷陷在一个广阔的大森林之内,三天找不着出路。到粮食告尽,一切侦察均归失败时,我父亲就提议寻觅溪流。溪流是多半流向森林外面去的,一条溪流找到了道,他们一班人就顺流而行,得达安全的地方。我父亲作了一首长诗纪念这次的事迹,及四十年后,我在《论杜威教授系统思想说》的一篇论文里,用这件事实以为例证,虽则我未尝提到他的名字,有好些与我父亲相熟而犹生存着的人,都还认得出这件故事,并写信问我是不是他们故世已久的朋友的一个小儿子。

吴大澂对我父亲虽曾一度向政府荐举他为"有治省才能的人",他在政治上却并未得臻通显,历官江苏、台湾后,遂于台湾因中日战争的结果而割让与日本时,以五十五岁的寿诞逝世。

二

我是我父亲的幼儿,也是我母亲的独子。我父亲娶妻凡三次:前妻死于太平天国之乱,乱军掠遍安徽南部各县,将其化为灰烬。次娶生了三个儿子、四[①]个女儿。长子从小便证明是个难望洗心革面的败子。我父亲丧了次妻后,写信回家,说他一定要讨一个纯良强健的、做庄稼人家的女儿。

我外祖父务农,于年终凡个月内兼业裁缝。他是出身于一个循善的农家,在太平天国之乱中,全家被杀。因他还只是一个小孩子,故被太平军掠做俘虏,带往军中当差。为要防他逃走,他的脸上就刺了"太平天国"四字,终其身都还留着,但是他吃了种种困苦,居然逃了出来,回到家乡,只寻得一片焦土,无一个家人还得活着。他勤苦工作,耕种田地,兼做裁缝。裁缝的手艺,是他在贼营里学来的。他渐渐长成,娶了一房妻子,生下四个儿女,我母亲就是最长的。

我外祖父一生的心愿就是想重建被太平军毁了的家传老屋。他每天早上,太阳未出,便到溪头去拣选三大担石子,分三次挑回废屋的地基。挑完之后,他才去种田或去做裁缝。到了晚上回家时,又去三次,挑了三担石子,才吃晚饭。凡此辛苦恒毅的工作,都给我母亲默默看在眼里,她暗恨身为女儿,毫无一点法子能减轻她父亲的辛苦,促他的梦想实现。

随后来了个媒人,在田里与我外祖父会见,雄辩滔滔地向他替我父亲要他大女儿的庚帖。(编者注:胡先生《我的母亲订婚》一章里面,用的是"八字"二字,英文系 Birth date paper,故译庚帖似较帖切。)

[①] 胡传次娶的妻子生了三儿三女,此处应为作者笔误。

我外祖父答应回去和家里商量。但到他在晚上把所提的话对他的妻子说了，她就大生气。她说："不行！把我女儿嫁给一个大她三十岁的人，你真想得起？况且他的儿女也有年纪比我们女儿还大的！还有一层，人家自然要说我们嫁女儿给一个老官，是为了钱财体面而把她牺牲的。"于是这一对老夫妻吵了一场。后来做父亲的说："我们问问女儿自己。说来说去，这到底是她自己的事。"

到这个问题对我母亲提了出来，她不肯开口。中国女子遇到同类的情形常是这样的。但她心里却在深思沉想。嫁与中年丧偶、兼有成年儿女的人做填房，送给女家的聘金财礼比一般婚姻却要重得多，这点于她父亲盖房子的计划将大有帮助。况她以前又是见过我父亲的，知道他为全县人所敬重。她爱慕他，愿意嫁他，为的半是英雄崇拜的意识，但大半却是想望帮助劳苦的父亲的孝思。所以到她给父亲逼着答话，她就坚决地说："只要你们俩都说他是好人，请你们俩作主。男人家四十七岁也不能算是老。"我外祖父听了，叹了一口气，我外祖母可气得跳起来，忿忿地说："好呵！你想做官太太了！好罢，听你情愿罢！"

三

我母亲于一八八九年结婚，时年十七，我则生在一八九一年十二月。我父殁于一八九五年，留下我母亲二十三岁做了寡妇。我父弃世，我母便做了一个有许多成年儿女的大家庭的家长。中国做后母的地位是十分困难的。她的生活自此时起，自是一个长时间的含辛茹苦。

我母亲最大的禀赋就是容忍。中国史书记载唐朝有个皇帝垂询张公仪那位家长，问他家以什么道理能九世同居而不分离拆散。那位老人家因过于衰迈，难以口述，请准用笔写出回答。他就写了一百个"忍"字。中国道德家时常举出"百忍"的故事为家庭生活最好的例子，但他们似乎没有一个曾觉察到许多苦恼、倾轧、压迫和不平，使容忍成了一种必不可少的事情。

那班接脚媳妇凶恶不善的感情,利如锋刃的话语,含有敌意的嘴脸,我母亲事事都耐心容忍。她有时忍到不可再忍,这才早上不起床,柔声大哭,哭她早丧丈夫,她从不开罪她的媳妇,也不提开罪的那件事,但是这些眼泪,每次都有神秘莫测的效果。我总听得有一位嫂嫂的房门开了,和一个妇人的脚步声向厨房走去。不多一会,她转来敲我们房门了。她走进来捧着一碗热茶,送给我的母亲,劝她止哭,母亲接了茶碗,受了她不出声的认错,然后家里又太平清静得个把月。

我母亲虽则并不知书识字,却把她的全副希望放在我的教育上。我是一个早慧的小孩,不满三岁时,就已认了八百多字,都是我父亲每天用红笺方块教我的。我才满三岁零点,便在学堂里念书。我当时是个多病的小孩,没有搀扶,不能跨一个六英寸高的门槛。但我比学堂里所有别的学生都能读能记些。我从不跟着村中的孩子们一块儿玩。更因我缺少游戏,我五岁时就得了"先生"的绰号。十五年后,我在康奈耳大学做二年级时,也同是为了这个弱点,而被了 Doc(doctor 缩读,音与 dog 同,故用作谐称)的诨名。

每天天还未亮时,我母亲便把我喊醒,叫我在床上坐起。她然后把对我父亲所知的一切告诉我。她说她望我踏上他的脚步,她一生只晓得他是最善良最伟大的人。据她说,他是一个多么受人敬重的人,以致在他闲或休假回家的时期中,附近烟窟赌馆都改行停业。她对我说我惟有行为好,学业科考成功,才能使他们两老增光;又说她所受的种种苦楚,得以由我勤敏读书来酬偿。我往往眼睛半睁半闭地听。但她除遇有女客与我们同住在一个房间的时候外,罕有不施这番晨训的。

到天大明时,她才把我的衣服穿好,催我去上学。我年稍长,我总是第一个先到学堂,并且差不多每天早晨都是去敲先生的门要钥匙去开学堂的门。钥匙从门缝里递了出来。我隔一会儿就坐在我的座位上朗朗念书了。学堂里到薄暮才放学,届时每个学生都向朱印石刻的孔夫子大像和先生鞠躬回家。日中上课的时间平均是十二小时。

我母亲一面不许我有任何种类的儿童游戏，一面对于我建一座孔圣庙的孩子气的企图，却给我种种鼓励。我是从我同父异母的姊姊的长子，大我五岁的一个小孩那里学来的。他拿各种华丽的色纸扎了一座孔庙，使我心里羡慕。我用一个大纸匣子作为正殿，背后开了一个方洞，用一只小匣子糊上去，做了摆孔子牌位的内堂。外殿我供了孔子的各大贤徒，并贴了些小小的匾对，书着颂扬这位大圣人的字句，其中半系录自我外甥的庙里，半系自书中抄来。在这座玩具的庙前，频频有香烛燃着。我母亲对于我这番有孩子气的虔敬也觉得欢喜，暗信孔子的神灵一定有报应，使我成为一个有名的学者，并在科考中成为一个及第的士子。

我父亲是一个经学家，也是一个严守朱熹（1130—1200）的新儒教理学的人。他对于释道两教强烈反对。我还记得见我叔父家（那是我的开蒙学堂）的门上有一张日光晒淡了的字条，写着"僧道无缘"几个字。我后来才得知道这是我父亲所遗理学家规例的一部。但是我父亲业已去世，我那彬彬儒雅的叔父，又到皖北去做了一员小吏，而我的几位哥子则都在上海。剩在家里的妇女们，对于我父亲的理学遗规，没有什么拘束了。他们尊守敬奉祖宗的常礼，并随风俗时会所趋，而自由礼神拜佛。观音菩萨是他们所最爱的神，我母亲是为了出于焦虑我的健康福祉的念头，也做了观音的虔诚信士。我记得有一次她到山上观音阁里去进香，她虽缠足，缠足是苦了一生的，在整段的山路上，还是步行来回。

我在村塾（村中共有七所）里读书，读了九年（1895—1904）。在这个期间，我读习并记诵了下列几部书：

1. 《孝经》：孔子后的一部经籍，作者不明。
2. 《小学》：一部论新儒教道德学说的书，普通谓系宋哲朱熹所作。
3. 《四书》：《论语》《孟子》《大学》《中庸》。

4.《五经》中的四经:《诗经》《尚书》《易经》《礼记》。

我母亲对于家用向来是节省的,而付我先生的学金,却坚要比平常要多三倍。平常学金两块银元一年,她首先便送六块钱,后又逐渐增加到十二元。由增加学金这一点小事情,我得到千百倍于上述数目比率所未能给的利益。因为那两元的学生,单单是高声朗读,用心记诵,先生从不劳神去对他讲解所记的字。独我为了有额外学金的缘故,得享受把功课中每字每句解给我听,就是将死板文字译作白话这项难得的权利。

我年还不满八岁,就能自己念书,由我二哥的提议,先生使我读《资治通鉴》。这部书,实在是大历史家司马光于一〇八四年所辑编年式的中国通史。这番读史,使我发生很大的兴趣,我不久就从事把各朝代各帝王各年号编成有韵的歌诀,以资记忆。

随后有一天,我在叔父家里的废纸箱中,偶然看见一本《水浒传》的残本,便站在箱边把它看完了。我跑遍全村,不久居然得着全部。从此以后,我读尽了本村邻村所知的小说。这些小说都是用白话或口语写的,既易了解,又有引人入胜的趣味。它们教我人生,好的也教,坏的也教,又给了我一件文艺的工具,若干年后,使我能在中国开始民众所称为"文艺复兴"的运动。

其时,我的宗教生活经过一个特异的激变。我系生长在拜偶像的环境,习于诸神凶恶丑怪的面孔,和天堂地狱的民间传说。我十一岁时,一日,温习朱子的《小学》,这部书是我能背诵而不甚了解的。我念到这位理学家引司马光那位史家攻击天堂地狱的通俗信仰的话。这段话说:"形既朽灭,神亦飘散,虽有剉烧舂磨,亦无所施。"这话好像说得很有道理,我对于死后审判的观念,就开始怀疑起来。

往后不久,我读司马光的《资治通鉴》,读到第一百三十六卷中有一段,使我成了一个无神论者。所说起的这一段,述纪元五世纪名范缜的一位哲学家,与朝众竞辩"神灭论"。朝廷当时是提倡大乘佛法的。范缜的见解,由司马光摄述为这几句话:"形者神之质也,神者形之用也。神之于形，犹利之于刃。未闻刃没而利存，岂容形灭而神在哉。"

这比司马光的形灭神散的见解——一种仍认有精神的理论——还更透彻有理。范缜根本否认精神为一种实体，谓其仅系神之用。这一番化繁为简合着我儿童的心胸。读到"朝野喧哗，难之，终不能屈"，更使我心悦。

同在那一段内，又引据范缜反对因果轮回说的事。他与竟陵王谈论，王对他说："君不信因果，何得有富贵贫贱？"范缜答道："人生如树花同发，随风而散；或拂帘幌，坠茵席之上；或关篱墙，落粪溷之中。坠茵席者，殿下是也；落粪溷者，下官是也。贵贱虽复殊途，因果竟在何处？"

因果之说，由印度传来，在中国人思想生活上已成了主要部分的少数最有力的观念之一。中国古代道德家，常以善有善报，恶有恶报为训。但在现实生活上并不真确。佛教的因果优于中国果报观念的地方，就是可以躲过这个问题，将其归之于前世来世不断的轮回。

但是范缜的比喻，引起了我幼稚的幻想，使我摆脱了恶梦似的因果绝对论，这是以偶然论来对定命论。而我以十一岁的儿童就取了偶然论而叛离了运命，我在那个儿童时代是没有牵强附会的推理的，仅仅是脾性的迎拒罢了。我是我父亲的儿子，司马光和范缜又得了我的心。仅此而已。

四

但是这一种心境的激变，在我早年不无可笑的结果。一九○三年的新年里，我到我住在二十四里外的大姊家去拜年。在她家住了几天，我和她的儿子回家，他是来拜我母亲的年的。他家的一个长工替他挑着新年礼物。我们回到路上，经过一个亭子，供着几个奇形怪状的神像。我停下来对我外甥说："这里没有人看见，我们来把这几个菩萨抛到污泥坑里去罢。"我这带孩子气的毁坏神像主张，把我的同伴大大地吓住了。他们劝我走路，莫去惹那些本来已经濒于危境的神道。

这一天正是元宵灯节，我们到了家中，家里有许多客人，我的肚子已经饿了，开饭的时候，我外甥又劝我喝了一杯烧酒。酒在我的肚子里，便作怪起来。我不久便在院子里跑，喊月亮下来看灯。我母亲不悦，叫人来捉我。我在他们前头跑，酒力因我跑路，作用更起得快。我终被捉住，但还努力想挣脱。我母亲抱住我，不久便有许多人朝我们围拢来。

我心里害怕，便胡言乱道起来。于是我外甥家的长工走到我母亲身边，低低地说："外婆，我想他定是精神错乱了。恐怕是神道怪了他。今天下午我们路过三门亭，他提议要把几尊菩萨抛到污泥坑里去。一定是这番话弄出来的事。"我窃听了长工的话，忽然想出一条妙计。我喊叫得更凶，好像我就真是三门亭的一个神一样。我母亲于是便当空焚香祷告，说我年幼无知无咎，许下如果蒙神恕我小孩子的罪过，定到亭上去烧香还愿。

这时候，得报说龙灯来了，在我们屋里的人，都急忙跑去看，只剩下我和母亲两个人。一会儿我就睡着了。母亲许的愿，显然是灵应了。一个月后，我母亲和我上外婆家去，她叫我恭恭敬敬地在三门亭还我们许下的愿。

五

我年甫十三，即离家上路七日，以求"新教育"于上海。自这次别离后，我于十四年之中，只省候过我母亲三次，一总同她住了大约七个月。出自她对我伟大的爱忱，她送我出门，分明没有洒过一滴眼泪就让我在这广大的世界中，独自求我自己的教育和发展，所带着的，只是一个母亲的爱，一个读书的习惯，和一点点怀疑的倾向。

我在上海过了六年（1904—1910），在美国过了七年（1910—1917）。在我停留在上海的时期内，我经历过三个学校（无一个是教会学校），一个都没有毕业。我读了当时所谓的"新教育"的基本东西，以历史、地理、英文、数学，和一点零碎的自然科学为主。从已故林纾氏及其他诸人的意译文字中，我初次认识一大批英国和欧洲的小说家，司各提（scott）、狄更司（Dickens）、大小仲马（DumasPete et Fils）、嚣俄（Hugo），以及托尔斯泰（Tolstoy）等氏的都在内。我读了中国上古、中古几位非儒教和新儒教哲学家的著作，并喜欢墨翟的兼爱说与老子、庄子有自然色彩的哲学。

从当代力量最大的学者梁启超氏的通俗文字中，我渐得略知霍布士（Hobbes）、笛卡儿（Descartes）、卢骚（Rousseau）、宾坦（Bentham）、康德（Kant）、达尔文（Darwin）等诸泰西思想家。梁氏是一个崇拜近代西方文明的人，连续发表了些文字，坦然承认中国人以一个民族而言，对于欧洲人所具有许多良好特性，感受缺乏；显著的是注重公共道德，国家思想，爱冒险，私人权利观念与热心防其被侵，爱自由，自治能力，结合的本事与组织的努力，注意身体的培养与健康等。就是这几篇文字猛力把我以我们古旧文明为自足，除战争的武器，商业转运的工具外，没有什么要向西方求学的这种安乐梦中，震醒出来。它们开了给我，也就好像开了给几千几百别的人一样，对于世界整个的新眼界。

我又读过严复所译穆勒（John Stuar Mill）的《自由论》（*On Liberty*）和赫胥黎（Huxley）的《天演论》（*Evolution and Ethic*）。严氏所译赫胥黎的论著，于一八九八年就出版，并立即得到知识阶级的接受。有钱的人拿钱出来翻印新版以广流传（当时并没有版权），因为有人以达尔文的言论，尤其是它在社会上与政治上的运用，对于一个感受惰性与儒滞日久的民族，乃是一个合宜的刺激。

数年之间，许多的进化名词在当时报章杂志的文字上，就成了口头禅。无数的人，都采来做自己的和儿辈的名号，由是提醒他们国家与个人在生存竞争中消灭的祸害。向尝一度闻名的陈炯明以"竞存"为号。我有两个同学名杨天择和孙竞存。

就是我自己的名字，对于中国以进化论为时尚，也是一个证据。我请我二哥替我起个学名的那天早晨，我还记得清楚。他只想了一刻，他就说："'适者生存'中的'适'字怎么样？"我表同意；先用来做笔名，最后于1910年就用作我的名字。

六

我对于达尔文与斯宾塞两氏进化假说的一些知识，很容易的与几个中国古代思想家的自然学说连了起来。例如在道家伪书《列子》所述的下面这个故事中，发现二千年前有一个一样年轻，同抱一样信仰的人，使我的童心欢悦：

> 齐田氏祖于庭，食客千人。中坐有献鱼雁者，田氏视之，乃叹曰："天之于民厚矣！殖五谷，生鱼鸟以为之用。"众客和之如响。鲍氏之子，年十二，预于次，进曰："不如君言。天地万物，与我并生，类也。类无贵贱，徒以大小智力而相制，迭相食，非相为而生之？人取食者而食之，岂天本为人而生之？且蚊蚋哈肤，虎狼食肉，岂天本为蚊蚋生人，虎狼生肉者哉？"

一九○六年，我在中国公学同学中，有几位办了一个定期刊物，名《竞业旬报》，——达尔文学说通行的又一例子——其主旨在以新思想灌输于未受教育的民众，系以白话刊行。我被邀在创刊号撰稿。一年之后，我独自做编辑。我编辑这个杂志的工作不但帮助我启发运用现行口语为一种文艺工具的才能，且以明白的话语及合理的次序，想出自我幼年就已具了形式的观念和思想。在我为这个杂志所著的许多论文内，我猛力攻击人民的迷信，且坦然主张毁弃神道，兼持无神论。

一九〇八年，我家因营业失败，经济大感困难。我于十七岁上，就必需供给我自己读书，兼供养家中的母亲。我有一年多停学，教授初等英文，每日授课五小时，月得修金八十元。一九一〇年，我教了几个月的国文。

那几年（1909—1910）是中国历史上的黑暗时代，也是我个人历史上的黑暗时代。革命在好几省内爆发，每次都归失败。中国公学原是革命活动的中心，我在那里的旧同学参加此等密谋的实繁有徒，丧失生命的为数也不少。这班政治犯有好些来到上海与我住在一起，我们都是意气消沉，厌世悲观的。我们喝酒，作悲观的诗词，日夜谈论，且往往作没有输赢的赌博。我们甚至还请了一个老伶工来教我们唱戏。有一天早上，我作了一首诗，中有这一句："霜浓欺日淡"！

意气消沉与执劳任役驱使我们走入了种种的流浪放荡。有一个雨夜，我喝酒喝得大醉，在镇上与巡捕角斗，把我自己弄进监里去关了一夜。到我次晨回寓，在镜中看出我脸上的血痕，就记起李白饮酒歌中的这一句："天生我才必有用。"（Some use night yet be made of this material born in me.）这一句一时也查不出原文。我决心脱离教书和我的这班朋友。下了一个月的苦工夫，我就前往北京投考用美国退还庚子赔款所设的学额。我考试及格，即于七月间放洋赴美。

七

我到美国，满怀悲观。但不久便交结了些朋友，对于那个国家和人民都很喜爱。美国人出自天真的乐观与朝气给了我很好的印象。在这个地方，似乎无一事一物不能由人类智力做得成的。我不能避免这种对于人生持有喜气的眼光的传染，数年之间，就渐渐治疗了我少年老成的态度。

我第一次去看足球比赛时,我坐在那里以哲学的态度看球赛时的粗暴及狂叫欢呼为乐。而这种狂叫欢呼在我看来,似乎是很不够大学生的尊严的。但是到竞争愈渐激烈,我也就开始领悟这种热心。随后我偶然回头望见白了头发的植物学教授劳理先生(Mr. W. W. Rowlee)诚心诚意地在欢呼狂叫,我觉得如是的自惭,以致我不久也就热心地陪着众人欢呼了。

就是在民国初年最黑暗的时期内,我还是想法子打起我的精神。在致一个华友的信里面,我说道:"除了你我自己灰心失意,以为无希望外,没有事情是无希望的。"在我的日记上,我记下些引录的句子,如引克洛浦(Clough)的这一句:"如果希望是麻醉物,恐惧就是作伪者。"又如我自己译自勃朗宁的这一节诗:

> 从不转背而挺身向前,
> 从不怀疑云要破裂,
> 虽合理的弄糟,违理的占胜,
> 而从不作迷梦的,
> 相信我们沉而再升,败而再战,
> 睡而再醒。

一九一四年一月,我写这一句在我的日记上:"我相信我自离开中国后,所学得的最大的事情,就是这种乐观的人生哲学了。"一九一五年,我以关于勃朗宁最优的论文得受柯生奖金。我论文的题目是《勃朗宁乐观主义辩》。我想来大半是我渐次改变了的人生观使我于替他辩护时,以一种诚信的意识来发言。

我系以在康奈耳大学做纽约农科学院的学生开始我的大学生涯。我的选择是根据了当时中国盛行的,谓中国学生须学点有用的技艺,文学、哲学是没有什么实用的这个信念。但是也有一个经济的动机。农科学院当时不收学费，我心想或许还能够把每月的月费省下一部分来汇给我的母亲。

农场上的经验我一点都不曾有过，并且我的心也不在农业上。一年级的英国文学及德文课程，较之农场实习和养果学，反使我感觉兴趣。踌躇观望了一年又半，我最后转入文理学院，一次缴纳四个学期的学费，就是使我受八个月困境的处分。但是我对于我的新学科觉得更为自然，从不懊悔这番改变。

有一科《欧洲哲学史》——归故克莱顿教授那位恩师主持，——领导我以哲学做了主科。我对于英国文学与政治学也深有兴趣。康奈耳的哲学院是唯心论的重镇。在其领导之下，我读了古代近代古典派哲学家比较重要的著作，我也读过晚近唯心论者如布拉特莱、鲍森模等的作品，但是他们提出的问题从未引起我的兴趣。

1915年，我往哥林比亚大学，就学于杜威教授，直至一九一七年我回国之时为止。得着杜威的鼓励，我著成我的论文《先秦名学史》这篇论文，使我把中国古代哲学著作重读一遍，并立下我对于中国思想史的一切研究的基础。

八

我留美的七年间，我有许多课外的活动，影响我的生命和思想，说不定也与我的大学课业一样。当意气颓唐的时候，我对于基督教大感兴趣，且差不多把《圣经》读完。1911年夏，我出席于在宾雪凡尼亚普柯诺派思司举行的中国基督教学生会的大会做来宾时，我几乎打定主意做了基督徒。

但是我渐渐地与基督教脱离，虽则我对于其发达的历史曾多有习读，因为有好久时光我是一个信仰无抵抗主义的信徒。耶稣降生前五百年,中国哲学家老子曾传授过上善若水,水善应万物而不争。我早年接收老子的这个教训,使我大大地爱着《登山宝训》。

1914年,世界大战爆发,我深为比利时的命运所动,而成了一个确定的无抵抗者。我在康奈耳大同俱乐部住了三年,结交了许多各种国籍的热心朋友。受着像那士密氏和麦慈那样唯心的平和论者的影响,我自己也成了一个热心的平和论者。大学废军联盟因维腊特的提议而成立于1915年,我是其创办人之一。

到后来,各国际政体俱乐部成立,我在那士密氏和安格尔的领导之下,做了一个最活动的会员,且曾参加过其起首两届的年会。1916年,我以我的论文《国际关系中有代替武力的吗?》得受国际政体俱乐部的奖金。在这篇论文里,我阐明依据以法律为有组织的武力建立一个国际联盟的哲理。

我的平和主义与国际大同主义往往使我陷入十分麻烦的地位。日本由攻击德国在山东的领土以加入世界大战时,向世界宣布说,这些领土"终将归还中国"。我是留美华人中唯一相信这个宣言的人,并以文字辩驳说,日本于其所言,说不定是意在必行的。关于这一层,我为许多同辈的学生所嘲笑。及1915年日本提出有名的对华二十一条,留美学生,人人都赞成立即与日本开战。我写了一封公开的信给《中国留美学生月报》,劝告处之以温和,持之以冷静。我为这封信受了各方面的严厉攻击,屡被斥为卖国贼。战争是因中国接受一部要求而得避免了,但德国在华领土则直至七年之后才交还中国。

我读易卜生、莫黎和赫胥黎诸氏的著作,教我思考诚实与发言诚实的重要。我读过易卜生所有的戏剧,特别爱看《人民之敌》、莫黎的《论妥协》,先由我的好友威廉思女士介绍给我,她是一直做了左右我生命最重要的精神力量。莫黎曾教我:"一种主义,如果健全的话,是代表一种较大的便宜的。为了一时似是而非的便宜而将其放弃,乃是为小善而牺牲大善。疲弊时代,剥夺高贵的行为和向上的品格,再没有什么有这样拿得定的了。"

赫胥黎还更进一步教授一种理知诚实的方法。他单单是说："拿也如同可以证明我相信别的东西为合理的那种种证据来，那么我就相信人的不朽了。向我说类比和或能是说无用的。我说我相信倒转平方律时，我是知道我意何所指的，我必不把我的生命和希望放在较弱的信证上。"赫胥黎也曾说过："一个人生命中最神圣的举动，就是说出并感觉得我相信某项某项是真的。生在世上一切最大的赏，一切最重要的罚，都是系在这个举动上。"

人生最神圣的责任是努力思想得好，我就是从杜威教授学来的。或思想得不精，或思想而不严格的到它的前因后果，接受现成的整块的概念以为思想的前提，而于不知不觉间受其个人的影响，或多把个人的观念由造成结果而加以测验，在理知上都是没有责任心的。真理的一切最大的发现，历史上一切最大的灾祸，都有赖于此。

杜威给了我们一种思想的哲学，以思想为一种艺术，为一种技术。在《思维术》和《实验逻辑论文集》里面，他制出这项技术。我察出不但于实验科学上的发明为然，即于历史科学上最佳的探讨，内容的详定，文字的改造，及高等的批评等也是如此。在这种种境域内，曾由同是这个技术而得到最佳的结果。这个技术主体上是具有大胆提出假设，和（加）上诚恳留意于制裁与证实。这个实验的思想技术，堪当创造的智力这个名称，因其在运用想象机智以寻求证据，做成实验上，和在自思想有成就的结实所发出满意的结果上，实实在在是有创造性的。

奇怪之极，这种功利主义的逻辑竟使我变成了一个做历史探讨工作的人。我曾用进化的方法去思想，而这种有进化性的思想习惯，就做了我此后在思想史及文学工作上的成功之钥。尤更奇怪的，这个历史的思想方法并没有使我成为一个守旧的人，而时常是进步的人。例如，我在中国对于文学革命的辩论，全是根据无可否认的历史进化的事实，且一向都非我的对方所能答复得来的。

九

我母亲于 1918 年逝世。她的逝世，就是引导我把我在这广大世界中摸索了十四年多些的信条第一次列成条文的时机。这个信条系于 1919 年发表在以《不朽》为题的一篇文章里面。

因有我在幼童时期读书得来的学识，我早久就已摒弃了个人死后生存的观念了。好多年来，我都是以一种"三不朽"的古说为满意，这种古说我是在《春秋左氏传》里面找出来的。传记里载贤臣叔孙豹于纪元前五四八年谓有立德、立功、立言三不朽。此三者"虽久不忘，此之谓不朽"。这种学说引动我心有如是之甚，以致我每每向我的外国朋友谈起，并给了它一个名字，叫做"三 W 的不朽主义"（三 W 即 Worth, work, words 三字的头一个字母）。

我母亲的逝世使我重新想到这个问题。我就开始觉得三不朽的学说有修正的必要。第一层，其弱点在太过概括一切。在这个世界上，有多少人其在德行功绩言语上的成就，其哲理上的智慧能久久不忘的呢？例如哥伦布是可以不朽了，但是他那些别的水手怎样呢？那些替他造船或供给他用具的人，那许多或由作有勇敢的思考，或由在海洋中作有成无成的探险，替他铺下道路的前导又怎样呢？简括地说，一个人应有多大的成就，才可以得不朽呢？

次一层，这个学说对于人类的行为没有消极的裁制。美德固是不朽的了，但是恶德又怎样呢？我们还要再去借重审判日或地狱之火吗？

我母亲的活动从未超出家庭间琐屑细事之外，但是她的左右力，能清清楚楚地从来吊祭她的男男女女的脸上看得出来。我检阅我已死的母亲的生平，我追忆我父亲个人对她毕生左右的力量，及其对我本身垂久的影响，我遂诚信一切事物都是不朽的。我们所做的一切什么人，我们所干的一切什么事，我们所讲的一切什么话，从在世界上某个地方自有其影响这个意义看来,都是不朽的。这个影响又将依次在别个地方有其效果,而此事又将继续入于无限的空间与时间。

正如列勃涅慈有一次所说:"人人都感觉到在宇宙中所经历的一切,以及那目睹一切的人,可以从经历其他各处的事物,甚至曾经并将识别现在的事物中,解识出在时间与空间上已被移动的事物。我们是看不见一切的,但一切事物都在那里,达到无穷境无穷期。"一个人就是他所吃的东西,所以达柯塔的务农者,加利芳尼亚的种果者,以及千百万别的粮食供给者的工作,都是生活在他的身上。一个人就是他所想的东西,所以凡曾于他有所左右的人——自苏格拉底、柏拉图、孔子以至于他本区教会的牧师和抚育保姆——都是生活在他的身上。一个人也就是他所享乐的东西,所以无数美术家和以技取悦的人,无论现尚生存或久已物故,有名无名,崇高粗俗,都是生活在他的身上。诸如此类,以至于无穷。

一千四百年前,有一个人写了一篇论"神灭"的文章,被认为亵渎神圣,有如是之甚,以致其君皇敕七十个大儒来相驳难,竟给其驳倒。但是五百年后,有一位史家把这篇文章在他的伟大的史籍中纪了一个撮要。又过了九百年,然后有一个十一岁的小孩偶然碰到这个三十五个字的简单撮要,而这三十五个字,于埋没了一千四百年之后,突然活了起来而生活于他的身上,更由他而生活于几千几百个男男女女的身上。

1912年,我的母校来了一位英国讲师,发表一篇演说,《论中国建立共和的不可能》。他的演讲当时我觉得很为不通,但是我以他对于母音O的特异的发音方法为有趣,我就坐在那里摹拟以自娱。他的演说久已忘记了,但是他对于母音的发音方法,这些年来却总与我不离,说不定现在还在我的几千百个学生的口上,而从没有觉察到是由于我对于布兰特先生的恶作剧的摹仿,而布兰特先生也是从不知道的。

两千五百年前,希马拉雅山的一个山峡里死了一个乞丐。他的尸体在路旁已在腐溃了,来了一个少年王子,看见这个怕人的景象,就从事思考起来。他想到人生及其他一切事物的无常,遂决心脱离家庭,前往旷野中去想出一个自救以救人类的方法。多年后,他从旷野里出来,做了释迦佛,而向世界宣布他所找出的拯救的方法。这样,甚至一个死丐尸体的腐溃,对于创立世界上一个最大的宗教,也曾不知不觉地贡献了其一部分。

这一个推想的线索引导我信了可以称为社会不朽的宗教,因为这个推想在大体上全系根据于社会对我的影响,日积月累而成小我,小我对于其本身是些什么,对于可以称社会、人类或大自然的那个大我有些什么施为,都留有一个抹不去的痕记这番意思。小我是会要死的,但是他还是继续存活在这个大我身上。这个大我乃是不朽的,他的一切善恶功罪,他的一切言行思想,无论是显著的或细微的,对的或不对的,有好处或有坏处——样样都是生存在其对于大我所产生的影响上。这个大我永远生存,做了无数小我胜利或失败的垂久宏大的佐证。

这个社会不朽的概念之所以比中国古代三不朽学说更为满意,就在于包括英雄圣贤,也包括贱者微者,包括美德,也包括恶德,包括功德,也包括罪孽。就是这项承认善的不朽,也承认恶的不朽,才构成这种学说道德上的许可。一个死尸的腐烂可以创立一个宗教,但也可以为患全个大陆。一个酒店侍女偶发一个议论,可以使一个波斯僧侣豁然大悟,但是一个错误的政治或社会改造议论,却可以引起几百年的杀人流血。发现一个极微的杆菌,可以福利几千百万人,但是一个害痨的人吐出的一小点痰涎,也可以害死大批的人,害死几世几代。

人所做的恶事,的确是在他们身后还存在的!就是明白承认行为的结果才构成我们道德责任的意识。小我对于较大的社会的我负有巨大的债项,把他干的什么事情,作的什么思想,做的什么人物,概行对之负起责任,乃是他的职分。人类之为现在的人类,固是由我们祖先的智行愚行所造而成,但是到我们做完了我们分内时,我们又将由人类将成为怎么样而受裁判了。我们要说,"我们之后是大灾大厄"吗?抑或要说,

"我们之后是幸福无疆"吗?

十

一九二三年,我又得了一个时机把我的信条列成更普通的条文。地质学家丁文江氏所著,在我所主编的一个周报上发表,论《科学与人生观》的一篇文章,开始了一场差不多延持了一个足年的长期论战。在中国凡有点地位的思想家,全都曾参与其事。到一九二三年终,由某个善经营的出版家把这论战的文章收集起来,字数竟达二十五万。我被请为这个集子作序。我的序言给这本已繁重的文集又加了一万字,而以我所拟议的"新宇宙观和新人生观的轮廓"为结论,不过有些含有敌意的基督教会,却以恶作剧的口吻,称其为"胡适的新十诫",我现在为其自有其价值而选择出来:

(1) 根据于天文学和物理学的知识,叫人知道空间的无限之大。

(2) 根据于地质学及古生物学的知识,叫人知道时间的无穷之长。

(3) 根据于一切科学,叫人知道宇宙及其中万物的运行变迁皆是自然的,——自己如此的,——正用不着什么超自然的主宰或造物者。

(4) 根据于生物学的科学知识,叫人知道生物界的生存竞争的浪费与惨酷,——因此叫人更可以明白那"有好生之德"的主宰的假设是不能成立的。

(5) 根据于生物学、生理学、心理学的知识,叫人知道人不过是动物的一种;他和别种动物只有程序的差异,并无种类的区别。

(6) 根据于生物的科学及人类学、人种学、社会学的知识，叫人知道生物及人类社会演进的历史和演进的原因。

(7) 根据于生物的及心理的科学，叫人知道一切心理的现象都是有因的。

(8) 根据于生物学及社会学的知识，叫人知道道德礼教是变迁的，而变迁的原因都是可以用科学的方法寻求出来的。

(9) 根据于新的物理化学的知识，叫人知道物质不是死的，是活的；不是静的，是动的。

(10) 根据于生物学及社会学的知识，叫人知道个人——"小我"——是要死灭的，而人类——"大我"——是不死的，不朽的；叫人知道"为全种万世而生活"就是宗教，就是最高的宗教。而那些替个人谋死后的"天堂""净土"的宗教，乃是自私自利的宗教。

我结论道：

这种新人生观是建筑在二三百年的科学常识之上的一个大假设，我们也许可以给他加上"科学的人生观"的尊号。但为避免无谓的争论起见，我主张叫他做"自然主义的人生观"。

我们在那个自然的宇宙里，在那无穷之大的空间里，在那无穷之长的时间里，这个平均高五尺六寸，上寿不过百年的两手动物——人——真是一个藐乎其小的微生物了。在那个自然主义的宇宙里，天行是有常度的，物变是有自然法则的，因果的大法支配着他——人——的一切生活，生存竞争的惨剧鞭策着他的一切行为，——这个两手动物的自由真是很有限的了。

然而那个自然主义的宇宙里的这个渺小的两手动物，却也有他的相当的地位和相当的价值。他用的两手和一个大脑，居然能做出许多器具，想出许多方法，造成一点文化。他不但驯伏了许多禽兽，他还能考究宇宙间的自然法则，利用这些法则来驾驭天行，到现在他居然能叫电气给他赶车，以太阳给他送信了。

他的智慧的长进就是他的能力的增加。然而智慧的长进却又使他的胸襟扩大，想象力提高。他也曾拜物拜畜生，也曾怕神怕鬼，但他现在渐渐地脱离了这种种幼稚的时期，他现在渐渐明白：空间之大只增加他对于宇宙的美感；时间之长只使他格外明了祖宗创业之艰难；天行之有常只增加他制裁自然界的能力。

甚至于因果律之笼罩一切，也并不见得束缚他的自由。因为因果律的作用，一方面使他可以由因求果，由果推因，解释过去，预测未来；一方面又使他可以运用他的智慧，创造新因，以求新果。甚至于生存竞争的观念也并不见得就使他成为一个冷酷无情的畜生，也许还可以格外增加他对于同类的同情心，格外使他深信互助的重要，格外使他注重人为的努力，以减免天然竞争的残酷与浪费。总而言之，这个自然主义的人生观里，未尝没有美，未尝没有诗意，未尝没有道德的责任，未尝没有充分运用创造的智慧的机会。

问题与主义

一

（见《多研究些问题，少谈些"主义"》，本书第18页。此处略。）

二

我那篇《多研究些问题，少谈些"主义"》，承蓝知非、李守常两先生，做长篇的文章，同我讨论，把我的一点意思，发挥得更透澈明了，还有许多匡正的地方，我很感激他们两位。

蓝君和李君的意思，有很相同的一点：他们都说主义是一个"共同趋向的理想"（李君的话），是"多数人共同行动的标准，或是对于某种问题的进行趋向或态度"（蓝君的话）。这种界说，和我原文所说的话，并没有冲突。我说："主义初起时，大都是一种救时的具体主张。后来这种主张，传播出去，传播的人，要图简便，便用一两个字来代表这种具体的主张，所以叫他做某某主义。主张成了主义，便由具体的计划，变成一个抽象的名词。"我所说的是主义的历史，他们所说的是主义的现在的作用。试看一切主义的历史，从老子的无为主义，到现在的布尔札维克主义，哪一个主义起初不是一种"救时的具体主张"？

蓝、李两君的误会，由于他们错解我所用的"具体"两个字。凡是可以指为这个或那个的，凡是关于个体的及特别的事物的，都是具体的。譬如俄国新宪法，主张把私人所有的土地、森林、矿产、水力、银行，收归国有；把制造和运输等事，归工人自己管理；无论何人，必须工作；一切遗产制度，完全废止；一切秘密的国际条约，完全无效……这都是个体的政策，这都是这个那个政治或社会问题的解决法。——这都是"具体的主张"。现在世界各国，有一班"把耳朵当眼睛"的妄人，耳朵里听见一个"布尔札维克主义"的名词，或只是记得一个"过激主义"的名词，全不懂得这一个抽象名词所代表的是什么具体的主张，便大起恐慌，便出告示捉拿"过激党"，便硬把"过激党"三个字套在某人某人的头上。这种妄人，脑筋里的主义，便是我所攻击的"抽象名词"的主义。我所说的"主义的危险"，便是指这种危险。

蓝君的第二个大误会，是把我所用的"抽象"两个字解错了。我所攻击的"抽象的主义"，乃是指那些空空荡荡，没有具体的内容的全称名词。如现在官场所用的"过激主义"，便是一例；如现在许多盲目文人心里的"文学革命"大恐慌，便是二例。蓝君误会我的意思，把"抽象"两个字，解作"理想"，这便是大错了。理想不是抽象的，是想象的。譬如一个科学家，遇着一个困难的问题，他脑子里推想出几种解决方法，又把每种假设的解决所涵的结果；一一想象出来，这都是理想的。但这些理想的内容，都是一个个具体的想象，并不是抽象的。我那篇原文自始至终，不但不曾反对理想，并且极力恭维理想。我说：

> 凡是有价值的思想，都是从这个那个具体的问题下手的。先研究了问题的种种方面的种种事实，看看究竟病在何处，这是思想的第一步工夫。然后根据于一生的经验学问，提出种种解决的方法，提出种种医病的丹方，这是思想的第二步工夫。然后用一生的经验学问，加上想象的能力，推想每一种假定的解决法，该有什么样的效果，推想这种效果是否真能解决眼前这个困难问题。推想的结果，拣定一种假定的解决，认为我的主张，这是思想的第三步工夫。凡是有价值的主张，都是先经

过这三步工夫来的。不如此,算不得舆论家,只可算是抄书手。

这不是极力恭维理想的作用吗?

但是我所说的理想的作用,乃是这一种根据于具体事实和学问的创造的想象力,并不是那些抄袭现成的抽象的口头禅的主义。我所攻击的,也是这种不根据事实的,不从研究问题下手的抄袭成文的主义。

蓝、李两君所辩护的主义,其实乃是些抽象名词所代表的种种具体的主张(这个分别,请两君及一切读者,不要忘记了)。如此所说的主义,我并不曾轻视。我屡次说过,"一切学理,一切主义,都只是我们研究问题的工具"。我又屡次说过,"有了学理做参考的材料,便可使我们容易懂得所考察的情形,看什么意义,应该用什么救济方法"。我这种议论,和李君所说的"应该使社会上多数人,先有一个共同趋向的理想主义,作他们实验自己生活上满意不满意的态度",并没有什么冲突的地方。和蓝君所说的"我们要提出一种具体的方法来解决问题,必定先要鼓吹这问题的意义,以及理论上的根据,引起一般人的反省",也没有什么冲突的地方。因为蓝、李两君这两段话,所含的意思,都是要用主义学理做解决问题的工具和参考材料,所以同我的意见相合。如果蓝、李两君认定主义学理的用处,不过是能供给"这问题"的意义,以及理论上的根据,——如果两君认定这观点,我绝没有话可以驳回了。

但是蓝君把"抽象"和理想混作一事,故把我所反对的和我所恭维的,也混作一事。如他说"问题愈广,理想的分子亦愈多;问题愈狭,现实的色彩亦愈甚"。这是我所承认的。但是此处所谓"理想的分子",乃是上文我所说的"推想""假设""想象"几步工夫,并不是说问题的本身是"抽象的"。凡是能成问题的问题,都是具体的,都只是这个问题或那个问题。绝没有空空荡荡,不能指定这个那个的问题,而可以成为问题的。

蓝君说："问题的范围愈大，那抽象性亦愈加。"这里他把"抽象性"三字，代替上文的"理想的分子"五字，便容易使人误解了。试看他所举的例，如法国大革命所标的自由平等，如中国辛亥革命所标示的排满，都不是问题本身，都是具体问题的解决。为什么要排满呢？因为满清末年的种种具体的腐败情形，种种具体的民生痛苦和政治黑暗，刺激一般有思想的志士，成了具体的问题，所以他们提出排满的目标，作为解决当时的问题的计划。这问题是具体的，这解决也是具体的。法国革命以前的情形，社会不平等，人民不自由，痛苦的刺激，引起一般学者的研究。一般学者的答案说：人类本生来自由平等的，一切不平等不自由，都只是不自然的政治社会的结果。故法国大革命所标示的自由平等，乃是对于法国当日情形的具体解决。法国大革命所要解决的问题，都是具体的。大革命所提出的自由平等，在我们眼里，自然很抽象了，在当日都是具体的主张，因为这些抽象名词，在当日所代表的政策，如废王室，废贵族制度，行民主政体，人人互称"同胞"，……哪一件不是具体的主张！

所以我要说：蓝君说的"问题的范围愈大，那抽象性亦愈增加"，是错了。他应该说，"问题的范围愈大，我们研究这种问题时所需要的思想作用格外繁难，格外复杂，思想的方法。应该格外小心，格外精密"。更进一步：他应该说，"问题的范围愈大，里面的具体小问题愈多。我们研究时，绝不可单靠几个好听的抽象名词，就可敷衍过去；我们应该把那太大的范围缩小下来，把那复杂的分子分析出来，使他们都成一个一个的具体的简单问题，如此然后可以做研究的工夫"。

我且举几个例：譬如手指割破了，牙齿虫蛀了，这都是很简单的病，可以随手解决。假如你生了肠热症（typhoid），病状一时不容易明了，因为里面的分子太复杂了。你的医生，必须用种种精密的试验方法，每时记载你的热度，每日画成曲线表，表示热度的升降，诊察你的脉，看你的舌苔，化验你的大小便，取出你的血来，化验血里的微菌：……如此方才可以断定你的病是否肠热症。断定之后，方才可以用疗治的方法。一切大问题，一切复杂的问题，并不是"抽象性增加"；乃是里面所含的具体分子太多了，所以研究的时候，所需要的思想作用，也更复杂繁难了。补救这种繁难，没有别法子，只有用"分析"，把具体的大问题，分作许多更具体的小问题。

分析之后，然后把各分子的现象，综合起来，看他们有什么共同的意义。譬如医生把病人的脉、血、小便、热度等现象综合起来，寻出肠热症的意义，这便是"综合"。但是这种综合的结果，仍旧是一个具体的问题（肠热病），仍旧要用一种具体的解决法（肠热病的疗法）。并不是如蓝君所说"从许多要求中，抽出几种共同性，加上理想的色彩，成一种抽象性的问题"。

以上所说，泛论"问题与主义"，大旨只有几句话：

> 凡是能成问题的问题，无论范围大小，都是具体的，绝不是抽象的；凡是一种主义的起初，都是一些具体的主张，绝不是空空荡荡，没有具体的内容的。问题本身，并没有什么抽象性；但是研究问题的时候，往往必须经过一番理想的作用；这一层理想的作用，不可错认作问题本身的抽象性。主义本来都是具体问题的具体解决法。但是一种问题的解决法，在大同小异的别国别时代，往往可以借来做参考材料。所以我们可以说主义的原起，虽是个体的，主义的应用，有时带着几分普遍性。但不可因为这或有或无的几分普遍性，就说主义本来只是一种抽象的理想。

蓝君和我有一个根本不同的地方。我认定主义起初都是一些具体的主张。蓝君便不然。他说：

> 一种主张，能成为标准趋向态度，与具体的方法恰成反比例。因为愈具体，各部分的利害愈不一致。……故主义是一件事，实行的方法又是一件事。……主义并不一定含着实行的方法，那实行的方法也并不是一定要从主义中推演出来的。……故往往有一种主义，在主义进行的时候，效力非常之大，各部分的团结也非常坚强。一到具体问题的时候，主张纷歧，立刻成一纷扰的现象。

蓝君这几段话，简直是自己证明主义绝不可和具体的方法分开。因为有些人，用了几个抽象名词，来号召大众；因为他们的"主义"里面，不幸不曾含有"实行的方法"和"具体的主张"；所以当鼓吹的时候，未尝不能轰轰烈烈地哄动了无数信徒，一到了实行解决具体问题的时候，便闹糟了，便闹出"主张纷歧，立刻扰乱"的笑柄来了。所以后来扰乱的原因，正为当初所"鼓吹"的，只不过是几个糊涂的抽象名词，里面并不曾含有具体的主张。最大最明的例，就是这一次威尔逊先生在巴黎和会的大失败。威总统提出了许多好听的抽象名词，——人道，民族自决，永久和平，公道正谊，等等，——受了全世界人的崇拜，他的信徒，比释迦、耶稣在日多了无数倍，总算"效力非常之大"了。但是他一到了巴黎，遇着了克里蒙梭、鲁意乔治、牧野、奥兰多等一班大奸雄，他们袖子里抽出无数现成的具体的方法，贴上"人道""民族自决""永久和平"的签条，——于是威总统大失败了，连口都开不得。这就可证明主义绝不可不含具体的主张。没有具体主张的"主义"，必致闹到扰乱失败的地位。所以我说蓝君的"主义是一件事，实行的方法又是一件事",只是人类一桩大毛病,只是世界一个大祸根,并不是主义应该如此的。

请问我们为什么要提倡一个主义呢?难道单是为了"号召党徒"吗?还是要想收一点实际的效果,做一点实际的改良呢?如果是为了实际的改革,那就应该使主义和实行的方法合为一件事,绝不可分为两件不相关的事。我常说中国人(其实不单是中国人)有一个大毛病,这病有两种病征:一方面是"目的热",一方面是"方法盲"。蓝君所说的"主义并不一定含着实行的方法",便是犯了这两种病。只管提出"涵盖力大"的主义,便是目的热;不管实行的方法如何,便是方法盲。

李君的话,也带着这个毛病。他说:

> 大凡一个主义,都有理想与实用两方面。例如民主主义的理想,不论在哪一国,大致都很相同。把这个理想实用到实际的政治上去,那就因时、因地、因事的性质情形,有些不同。……我们只要把这个那个主义拿来做工具用,以为实际的运动,他会因时、因地、因事的性质情形,生一种适用环境的变化。

这是一种不负责任的主义论。前次杜威先生在教育部讲演,也曾说民治主义在法国便偏重平等;在英国便偏重自由,不认平等;在美国并重自由与平等,但美国所谓自由,又不是英国的消极自由,所谓平等,也不是法国的天然平等。但是我们要知道这并不是民治主义的自然适应环境,这都是因为英国、法国、美国的先哲,当初都能针对当日本国的时势需要,提出具体的主张,故三国的民治各有特别的性质(试看法国革命的第一二次宪法,和英国边沁等人的驳议,便可见两国本来主张不同)。这一个例,应该给我们一个很明显的教训:我们应该先从研究中国社会上、政治上种种具体问题下手；有什么病，下什么药；诊察的时候，可以参用西洋先进国的历史和学说，用作一种"临症须知"，开药方的时候，可以参考西洋先进国的历史和学说，用作一种"验方新编"。不然，我们只记得几首汤头歌诀，便要开方下药，妄想所用的药进了病人肚里，自然"会"起一种适应环境的变化，那就要犯一种"庸医杀人"的大罪了。

蓝君对于主义的抽象性，极力推崇，认他为最合于人类的一种神秘性；又说："抽象性大，涵盖力可以增大。涵盖力大，归依的人数愈增多。"这种议论，自然有一部分真理。但是我们同时也该承认人类的这种"神秘性"，实在是人类的一点大缺陷。蓝君所谓"神秘性"，老实说来，只是人类的愚昧性。因为愚昧不明，故容易被人用几个抽象名词骗去赴汤蹈火，牵去为牛为马，为鱼为肉。历史上许多奸雄政客，懂得人类有这一种劣根性，故往往用一些好听的抽象名词，来哄骗大多数的人民，去替他们争权夺利，去做他们的牺牲。不要说别的，试看一个"忠"字，一个"节"字，害死了多少中国人？试看现今世界上多少黑暗无人道的制度，哪一件不是全靠几个抽象名词在那里替他做护法门神的？人类受这种劣根性的遗毒，也尽够了。我们做学者事业的，做舆论家的生活的，正应该可怜人类的弱点，打破他们对于抽象名词的迷信，使他们以后不容易受这种抽象的名词的欺骗。所以我对于蓝君的推崇抽象性和人类的"神秘性"，实在很不满意。蓝君是很有学者态度的人，他将来也许承认我这种不满意是不错的。

但是我们对于人类迷信抽象名词的弱点，该用什么方法去补救他呢？我的答案是：

> 多研究些具体的问题，少谈些抽象的主义。一切主义，一切学理，都该研究，但是只可认做一些假设的见解，不可认做

天经地义的信条；只可认做参考印证的材料，不可奉为金科玉律的宗教；只可用做启发心思的工具，切不可用做蒙蔽聪明，停止思想的绝对真理。如此方才可以渐渐养成人类的创造的思想力，方才可以渐渐使人类有解决具体问题的能力，方才可以渐渐解放人类对于抽象名词的迷信。

新思潮的意义

研究问题
输入学理
整理国故
再造文明

一

近来报纸上发表过几篇解释"新思潮"的文章。我读了这几篇文章,觉得他们所举出的新思潮的性质,或太琐碎,或太笼统,不能算作新思潮运动的真确解释,也不能指出新思潮的将来趋势。即如包世杰先生的《新思潮是什么》一篇长文,列举新思潮的内容何尝不详细?但是他究竟不曾使我们明白那种种新思潮的共同意义是什么。比较最简单的解释要算我的朋友陈独秀先生所举出的新青年两大罪案——其实就是新思潮的两大罪案,——一是拥护德莫克拉西先生(民治主义),一是拥护赛因斯先生(科学)。陈先生说:

> 要拥护那德先生,便不得不反对孔教、礼法、贞节、旧伦理、旧政治。要拥护那赛先生,便不得不反对旧艺术、旧宗教。要拥护德先生,又要拥护赛先生,便不得不反对国粹和旧文学。(《新青年》六卷一号,页一〇)

这话虽然很简明,但是还嫌太笼统了一点。假使有人问:"何以要拥护德先生和赛先生便不得不反对国粹和旧文学呢?"答案自然是:"因为国粹和旧文学是同德赛两位先生反对的。"又问:"何以凡同德赛两位先生反对的东西都该反对呢?"这个问题可就不是几句笼统简单的话所能回答的了。

据我个人的观察,新思潮的根本意义只是一种新态度。这种新态度可叫做"评判的态度"。

评判的态度,简单说来,只是凡事要重新分别一个好与不好。仔细说来,评判的态度含有几种特别的要求:

(1) 对于习俗相传下来的制度风俗,要问:"这种制度现在还有存在的价值吗?"

(2) 对于古代遗传下来的圣贤教训,要问:"这句话在今日还是不错吗?"

(3) 对于社会上糊涂公认的行为与信仰,都要问:"大家公认的,就不会错了吗?人家这样做,我也该这样做吗?难道没有别样做法比这个更好、更有理、更有益的吗?"

尼采说现今时代是一个"重新估定一切价值"(Transvaluation of all Values)的时代。"重新估定一切价值"八个字便是评判的态度的最好解释。从前的人说妇女的脚越小越美。现在我们不但不认小脚为"美",简直说这是"惨无人道"了。十年前,人家和店家都用鸦片烟敬客。现在鸦片烟变成犯禁品了。二十年前,康有为是洪水猛兽一般的维新党。现在康有为变成老古董了。康有为并不曾变换,估价的人变了,故他的价值也跟着变了。这叫做"重新估定一切价值"。

我以为现在所谓"新思潮",无论怎样不一致,根本上同有这公共的一点——评判的态度。孔教的讨论只是要重新估定孔教的价值。文学的评论只是要重新估定旧文学的价值。贞操的讨论只是要重新估定贞操的道德在现代社会的价值。旧戏的评论只是要重新估定旧戏在今日文学上的价值。礼教的讨论只是要重新估定古代的纲常礼教在今日还有什么价值。女子的问题只是要重新估定女子在社会上的价值。政府与无政府的讨论，财产私有与公有的讨论，也只是要重新估定政府与财产等等制度在今日社会的价值。……我也不必往下数了，这些例很够证明这种评判的态度是新思潮运动的共同精神。

二

这种评判的态度，在实际上表现时，有两种趋势。一方面是讨论社会上、政治上、宗教上、文学上种种问题。一方面是介绍西洋的新思想、新学术、新文学、新信仰。前者是"研究问题"，后者是"输入学理"。这两项是新思潮的手段。

我们随便翻开这两三年以来的新杂志与报纸，便可以看出这两种的趋势。在研究问题一方面，我们可以指出：（1）孔教问题；（2）文学改革问题；（3）国语统一问题；（4）女子解放问题；（5）贞操问题；（6）礼教问题；（7）教育改良问题；（8）婚姻问题；（9）父子问题；（10）戏剧改良问题；……在输入学理一方面，我们可以指出《新青年》的"易卜生号""马克思号"，《民铎》的"现代思潮号"，《新教育》的"杜威号"，《建设》的"全民政治"的学理，和北京《晨报》《国民公报》《每周评论》，上海《星期评论》《时事新报》《解放与改造》，广州《民风周刊》……等等杂志报纸所介绍的种种西洋新学说。

为什么要研究问题呢？因为我们的社会现在正当根本动摇的时候，有许多风俗制度，向来不发生问题的，现在因为不能适应时势的需要，不能使人满意，都渐渐地变成困难的问题，不能不彻底研究，不能不考问旧日的解决法是否错误；如果错了，错在什么地方；错误寻出了，可有什么更好的解决方法，有什么方法可以适应现时的要求。例如孔教的问题，向来不成什么问题；后来东方文化与西方文化接近，孔教的势力渐渐衰微，于是有一班信仰孔教的人妄想要用政府法令的势力来恢复孔教的尊严;却不知道这种高压的手段恰好挑起一种怀疑的反动。因此,民国四五年的时候,孔教会的活动最大,反对孔教的人也最多。孔教成为问题就在这个时候。现在大多数明白事理的人,已打破了孔教的迷梦,这个问题又渐渐地不成问题,故安福部的议员通过孔教为修身大本的议案时,国内竟没有人睬他们了!

又如文学革命的问题。向来教育是少数"读书人"的特别权利,于大多数人是无关系的,故文字的艰深不成问题。近来教育成为全国人的公共权利,人人知道普及教育是不可少的,故逐渐地有人知道文言在教育上实在不适用,于是文言白话就成为问题了。后来有人觉得单用白话做教科书是不中用的,因为世间绝没有人情愿学一种除了教科书以外便没有用处的文字。这些人主张:古文不但不配做教育的工具,并且不配做文学的利器;若要提倡国语的教育,先须提倡国语的文学。文学革命的问题就是这样发生的。现在全国教育联合会已全体一致通过小学教科书改用国语的议案,况且用国语做文章的人也渐渐地多了,这个问题又渐渐地不成问题了。

为什么是输入学理呢?这个大概有几层解释。一来呢,有些人深信中国不但缺乏炮弹、兵船、电报、铁路,还缺乏新思想与新学术,故他们尽量地输入西洋近世的学说。二来呢,有些人自己深信某种学说,要想他传播发展,故尽力提倡。三来呢,有些人自己不能做具体的研究工夫,觉得翻译现成的学说比较容易些,故乐得做这种稗贩事业。四来呢,研究具体的社会问题或政治问题,一方面做那破坏事业。一方面做对症下药的工夫,不但不容易,并且很遭犯忌讳,很容易惹祸,故不如做介绍学说的事业,借"学理研究"的美名,既可以避"过激派"的罪名,又还可以种下一点革命的种子。五来呢,研究问题的人,势不能专就问题本身讨论,不能不从那问题的意义上着想;但是问题引申到意义上去,便不能不靠许多学理做参考比较的材料,故学理的输入往往可以帮助问题的研究。

这五种动机虽然不同，但是多少总含有一种"评判的态度"，总表示对于旧有学术思想的一种不满意，和对于西方的精神文明的一种新觉悟。

但是这两三年新思潮运动的历史应该给我们一种很有益的教训。什么教训呢？就是：这两三年来新思潮运动的最大成绩差不多全是研究问题的结果。新文学的运动便是一个最明白的例。这个道理很容易解释。凡社会上成为问题的问题，一定是与许多人有密切关系的。这许多人虽然不能提出什么新解决，但是他们平时对于这个问题自然不能不注意。若有人能把这个问题的各方面都细细分析出来，加上评判的研究，指出不满意的所在，提出新鲜的救济方法，自然容易引起许多人的注意。起初自然有许多人反对。但是反对便是注意的证据，便是兴趣的表示。试看近日报纸上登的马克思的《赢余价值论》，可有反对的吗？可有讨论的吗？没有人讨论，没有人反对，便是不能引起人注意的证据。研究问题的文章所以能发生效果，正为所研究的问题一定是社会人生最切要的问题，最能使人注意，也最能使人觉悟。悬空介绍一种专家学说，如《赢余价值论》之类，除了少数专门学者之外，绝不会发生什么影响。但是我们可以在研究问题里面做点输入学理的事业，或用学理来解释问题的意义，或从学理上寻求解决问题的方法。用这种方法来输入学理，能使人于不知不觉之中感受学理的影响。不但如此，研究问题最能使读者渐渐地养成一种批评的态度，研究的兴趣，独立思想的习惯。十部《纯粹理性的评判》，不如一点评判的态度；十篇《赢余价值论》，不如一点研究的兴趣；十种《全民政治论》，不如一点独立思想的习惯。

总起来说：研究问题所以能于短时期中发生很大的效力，正因为研究问题有这几种好处：（1）研究社会人生切要的问题最容易引起大家的注意；（2）因为问题关切人生，故最容易引起反对，但反对是该欢迎的，因为反对便是兴趣的表示，况且反对的讨论不但给我们许多不要钱的广告，还可使我们得讨论的益处，使真理格外分明；（3）因为问题是逼人的活问题，故容易使人觉悟，容易得人信从；（4）因为从研究问题里面输入的学理,最容易消除平常人对于学理的抗拒力,最容易使人于不知不觉之中受学理的影响;(5)因为研究问题可以不知不觉地养成一班研究的、评判的、独立思想的革新人才。

这是这几年新思潮运动的大教训!我希望新思潮的领袖人物以后能了解这个教训,能把全副精力贯注到研究问题上去;能把一切学理不看作天经地义,但看作研究问题的参考材料;能把一切学理应用到我们自己的种种切要问题上去;能在研究问题上面做输入学理的工夫;能用研究问题的工夫来提倡研究问题的态度,来养成研究问题的人才。

这是我对于新思潮运动的解释。这也是我对于新思潮将来的趋向的希望。①

三

以上说新思潮的"评判的精神"在实际上的两种表现。现在要问:"新思潮的运动对于中国旧有的学术思想,持什么态度呢?"

我的答案是:"也是评判的态度。"

分开来说,我们对于旧有的学术思想有三种态度。第一,反对盲从;第二,反对调和;第三,主张整理国故。

盲从是评判的反面,我们既主张"重新估定一切价值",自然要反对盲从。这是不消说的了。

为什么要反对调和呢?因为评判的态度只认得一个是与不是,一个好与不好,一个适与不适,——不认得什么古今中外的调和。调和是社会的一种天然趋势。人类社会有一种守旧的惰性,少数人只管趋向极端的革新,大多数人至多只能跟你走半程路。这就是调和。调和是人类懒病的天然趋势,用不着我们来提倡。我们走了一百里路,大多数人也许

---

① 参看《问题与主义》。

勉强走三四十里。我们若先讲调和，只走五十里，他们就一步都不走了。所以革新家的责任只是认定"是"的一个方向走去，不要回头讲调和。社会上自然有无数懒人懦夫出来调和。

我们对于旧有的学术思想，积极的只有一个主张，——就是"整理国故"。整理就是从乱七八糟里面寻出一个条理脉络来；从无头无脑里面寻出一个前因后果来；从胡说谬解里面寻出一个真意义来；从武断迷信里面寻出一个真价值来。为什么要整理呢？因为古代的学术思想向来没有条理，没有头绪，没有系统，故第一步是条理系统的整理。因为前人研究古书，很少有历史进化的眼光的，故从来不讲究一种学术的渊源，一种思想的前因后果，所以第二步是要寻出每种学术思想怎样发生，发生之后有什么影响效果。因为前人读古书，除极少数学者以外，大都是以讹传讹的谬说，——如太极图、爻辰、先天图、卦气……之类，——故第三步是要用科学的方法，做精确的考证，把古人的意义弄得明白清楚。因为前人对于古代的学术思想，有种种武断的成见，有种种可笑的迷信，——如骂杨朱、墨翟为禽兽，却尊孔丘为德配天地、道冠古今！——故第四步是综合前三步的研究，各家都还他一个本来真面目，各家都还他一个真价值。

这叫做"整理国故"。现在有许多人自己不懂得国粹是什么东西，却偏要高谈"保存国粹"。林琴南先生做文章论古文之不当废，他说："吾知其理而不能言其所以然！"现在许多国粹党，有几个不是这样糊涂懵懂的？这种人如何配谈国粹？若要知道什么是国粹，什么是国渣，先须要用评判的态度，科学的精神，去做一番整理国故的工夫。

四

新思潮的精神是一种评判的态度。

新思潮的手段是研究问题与输入学理。

新思潮的将来趋势,依我个人的私见看来,应该是注重研究人生社会的切要问题,应该于研究问题之中做介绍学理的事业。

新思潮对于旧文化的态度,在消极一方面是反对盲从,是反对调和;在积极一方面,是用科学的方法来做整理的工夫。

新思潮的唯一目的是什么呢?是再造文明。

文明不是拢统造成的,是一点一滴的造成的。进化不是一晚上拢统进化的,是一点一滴的进化的。现今的人爱谈"解放与改造",须知解放不是拢统解放,改造也不是拢统改造。解放是这个那个制度的解放,这种那种思想的解放,这个那个人的解放,是一点一滴的解放。改造是这个那个制度的改造,这种那种思想的改造,这个那个人的改造,是一点一滴的改造。

再造文明的下手工夫,是这个那个问题的研究。再造文明的进行,是这个那个问题的解决。

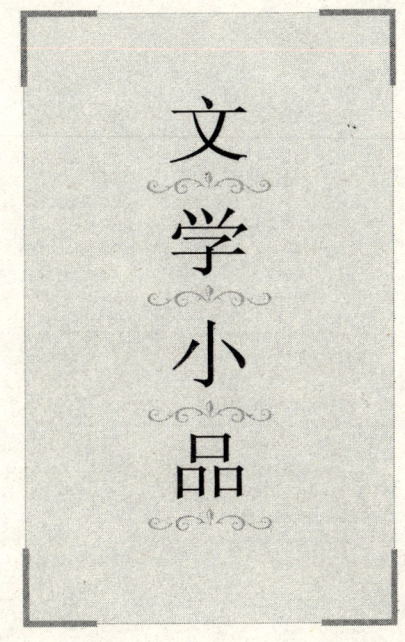

文学小品

一个问题

我到北京不到两个月。这一天我在中央公园里吃冰,几位同来的朋友先散了;我独自坐着,翻开几张报纸看看,只见满纸都是讨伐西南和召集新国会的话。我懒得看那些疯话,丢开报纸,抬起头来,看见前面来了一男一女,男的抱着一个小孩子,女的手里牵着一个三四岁的孩子。我觉得那男的好生面善,仔细打量他,见他穿一件很旧的官纱长衫,面上很有老态,背脊微有点弯,因为抱着孩子,更显出曲背的样子。他看见我,也仔细打量。我不敢招呼,他们就过去了。走过去几步,他把小孩子交给那女的,他重又回来,问我道:"你不是小山吗?"我说:"正是。你不是朱子平吗?我几乎不敢认你了!"他说:"我是子平,我们八九年不见,你还是壮年,我竟成了老人了,怪不得你不敢招呼我。"

我招呼他坐下,他不肯坐,说他一家人都在后面坐久了,要回去预备晚饭了。我说:"你现在是儿女满前的福人了。怪不得要自称老人了。"他叹口气,说:"你看我狼狈到这个样子,还要取笑我?我上个月见着伯安仲实弟兄们,才知道你今年回国。你是学哲学的人,我有个问题要来请教你。我问过多少人,他们都说我有神经病,不大理会我。你把住址告诉我,我明天来看你。今天来不及谈了。"

我把住址告诉了他,他匆匆地赶上他的妻子,接过小孩子,一同出去了。

我望着他们出去,心里想到:朱子平当初在我们同学里面,要算一个很有豪气的人,怎么现在弄得这样潦倒?看他见了一个多年不见的老同学,一开口就有什么问题请教,怪不得人说他有神经病。但不知他因为潦倒了才有神经病呢？还是因为有了神经病所以潦倒呢？……

第二天一大早，他果然来了。他比我只大得一岁，今年三十岁。但是他头上已有许多白发了。外面人看来，他至少要比我大十几岁。

我问他什么问题。他说："我这几年以来，差不多没有一天不问自己道：人生在世，究竟是为什么的？我想了几年，越想越想不通。朋友之中也没有人能回答这个问题。起先他们给我一个'哲学家'的绰号，后来他们竟然叫我做朱疯子了！小山，你是见多识广的人，请你告诉我，人生在世，究竟是为什么的？"

我说："子平，这个问题是没有答案的。现在的人最怕的是有人问他这个问题。得意的人听着这个问题就要扫兴，不得意的人想着这个问题就要发狂。他们是聪明人，不愿意扫兴，更不愿意发狂，所以给你这个疯子的绰号，就算完了。——我要问你，你为什么想到这个问题上去呢？"

他说："这话说来很长，只怕你不爱听。"

我说我最爱听。他叹了一口气，点着一根纸烟，慢慢地说。以下都是他的话。

我们离开高等学堂那一年，你到英国去了，我回到家乡，生了一场大病，足足的病了十八个月。病好了，便是辛亥革命，把我家在汉口的店业就光复掉了。家里生计渐渐困难，我不能不出来谋事。那时伯安石生一班老同学都在北京，我写信给他们，托他们寻点事做。后来他们写信给我，说从前高等学堂的老师陈老先生答应要我去教他的孙子。我到了北京，就住在陈家。陈老先生在大学堂教书，又担任女子师范的国文，一个月拿得钱很多，但是他的两个儿子都不成器，老头子气得很，发愤要教育他的几个孙子成人。但是他一个人教两处书，那有工夫教小孩子？你知道我同伯安都是他的得意学生，所以他叫我去，给我二十块钱一个月，住的房子，吃的饭，都是他的，总算他老先生的一番好意。

过了半年，他对我说，要替我做媒。说的是他一位同年的女儿，现在女子师范读书，快要毕业了。那女子我也见过一两次，人倒很朴素稳重。但是我一个月拿人家二十块钱，如何养得起家小？我把这个意思回复他，谢他的好意。老先生有点不高兴，当时也没说什么。过了几天，他请了伯安仲实弟兄到他家，要他们劝我就这门亲事。他说："子平的家事，我是晓得的。他家三代单传，嗣续的事不能再缓了。二十多岁的少年，哪里怕没有事做？还怕养不活老婆吗？我替他做媒的这头亲事是再好也没有的。女的今年就毕业，毕业后还可在本京蒙养院教书，我已经替她介绍好了。蒙养院的钱虽然不多，也可以贴补一点家用。他再要怕不够时，我把女学堂的三十块钱让他去做。我老人，大学堂一处也够我忙了。你们看我这个媒人总可算是竭力报效了。"

伯安弟兄把这番话对我说，你想我如何能再推辞。我只好写信告诉家母。家母回信，也说了许多"三代单传，不孝有三，无后为大"的话。又说，"陈老师这番好意，你稍有人心，应该感激图报，岂可不识抬举？"

我看了信，晓得家母这几年因为我不肯娶亲，心里很不高兴，这一次不过是借发点牢骚。我仔细一想，觉得做了中国人，老婆是不能不讨的，只好将就点罢。

我去找到伯安仲实，说我答应订定这头亲事，但是我现在没有积蓄，须过一两年再结婚。

他们去见老先生，老先生说："女孩子今年二十三岁了，她父亲很想早点嫁了女儿，好替他小儿子娶媳妇。你们去对子平说，叫他等女的毕业了就结婚。仪节简单一点，不费什么钱。他要用木器家具，我这里有用不着的，他可以搬去用。我们再替他邀一个公份，也就可以够用了。"

他们来对我说，我没有话可驳回，只好答应了。过了三个月，我租了一所小屋，预备成亲。老先生果然送了一些破烂家具，我自己添置了一点。伯安石生一些人发起一个公份，送了我六十多块钱的贺仪，只够我替女家做了两套衣服，就完了。结婚的时候，我还借了好几十块钱，才勉强把婚事办了。

结婚的生活，你还不曾经过。我老实对你说，新婚的第一年，的确是很有乐趣的生活。我的内人，人极温和，她晓得我的艰苦，我们从不肯乱花一个钱。我们只用一个老妈，白天我上陈家教书，下午到女师范教书，她到蒙养院教书。晚上回家，我们自己做两样家乡小菜，吃了晚饭，闲谈一会，我改我的卷子，她陪我坐着做点针线。我有时做点文字卖给报馆，有时写到夜深才睡。她怕我身体过劳，每晚到了十二点钟，她把我的墨盒纸笔都收了去，吹灭了灯，不许我再写了。

小山，这种生活，确有一种乐趣。但是不到七八个月，我的内人就病了，呕吐得很厉害。我们猜是喜信，请医生来看，医生说八成是有喜，我连忙写信回家，好叫家母欢喜。老人家果然喜得很，托人写信来说了许多孕妇保重身体的法子，还做了许多小孩的衣服小帽寄来。

产期将近了。她不能上课，请了一位同学代她。我添雇了一个老妈子，还要准备许多临产的需要品。好容易生下一个男孩儿来。产后内人身体不好，乳水不够，不能不雇奶妈。一家平空减少了每月十几块钱的进帐，倒添上了几口人吃饭拿工钱。家庭的担负就很不容易了。

过了几个月，内人的身体复原了，仍旧去上课，但是记挂着小孩子，觉得很不方便。看十几块钱的面子上，只得忍着心肠做去。

不料陈老先生忽然得了中风的病，一起病就不能说话，不久就死了。他那两个宝贝儿子，把老头子的一点存款都瓜分了，还要赶回家去分田产，把我的三个小学生都带回去了。

我少了二十块钱的进款，正想寻事做，忽然女学堂的校长又换了人，第二年开学时，他不曾送聘书来，我托熟人去说，他说我的议论太偏僻了，不便在女学堂教书。我生了气，也不屑再去求他了。

伯安那时做众议院的议员，在国会里颇出点风头。我托他设法。他托陈老先生的朋友把我荐到大学堂去当一个事务员，一个月拿三十块钱。

我们只好自己刻苦一点，把奶妈和那添雇的老妈子辞了。每月只吃三四次肉，有人请我吃酒，我都辞了不去，因为吃了人的，不能不回请。戏园里是四年多不曾去过了。

但是无论我们怎样节省，钱总不够用。过了一年又添了一个孩子。这回我的内人自己给他奶吃，不雇奶妈了。但是自己的乳水不够，我们用开成公司的豆腐浆代它，小孩子不肯吃，不到一岁就殇掉了。内人哭的什么似的。我想起孩子之死全系因为雇不起奶妈，内人又过于省俭，不肯吃点滋养的东西，所以乳水更不够。我看见内人伤心，我心里实在难过。

后来时局一年坏似一年，我的光景也一年更紧似一年。内人因为身体不好，辍课太多，蒙养院的当局颇说嫌话，内人也有点拗性，索性辞职出来。想找别的事做，一时竟寻不着。北京这个地方，你想寻一个三百五百的阔差使，反不费力。要是你想寻二三十块钱一个月的小事，那就比登天还难。到了中交两行停止兑现的时候，我那每月三十块钱的票子更不够用了。票子的价值越缩下去，我的大孩子吃饭的本事越来越大。去年冬天，又生了一个女孩子，就是昨天你看见我抱着的。我托了伯安去见大学校长，请他加我的薪水，校长晓得我做事认真，加了我十块钱票子，共是四十块，打个七折，四七二十八，你替我算算，房租每月六块，伙食十五块，老妈工钱两块，已是二十三块了。剩下五块大钱，每天只派着一角六分大洋做零用钱。做衣服的钱都没有，不要说看报买书了。大学图书馆里虽然有书有报，但是我一天忙到晚，公事一完，又要赶回家帮内人照应小孩子，哪里有工夫看书阅报？晚上我腾出一点工夫做点小说，想赚几个钱。我的内人向来不许我写过十二点钟的，于今也不来管我了。她晓得我们现在所处的境地，非寻两个外块钱不能过日子，所以只好由我写到两三点钟才睡。但是现在卖文的人多了，我又没有工夫看书，全靠绞脑子，挖心血，没有接济思想的来源，做的东西又都是百忙里偷闲潦草做的，哪里会有好东西？所以往往卖不起价钱，有时原稿退回，我又修改一点，寄给别家。前天好容易卖了一篇小说，拿着五块钱，所以昨天全家去逛中央公园，去年我们竟不曾去过。

我每天五点钟起来，——冬天六点半起来——午饭后靠着桌子偷睡半个钟头，一直忙到夜深半夜后。忙的是什么呢？我要吃饭，老婆要吃饭，还要喂小孩子吃饭——所忙的不过为了这一件事！

我每天上大学去，从大学回来，都是步行。这就是我的体操，不但可以省钱，还可给我一点用思想的时间，使我可以想小说的布局，可以想到人生的问题。有一天，我的内人的姐夫从南边来，我想请他上一回馆子，家里没有钱，我去问同事借，那几位同事也都是和我不相上下的穷鬼，哪有钱借人？我空着手走回家，路上自思自想，忽然想到一个大问题，就是"人生在世，究竟是为什么的？"……我一头想，一头走，想入了迷,就站在北河沿一棵柳树下,望着水里的树影子,足足站了两个钟头。等到我醒过来走回家时,天已黑了,客人已经走了半天了!

自从那一天起到现在,几乎没有一天我不想这个问题。有时候,我从睡梦里喊着"人生在世,究竟是为什么的?"

小山,你是学哲学的人。像我这样养老婆,喂小孩子,就算做了一世的人吗?……

差不多先生传

你知道中国最有名的人是谁?

提起此人,人人皆晓,处处闻名。他姓差,名不多,是各省各县各村人氏。你一定见过他,一定听过别人谈起他。差不多先生的名字天天挂在大家的口头,因为他是中国全国人的代表。

差不多先生的相貌和你和我都差不多。他有一双眼睛,但看得不很清楚;有两只耳朵,但听得不很分明;有鼻子和嘴,但他对于气味和口味都不很讲究。他的脑子也不小,但他的记性却不很精明,他的思想也不很细密。

他常常说:"凡事只要差不多,就好了。何必太精明呢?"

他小的时候,他妈教他去买红糖,他买了白糖回来。他妈骂他,他摇摇头说:"红糖白糖不是差不多吗?"

他在学堂的时候,先生问他:"直隶省的西边是哪一省?"他说是陕西。先生说:"错了。是山西,不是陕西。"他说:"陕西同山西,不是差不多吗?"

后来他在一个钱铺里作伙计;他会写字,也会算,只是总不会精细。十字常常写成千字,千字常常写成十字。掌柜的生气了,常常骂他。他只是笑嘻嘻地赔小心道:"千字比十字只多一小撇,不是差不多吗?"

有一天,他为了一件要紧的事,要搭火车到上海去。他从从容容地走到火车站,迟了两分钟,火车已开走了。他白瞪着眼,望着远远的火车上的煤烟,摇摇头道:"只好明天再走了,今天走同明天走,也还差不多。可是火车公司未免太认真了。8:30分开,同8:32分开,不是差不多吗?"他一面说,一面慢慢地走回家,心里总不明白为什么火车不肯等他两分钟。

有一天,他忽然得了急病,赶快教家人去请东街的汪医生。那家人急急忙忙地跑去,一时寻不着东街的汪大夫,却把西街牛医王大夫请来了。差不多先生病在床上,知道寻错了人;但病急了,身上痛苦,心里焦急,等不得了,心里想道:"好在王大夫同汪大夫也差不多,让他试试看吧。"于是这位牛医王大夫走近床前,用医牛的法子给差不多先生治病。不上一点钟,差不多先生就一命呜呼了。

差不多先生差不多要死的时候,一口气断断续续地说道:"活人同死人也差……差……差不多,凡事只要……差……差……不多……就……好了,何……何……必……太……太认真呢?"他说完了这句格言,方才绝气了。

他死后,大家都很称赞差不多先生样样事情看得破,想得通;他家都说他一生不肯认真,不肯算账,不肯计较,真是一位有德行的人。于是大家给他取个死后的法号,叫他做圆通大师。

他的名誉越传越远,越久越大。无数无数的人都学他的榜样。于是人人都成了一个差不多先生。然而中国从此就成为一个懒人国了。

漫游的感想

一、东西文化的界线

我离了北京，不上几天，到了哈尔滨。在此地我得了一个绝大的发现：我发现了东西文明的交界点。

哈尔滨本是俄国在远东侵略的一个重要中心。当初俄国人经营哈尔滨的时候，早就预备要把此地辟作一个二百万居民的大城，所以一切文明设备，应有尽有；几十年来，哈尔滨就成了北中国的上海。这是哈尔滨的租界，本地人叫做"道里"，现在租界收回，改为特别区。

租界的影响，在几十年中，使附近的一个村庄逐渐发展，也变成了一个繁盛的大城。这是"道外"。

"道里"现在收归中国管理了。但俄国人的势力还是很大的，向来租界时代的许多旧习惯至今还保存着。其中的一种遗风就是不准用人力车（东洋车）。"道外"的街道上都是人力车。一到了"道里"，只见电车与汽车，不见一部人力车。道外的东洋车可以拉到道里，但不准再拉客，只可拉空车回去。

我到了哈尔滨，看了道里与道外的区别，忍不住叹口气，自己想道：这不是东方文明与西方文明的交界点吗？东西洋文明的界线只是人力车文明与摩托车文明的界线——这是我的一大发现。

人力车又叫做东洋车，这真是确切不移。请看世界之上，人力车所至之地，北起哈尔滨，西至四川，南至南洋，东至日本，这不是东方文明的区域吗？

人力车代表的文明就是那用人作牛马的文明。摩托车代表的文明就是用人的心思才智制作出机械来代替人力的文明。把人作牛马看待，无论如何，够不上叫做精神文明。用人的智慧造作出机械来，减少人类的苦痛，便利人类的交通，增加人类的幸福，——这种文明却含有不少的理想主义，含有不少的精神文明的可能性。

我们坐在人力车上，眼看那些圆颅方趾的同胞努起筋肉，弯着背脊梁，流着血汗，替我们做牛做马，拖我们行远登高，为的是要挣几十个铜子去活命养家，——我们当此时候，不能不感谢那发明蒸汽机的大圣人，不能不感谢那发明电力的大圣人，不能不祝福那制作汽船汽车的大圣人：感谢他们的心思才智节省了人类多少精力，减除了人类多少苦痛！你们嫌我用"圣人"一个字吗？孔夫子不说过吗？"制而用之谓之器。利用出入，民咸用之，谓之神。"孔老先生还嫌"圣"字不够，他简直要尊他们为"神"呢！

二、摩托车的文明

去年八月十七日的《伦敦晚报》（*Evening Standand*）有下列的统计：

全世界的摩托车共二四，五九〇，〇〇〇辆。

全世界人口平均每七十一人有一辆摩托车。

美国每六人有车一辆。

加拿大与纽西兰每十二人有车一辆。

澳洲每二十人有车一辆。

今年一月十六日纽约的《国民周报》（*The Nation*）有下列的统计：

全世界摩托车　二七，五〇〇，〇〇〇

美国摩托车　二二，三三〇，〇〇〇

美国摩托车数占全世界百分之八十一。

美国人口平均每五人有车一辆。

去年（1926）美国造的摩托车凡四百五十万辆，出口五十万辆。

美国的路上，无论是大城里或乡间，都是不断的汽车。《纽约时报》上曾说一个故事：有一个北方人驾着摩托车走过 Miami 的一条大道，他开的速度是每点钟三十五英里。后面一个驾着两轮摩托车的警察赶上来问他为什么挡住大路。他说："我开的已是三十五里了。"警察喝道："开六十里！"

今年三月里我到费城（Philadelphia）演讲，一个朋友请我到乡间 Harverford 去住一天。我和他同车往乡间去，到了一处，只见那边停着一二百辆摩托车。我说："这里开汽车赛会吗？"他用手指道："那边不在造房子吗？这些都是木匠泥水匠坐来做工的汽车。"

这真是一个摩托车的国家！木匠泥水匠坐了汽车去做工，大学教员自己开着汽车去上课，乡间儿童上学都有公共汽车接送，农家出的鸡蛋牛乳每天都自己用汽车送上火车或直送进城。十字街头，向来总有一两家酒店的；近年酒禁实行了，十字街头往往建着汽油的小站。车多了，停车的空场遂成为都市建筑的一个大问题。此外还发生了许多连带的问题，很能使都市因此改观。例如我到丹佛城（Danver），看见墙上都没有街道的名字，我很诧异。后来才看见街名都用白漆写在马路两边的"行道"（pavement or side walk）的底下，为的是要使夜间汽车灯光容易照着。这一件事便可以看出摩托车在都市经营上的影响了。

摩托车的文明的好处真是一言难尽。汽车公司近年通行"分月付款"的法子，使普通人家都可以购买汽车。据最近统计，去年一年之中美国人买的汽车有三分之二是分月付钱的。这种人家向来是不肯出远门的。如今有了汽车，旅行便利了，所以每日工作完毕之后，在家带了家中妻儿，自己开着汽车，到郊外去游玩；每星期日，可以全家到远地旅行游览。例如旧金山的"金门公园"，远在海滨，可以纵观太平洋上的水光岛色；每到星期日，四方男女来游的真是人山人海！这都是摩托车的恩赐。这种远游的便利可以增进健康，开拓眼界，增加知识，——这都是我们的轿子文明与人力车文明底下想象不到的幸福。

最大的功效还在人的官能的训练。人的四肢五官都是要训练的；不练就不灵巧了，久不练就迟钝麻木了。中国乡间的老百姓，看见汽车来了，往往手足失措，不知道怎样回避；你尽着呜呜地压着号筒，他们只听不见；连街上的狗与鸡也只是懒洋洋地踱来摆去，不知避开。但是你若把这班老百姓请到上海来，请他们从先施公司走到永安公司去，他们便不能不用耳目手足了。走过大马路的人，真如《封神传》上的黄天化说的"须要眼观四处，耳听八方"。你若眼不明，耳不听，手足不灵动，必难免危险。这便是摩托车文明的训练。

美国的汽车大概都是各人自己驾驶的。往往一家中，父母子女都会开车。人工贵了，只有顶富的人家可以雇人开车。这种开车的训练真是"胜读十年书"！你开着汽车，两手各有职务，两脚也各有职务，眼要观四处，耳要听八方，还要手足眼耳一时并用，同力合作。你不但要会开车，还要会修车；随你是什么大学教授、诗人诗哲，到了半路车坏的时候，也不能不卷起袖管，替机器医病。什么书呆子、书踱头、傻瓜，若受了这种训练，都不会四体不勤，五官不灵了。你们不常听见人说大学教授"心不在焉"的笑话吗？我这回新到美国，有些大学教授如孟录博士等请我坐他们自己开的车，我总觉得有点栗栗危惧，怕他们开到半路上忽然想起什么哲学问题或天文学问题来，那才危险呢！但是我经过几回之后，才觉得这些大学教授已受了摩托车文明的洗礼，把从前的"心不在焉"的呆气都赶跑了，坐在轮子前便一心在轮子上，手足也灵活了，耳目也聪明了！猗欤休哉！摩托车的教育！

三、一个劳工代表

有些自命"先知"的人常常说:"美国的物质发展终有到头的一天;到了物质文明破产的时候,社会革命便起来了。"

我可以武断地说:美国是不会有社会革命的,因为美国天天在社会革命之中。这种革命是渐进的,天天有进步,故天天是革命。如所得税的实行,不过是十四年来的事,然而现在所得税已成了国家税收的一大宗,巨富的家私有纳税百分之五十以上的。这种"社会化"的现象随地都可以看见。从前马克思派的经济学者说资本愈集中则财产所有权也愈集中,必做到资本全归极少数人之手的地步。但美国近年的变化却是资本集中而所有权分散在民众。一个公司可以有一万万的资本,而股票可由雇员与工人购买,故一万万元的资本就不妨有一万人的股东。近年移民进口的限制加严,贱工绝迹,故国内工资天天增涨;工人收入既丰,多有积蓄,往往购买股票,逐渐成为小资本家。不但白人如此,黑人的生活也逐渐抬高。纽约城的哈伦区,向为白人居住的,十年之中土地房屋全被发财的黑人买去了,遂成了一片五十万人的黑人区域。人人都可以做有产阶级,故阶级战争的煽动不发生效力。

我且说一个故事。

我在纽约时,有一次被邀去参加一个"两周讨论会"(Fortnightly Forum)。这一次讨论的题目是"我们这个时代应该叫什么时代"。十八世纪是"理智时代",十九世纪是"民治时代",这个时期应该叫什么?究竟是好是坏?

依这个讨论会规矩,这一次请了六位客人作辩论员:一个是俄国克伦斯基革命政府的交通总长;一个是印度人;一个是我;一个是有名的"效率工程师"(efficiency engineer),是一位老女士;一个是纽约有名的牧师 Holmes;一个是工会代表。

有些人的话是可以预料的。那位印度人一定痛骂这个物质文明时代；那位俄国交通总长一定痛骂鲍尔雪维克①，那位牧师一定是很悲观的；我一定是很乐观的；那位女效率专家一定鼓吹她的效率主义。一言表过不提。

单说那位劳工代表 Frahne（?）先生。他站起来演说了。他穿着晚餐礼服，挺着雪白的硬衬衫，头发苍白了。他站起来，一手向里面衣袋里抽出一卷打字的演说稿，一手向外面袋里摸出眼镜盒，取出眼镜戴上。他高声演说了。

他一开口便使我诧异。他说："我们这个时代可以说是人类有历史以来最好的伟大的时代，最可惊叹的时代。"

这是他的主文。以下他一条一条地举例来证明这个主旨。他先说科学的进步，尤其注重医学的发明；次说工业的进步；次说美术的新贡献，特别注重近年的新音乐与新建筑。最后他叙述社会的进步，列举资本制裁的成绩，劳工待遇的改善，教育的普及，幸福的增加。他在十二分钟之内描写世界人类各方面的大进步，证明这个时代是人类有史以来最好的时代。

我听了他的演说，忍不住对自己说道："这才是真正的社会革命。社会革命的目的就是要做到向来被压迫的社会分子能站在大庭广众之中歌颂他的时代为人类有史以来最好的时代。"

四、往西去

我在莫斯科住了三天，见着一些中国共产党的朋友，他们很劝我在俄国多考察一些时。我因为要赶到英国去开会，所以不能久留。那时冯玉祥将军在莫斯科郊外避暑，我听说他很崇拜苏俄，常常绘画列宁的肖

---

① 指布尔什维克。

像。我对他的秘书刘伯坚诸君说:"我很盼望冯先生从俄国向西去看看。即使不能看美国,至少也应该看看德国。"

我的老朋友李大钊先生在他被捕之前一两月曾对北京朋友说:"我们应该写信给适之,劝他仍旧从俄国回来,不要让他往西去打美国回来。"但他说这话时,我早已到了美国了。

我希望冯玉祥先生带了他的朋友往西去看看德国美国;李大钊先生却希望我不要往西去。要明白此中的意义,且听我再说一件有趣味的故事。

我在日本时,同了马伯援先生去访问日本最有名的经济学家福田德三博士。我说:"福田先生,听说先生新近到欧洲游历回来之后,先生的思想主张颇有改变,这话可靠吗?"

他说:"没有什么大的改变。"

我问:"改变的大致是什么?"

他说:"从前我主张社会政策;这次从欧洲回来之后,我不主张这种妥协的缓和的社会政策了。我现在以为这其间只有两条路:不是纯粹的马克思派社会主义,就是纯粹的资本主义。没有第三条路。"

我说:"可惜先生到了欧洲不曾走的远点,索性到美国去看看,也许可以看见第三条路,也未可知。"

福田博士摇头说:"美国我不敢去,我怕到了美国会把我的学说完全推翻了。"

我说:"先生这话使我颇失望。学者似乎应该尊重事实。若事实可以推翻学说,那么,我们似乎应该抛弃那学说,另寻更满意的假设。"

福田博士摇头说:"我不敢到美国去。我今年五十五了,等到我六十岁时,我的思想定了,不会改变了,那时候我要往美国看看去。"

这一次的谈话给了我一个绝大的刺激。世间的大问题绝不是一两个抽象名词(如"资本主义""共产主义"等)所能完全包括的。最要紧的是事实。现今许多朋友却只高谈主义,不肯看看事实。孙中山先生曾引外国俗语说"社会主义有五十七种，不知哪一种是真的"。岂但社会主义有五十七种？资本主义还不止五百七十种呢！拿一个"赤"字抹杀新运动，那是张作霖、吴佩孚的把戏。然而拿一个"资本主义"来抹杀一切现代国家，这种眼光究竟比张作霖、吴佩孚高明多少？

朋友们，不要笑那位日本学者。他还知道美国有些事实足以动摇他的学说，所以他不敢去。我们之中却有许多人绝不承认世上会有事实足以动摇我们的迷信的。

五、东方人的"精神生活"

我到纽约后的第十天——一月二十一日——《纽约时报》上登出一条很有趣味的新闻：

> 昨天下午一点钟，纽吉赛邦的恩格儿坞（Englewood, N.J.）的山郎先生住宅面前，围了许多男男女女，小孩子，小狗，等着要看一位埃及道人（Fakir）名叫哈密（Hamid Bey）的被活埋的奇事。
>
> 哈密道人站在那掘好的坟坑旁边；微微的雨点洒在他的飘飘的长袍上。他身边站着两个同道的助手。
>
> 人越来越多了。到了一点一分的时候，哈密道人忽然倒在地下，不省人事了。两个请来的医生同了三个报馆访员动手把他的耳朵、鼻子、嘴，都用棉花塞好。随后便有人来把哈密道人抬下坟坑，放在坟里的内穴里。他脸上撒了一薄层的沙。内穴上面用木板盖好。
>
> 内穴上面还有三尺深的空坑。他们也用泥土填满了。填满了后，活埋的工作算完了。
>
> 到场的许多人都走进山郎先生的家里去吃茶点。山郎夫人

未嫁之前就是那位绰号"千眼姑娘"的李麻小姐。她在那边招待来宾,大家谈着"人生无涯"一类的问题,静候那活埋道人的复活。

一点钟过去了。点半过去了。……两点钟过去了。……

到了下午四点,三个爱尔兰的工人动手把坟掘开。三个黑种工人站在旁边陪着,——也许是给那三个白种同伴镇压邪鬼罢。

四点钟敲过不久,哈密道人扶起来了。扶到了空气里,他便颤动了,渐渐活过来了。他低低地喊了一声"胡帝尼",微微一笑,他回生了。

他未埋之先,医生验过他的脉跳是七十二,呼吸是十八。复活之后,脉跳与呼吸仍是七十二与十八。他在坑里足足埋了两点五十二分。

这回的安排布置全是勒乌公司(Loew's)的杜纳先生办理的。杜纳先生说,本想同这位埃及道人订一个"杂耍戏"的契约,不过还得考虑一会,因为看戏的人等不得三个钟头就都会跑光了。

哈密道人却很得意,他说他还可以活埋三天咧。

美国是个有钱的地方,世界各国的奇奇怪怪的宗教掮客都赶到这里来招揽信徒,炫卖花样。前一年,有个埃及道人名叫拉曼(Rahman)的,自称能收敛心神,停止呼吸。他当大众试验,闭在铁棺内,沉在赫贞河里,过一点钟之久。当时美国有大幻术胡帝尼(Harry Houdini)研究此事,说这不是停止呼吸,乃是一种"浅呼吸",是可以操练出来的。胡帝尼自己练习,到了去年夏间,他也公开试验:睡在铁棺里,叫人沉在纽约谢尔敦大旅馆的水池里,过了一点半钟,方才捞起来。开棺之后,依然复生,不过脉跳增加至一百四十二跳而已。胡帝尼的成绩比拉曼加长半点钟，能使人明白这种把戏不过是一种技术上的训练，并没有什么精神作用。

胡帝尼死后，这班东方道人还不服气，所以有今年一月二十日哈密道人的公开试验。哈密的成绩又比胡帝尼加长了八十二分钟，应该够得上和勒乌公司订六个月的"杂耍戏"的契约了，然而杜纳先生又嫌活埋三点钟太干燥无味了，怕不能号召看戏的群众！可惜，可惜！大概哈密先生和他的道友们后来仍旧回到东方继续他们的"内心生活"了罢。

胡帝尼的试验的精神是很可佩服的。其实即使这班东方道人真能活埋三点钟以至三天，完全停止呼吸，这又算得什么精神生活？这里面哪有什么"精神的分子"？泥里的蚯蚓，以至一切冬天蛰伏的爬虫，不是都能这样吗？

六、麻将

前几年，麻将牌忽然行到海外，成为出口货的一宗。欧洲与美洲的社会里，很有许多人学打麻将的；后来日本也传染到了。有一个时期，麻将竟成了西洋社会里最时髦的一种游戏：俱乐部里差不多桌桌都是麻将，书店里出了许多种研究麻将的小册子，中国留学生没有钱的可以靠教麻将吃饭挣钱。欧美人竟发了麻将狂热了。

谁也梦想不到东方文明征服西洋的先锋队却是那一百三十六个麻将军！

这回我从西伯利亚到欧洲，从欧洲到美洲，从美洲到日本，十个月之中，只有一次在日本京都的一个俱乐部里看见有人打麻将牌。在欧美简直看不见麻将了。我曾问过欧洲和美国的朋友，他们说："妇女俱乐部里，偶然还可以看见一桌两桌打麻将的，但那是很少的事了。"我在美国人家里，也常看见麻将牌盒子——雕刻装潢很精致的——陈列在室内，有时一家竟有两三副的。但从不见主人主妇谈起麻将；他们从不向我这位麻将国的代表请教此中的玄妙！麻将在西洋已成了架上的古玩了；麻将的狂热已退凉了。

我问一个美国朋友，为什么麻将的狂热过去得这样快？他说："女士太太们喜欢麻将，男子们却很反对，终于是男子们战胜了。"这是我们意想得到的。西洋的勤劳奋斗的民族绝不会做麻将的信徒，绝不会受麻将的征服。麻将只是我们这种好闲爱荡、不爱惜光阴的"精神文明"的中华民族的专利品。

当明朝晚年，民间盛行一种纸牌，名为"马吊"。马吊中有四十张牌，有一文至九文，一千至九千，一万至九万等，等于麻将牌的筒子，索子，万子。还有一张"零"，即是"白板"的祖宗。还有一张"千万"，即是徽州纸牌的"千万"。马吊牌上每张上画有《水浒传》的人物。徽州纸牌上的"王英"即是矮脚虎王英的遗迹。乾隆嘉庆间人汪师韩的全集里收有几种明人的马吊牌（在《丛睦汪氏丛书》内）。

马吊在当日风行一时，士大夫整日整夜地打马吊，把正事都荒废了。所以明亡之后，吴梅村作《绥寇纪略》说，明之亡是亡于马吊。

三百年来，四十张的马吊逐渐演变，变成每样五张的纸牌，近七八十年中又变为每样四张的麻将牌。（马吊三人对一人，故名"马吊脚"，省称"马吊"；"麻将"称"麻雀"的音变，"麻雀"为"马脚"的音变。）越变越繁复巧妙了，所以更能迷惑人心，使国中的男男女女，无论富贵贫贱，不分日夜寒暑，把精力和光阴葬送在这一百三十六张牌上。

英国的"国戏"是 Cricket，美国的国戏是 Baseball，日本的国戏是角抵。中国呢？中国的国戏是麻将。

麻将平均每四圈费时约两点钟。少说一点，全国每日只有一百万桌麻将，每桌只打八圈，就得费四百万点钟，就是损失十六万七千日的光阴，金钱的输赢，精力的消磨，都还在外。

我们走遍世界，可曾看见哪一个长进的民族，文明的国家，肯这样荒时废业的吗？一个留学日本的朋友对我说："日本人的勤苦真不可及！到了晚上，登高一望，家家板屋里都是灯光；灯光之下，不是少年人跪着读书，便是老年人跪着翻书，或是老妇人跪着做活计。到了天明，满街上，满电车上都是上学去的儿童。单只这一点勤苦就可以征服我们了。"

其实何止日本？凡是长进的民族都是这样的。只有咱们这种不长进的民族以"闲"为幸福，以"消闲"为急务，男人以打麻将为消闲，女人以打麻将为家常，老太婆以打麻将为下半生的大事业！

从前的革新家说中国有三害：鸦片，八股，小脚。鸦片虽然没禁绝，总算是犯法的了。虽然还有做"洋八股"与更时髦的"党八股"的，但八股的四书文是过去的了。小脚也差不多没有了。只有这第四害，麻将，还是日兴月盛，没有一点衰歇的样子，没有人说它是可以亡国的大害。新近麻将先生居然大摇大摆地跑到西洋去招摇一次，几乎做了鸦片与杨梅疮的还敬礼物。但如今它仍旧缩回来了，仍旧回来做东方精神文明的国家的国粹、国戏！

后　记

《漫游的感想》本不止这六条，我预备写四五十条，作成一本游记。但我当时正在赶写《白话文学史》，忙不过来，便把游记搁下来了。现在我把这六条保存在这里，因为游记专书大概是写不成的了。

南游杂忆

我这一次因为接受香港大学的名誉学位,作第一次的南游,在香港住了五天,在广州住了两天半,在广西住了十四天。这些地方都是我多年想去而始终没有去成的,这回得有畅游的机会,使我很快慰。可惜南方的朋友待我太好了,叫我天天用嘴吃喝,天天用嘴说话,嘴太忙,所以用眼睛耳朵的机会太少了。前后二十多天之中,我竟没有工夫记日记。后来在《大公报》和《国闻周报》上读了胡政之先生的两种两粤游记,我很感觉惭愧。他游两粤,恰在我之后,走的路也恰和我走的大致一样;但他是一个有训练的名记者,勤于记载每天的观察,所以他的游记很可供读者的参考。我因为当时没有日记,回家后又两次患流行性感冒,前后在床上睡了十天,事隔日久,追忆起来更模糊了。但因为许多朋友的催逼,所以我决定写出一些追忆的印象和事实,做我第一次南游的报告。

一、香港

我在元旦上午坐哈里生总统船南下,一月四日早晨到香港,住在香港大学副校长韩耐儿(Sir William Hornell)的家里。我在香港的日程,先已托香港大学文学院长佛斯脱先生(Dr. L Forster)代为排定。西洋人是能体谅人的,所以每天上午都留给我自由支配,一切宴会讲演都从下午一点开始。所以我在港五天,比较很从容,玩了不少地方。

船到香港时,天还未明,我在船面上眺望,看那轻雾中的满山灯光,真像一天繁星。韩校长的家在半山,港大也在半山,在山上望见海湾，望见远近的岛屿，气象比青岛、大连更壮丽。香港的山虽不算很高，但见面都靠海，山和海水的接近，是这里风景的特色。有一天佛斯脱先生夫妇邀我去游览香港市的背面的山水，遍览浅水湾、深水湾、香港仔、赤柱各地。阳历的一月正是香港最好的天气。满山都是绿叶，到处可以看见很浓艳的鲜花；我们久居北方的人，到这里真有"赶上春了"的快乐。我们在山路上观看海景，到圣士梯反学校小坐喝茶，看海上的斜阳，风景特别清丽。晚上到佛斯脱先生家去吃饭，坐电车上山，走上山顶（The Peak），天已黑了，山顶上有轻雾，远望下去，看那全市的灯火，气象比纽约和旧金山的夜色还更壮丽。有个朋友走遍世界的，曾说，香港的夜景，只有南美洲巴西首都丽阿德耶内罗和澳洲的西德内（Sidney）两处可以相比。过了一天，有朋友邀我去游九龙，因时间太晚，走的不远，但大埔和水塘一带的风景的美丽已够使我们惊异了。

　　有一天，我在扶轮社午餐后演说，提到香港的风景之美，我说：香港应该产生诗人和画家，用他们的艺术来赞颂这里的海光山色。有些人听了颇感觉诧异。他们看惯了，住腻了，终日只把这地方看作一个吃饭做买卖的商场，所以不能欣赏那山水的美景了。但二十天之后，我从广西回到香港时，有人对我说，香港商会现在决定要编印一部小册子，描写香港的风景，他们准备印两万本，来宣传香港的山水之美！

　　香港大学最有成绩的是医科与工科，这是外间人士所知道的。这里的文科比较最弱，文科的教育可以说是完全和中国大陆的学术思想不发生关系。这是因为此地英国人士向来对于中国文史太隔膜了，此地的中国人士又太不注意港大文科的中文教学，所以中国文字的教授全在几个旧式科第文人的手里，大陆上的中文教学早已经过了很大的变动，而港大还完全在那变动大潮流之外。近年副校长韩君与文学院长佛君都很注意这个问题，他们两人去年都曾到北方访问考查：去年夏天港大曾请广东学者陈受颐先生和容肇祖先生到这里来研究港大的中文教学问题，请他们自由批评并指示改革的途径。这种虚心的态度是很可以佩服的。我在香港时，很感觉港大当局确有改革文科中国文字教学的诚意，本地绅士如周寿臣、罗旭和诸先生也都热心赞助这件改革事业。但他们希望一个能主持这种改革计划的人，这个人必须兼有四种资格：（一）须是一位高明的国学家；（二）须能通晓英文，能在大学会议席上为本系辩护；（三）须是一位有管理才干的人；（四）最好须是一位广东籍的学者。因为这样的人才一时不易得，所以这件改革事业至今还不曾进行。

香港大学创始于爱里鹗爵士（Sir Charles Eliot），此君是一位博学的学者，精通梵文和巴利（Pali）文，著有《印度教与佛教》三巨册；晚年曾任驻日本大使，退休后即寄居奈良，专研究日本的佛教，想著一部专书。书稿未成，他因重病回国，死在印度洋的船上。一九二七年五月，我从美国回来，过日本奈良，曾在奈良旅馆里见着他。那一天同餐的，有法国的勒卫先生（Sylvan Levi），瑞士（现改法国籍）的戴弥微先生（Demieville），日本的高楠顺次郎先生和法隆寺的佐伯方丈，五国的研究佛教的学人聚在一堂，可称盛会。于今不过八年，那几个人都云散了，而当日餐会的主人已葬在海底了！

爱里鹗校长是最初推荐钢和泰先生给北京大学的人。钢先生从此留在北京，研究佛教，教授梵文和藏文，至今十五六年了。香港大学对中国学术上的贡献，大概要算这件事为最大。可惜爱里鹗以后，这样的学术上的交通就不曾继续了。

香港的教育问题，不仅是港大的中文教学问题。我在香港曾和巢坤霖先生、罗仁伯先生细谈，才知道中小学的中文教学问题更是一个急待救济的问题。香港的人口，当然绝大数是中国人。他们的儿童入学，处处感觉困难，最大的困难是那绝大多数的华文学校和那少数的英文中学不能相衔接，华文学校是依中国新学制的六六制办的，小学六年，中学也六年。英文中学却有八年。依年龄的分配，在理论上，一个儿童读了四年小学，应该可以接上英文中学的最低级（第八级）。事实上却不然，华人子弟往往要等到初中二三年（即第八九年）方才能考英文中学。其间除了英文之外，其余的他种学科都是学过了还须重习的。这样的不相衔接，往往使儿童枉费去三年至五年的光阴。所以这是一个最严重的问题。香港与九龙的华文学校约有八百所，其中六百校是完全私立的，二百校是稍有政府津贴的。英文学校之中，私立的约有一百校，其余最好的三十校又分三种：一种是官立的，一种是政府补助的，一种是英国教会办的。因为全港受英国统治与商业的支配，故学生的升学当然大家倾向那三十所设备最好的英文中学。无力升学的学生，也因为工商业都需要英文与英语，也都有轻视其他学科的倾向，还有一些人家，因为香港生活程度太高，学费太贵，往往把子弟送往内地去求学；近年中国学校不能收未立案的学校的学生，所以叫香港儿童如想在内地升学，必须早入中国的立案学校。所以香港的中小学的教学问题最复杂。家长大都希望子弟能早学英文，又都希望他们能多学一点中国文字，同时广东人的守旧风气又使他们迷恋中国古文，不肯彻底改用国语课本。结果是在绝大多数的中文学校里，文言课本还是很占势力，师资既不易得，教学的成绩自然不会好了。

罗仁伯先生是香港中文学校的视学员，他是很虚心考虑这个中文教学问题的，他也不反对白话文。但他所顾虑的是：白话文不是广东人的口语，广东儿童学白话未必比学文言更容易，也未必比学文言更有用。这不仅是他一个人的顾虑，广东朋友往往有这种见解。其实这种意思是错的。第一，今日的"国语"本是一种活的方言，因为流行最广，又已有文学作品做材料，所以最容易教学；学了也最有用。广东话也是一种活的方言，但流行比较不远，又产生的文学材料太少，所以不适宜用作教学工具。广东人虽不说国语，但他们看白话小说，新作白话文字，究竟比读古书容易的多多了。第二，"广东话"绝不能解决华南一带语言教学问题，因为华南的语言太复杂了，广东话之外，还有客话、潮州话等等。因为华南的语言太复杂了，所以用国语作统一的语言实在比在华北、华中还更需要。第三，古文是不容易教的，越下去，越不容易得古文师资了。而国语师资比较容易培养。第四，国语实在比古文丰富的多，从国语入手，把一种活文字弄通顺了，有志学古文的人将来读古书也比较容易。第五，我想香港的小学中学若彻底改用国语课本，低级修业年限或可以缩短一二年。将来谋中文学校与英文中学的衔接与整理，这也许是很可能的一个救济方法——所以我对于香港的教育家，很诚恳地希望他们一致地改用国语课本。

我在香港讲演过五次：三次用英文，两次用国语。在香港用国语讲演，不是容易的事。1月6日下午，我在香港华侨教育会向两百多华文学校的教员演说了半点钟，他们都说可以勉强听官话，所以不用翻成广东话。我说得很慢，自信是字字句句清楚的。因为我怕他们听不明白，所以那篇演说里没有一句不是很浅近的话。第二天各华字报登出会场的笔记，我在《大光报》上读了一遍，觉得大旨不错，我很高兴，因为这样一篇有七八成正确的笔记使我相信香港的中小学教员听国语的程度并不坏，这是最可乐观的现象，在十年前这是绝不可能的。后来广州各报转载的，更后来北方各报转载的，大概都出于一个来源，都和《大光报》相同。其中当然有一些听错的地方，和记述白话语气不完全的地方。例如我提到教育部王部长的广播演说，笔记先生好像不知道王世杰先生，所以记作汪精卫先生了。又如我是很知道广州人对香港的感情的，所以我很小心地说"我希望香港的教育家接受新文化，用和平手段转移守旧势力，使香港成为南方的一个新文化中心"，我特别把"一个新文化中心"说得很清楚，但笔记先生好像不曾做惯白话文，他轻轻地把"一个"两字丢掉了，后来引起了广州人士不少的醋意！又如最后笔记先生记的有这样一句话：

现在不同了。香港最高级教育当局也想改进中国的文化。

这当然是很错误的纪录。我说的是香港最高教育当局现在也想改善大学里的中国文学的教学了,所以我接着说港大最近访两位中国学者来计划中文系的改革事业。凡有常识而无恶意的读者,看了上下文,绝不会在这一句上挑眼的,谁知这句句子后来在中山大学邹校长的笔下竟截去了上下文,成了一句天下驰名的名句!

那篇演说,因为各地报纸都转载了,并且除了上述各点小误之外,记载的大体不错,所以我不用转载在这里了。我的大意是劝告香港教育家充分利用香港的治安和财富,努力早日做到普及教育;同时希望他们接受中国大陆的新潮流,在思想文化上要向前走,不要向后倒退。可是我在后半段里提到广东当局反对白话文,提倡中小学读经的政策。我说得很客气,笔记先生记的是:

> 现在广东很多人反对用语体文,主张用古文;不但古文,而且还提倡读经书。我真不懂。因为广州是革命策源地,为什么别的地方已经风起云涌了,而革命策源地的广东尚且守旧如此。

这段笔记除了"风起云涌"四个字和"尚且"二字我绝不会用的,此外的语气大致不错。我说得虽然很客气,但读经是陈济棠先生的政策,并且曾经西南政务会议正式通令西南各省,我的公开反对是陈济棠先生不肯轻轻放过的。于是我这篇最浅近的演说在一月八日广州报纸上登出之后,就引起很严重的反对。我丝毫不知道这回事,八日的晚上,我上了"泰山"轮船,一觉醒来,就到了广州。

罗文干先生每每取笑我爱演说,说我"卖膏药"。我不懂这句话的意思,直到那晚上了轮船,我才明白了。我在头等舱里望见一个女人在散舱里站着演说,我走过去看,听不懂她说的是什么问题,只觉得她侃侃而谈,滔滔不绝,很像是一位有经验的演说大家。后来问人,才知道她是卖膏药的,在那边演说她手里的膏药的神效。我忍不住暗笑了;明天早起,我也上省卖膏药去!

二、广州

一月九日早晨六点多,船到了广州,因为大雾,直到七点,船才能靠码头。有一些新旧朋友到船上来接我,还有一些新闻记者围住我要谈话。有一位老朋友托人带了一封信来,要我立时开看。我拆开信,中有云:"兄此次到粤,诸须谨慎。"我不很了解,但我知道这位朋友说话是很可靠。那时和我同船从香港来的有岭南大学教务长陈荣捷先生,到船上来欢迎的有中山大学文学院长吴康先生,教授朱谦之先生,还有地方法院院长陈达材先生,他们还不知道广州当局对我的态度。陈荣捷先生和吴康先生还在船上和我商量我的讲演和宴会的日程。那日程确是可怕的!除了原定的中山大学和岭南大学各演讲两次之外,还有第一女子中学,青年会,欧美同学会等,四天之中差不多有十次演讲。上船来的朋友还告诉我:中山大学邹鲁校长出了布告,全校学生停课两天,使他们好去听我的演讲。又有人说:青年会昨天下午开始卖听讲券,一个下午卖出了两千多张。

我跟着一班朋友到了新亚酒店。已是八点多钟了。我看广州报纸,才知道昨天下午西南政务会议开会,就有人提起胡适在香港华侨教育会演说公然反对广东读经政策,但报纸上都没有说明政务会议议决如何处置我的方法。一会儿,吴康先生送了一封信来,说:

> 适晤邹海滨先生云:此间党部对先生在港言论不满,拟劝先生今日快车离省,暂勿演讲,以免发生纠纷。

邹、吴两君的好意是可感的,但我既来了,并且是第一次来观光,颇不愿意就走开。恰好陈达材先生问我要不要看看广州当局，我说："林云陔主席是旧交，我应该去看看他。"达材就陪我去到省政府，见着林云陔先生，他大谈广东省政府的"三年建设计划"。他问我要不要见见陈总司令，我说，很好。达材去打电话，一会儿他回来说，陈总司令本来今早要出发向派出剿匪的军队训话，因为他要和我谈话，特别改迟出发。总司令部就在省政府隔壁，可以从楼上穿过。我和达材走过去，在会客室里略坐，陈济棠先生就进来了。

陈济棠先生的广东官话我差不多可以全懂。我们谈了一点半钟，大概他谈了四十五分钟，我也谈了四十五分钟。他说的话很不客气："读经是我主张的，祀孔是我主张的，拜关、岳也是我主张的。我有我的理由。"他这样说下去，滔滔不绝。他说："我民国十五年到莫斯科去研究，我是预备回来做红军总司令的。"但他后来觉得共产主义是错的，所以他决心反共了。他继续说他的两大政纲：第一是生产建设，第二是做人。生产的政策就是那个"三年计划"，包括那已设未设的二十几个工厂，其中有那成立已久的水泥厂，有那前五六年才开工出糖的糖厂。他谈完了他的生产建设，转到"做人"，他的声音更高了，好像是怕我听不清似的。他说，生产建设可以尽量用外国机器，外国科学，甚至于不妨用外国工程师。但"做人"必须有"本"，这个"本"必须要到本国古文化里去寻求。这就是他主张读经祀孔的理论。他演说这"生产""做人"两大股，足足说了半点多钟。他的大旨和胡政之先生《粤桂写影》所记的陈济棠先生一小时半的谈话相同，大概这段大议论是他时常说的。

我静听到他说完了，我才很客气地答他，大意说：依我的看法，伯南先生的主张和我的主张只有一点不同。我们都要那个"本"，所不同的是：伯南先生要的是"二本"，我要的是"一本"。生产建设须要科学，做人须要读经祀孔，这是"二本"之学。我个人的看法是：生产要用科学知识，做人也要用科学知识，这是"一本"之学。

他很严厉地睁看两眼，大声说："你们都是忘本！难道我们五千年的老祖宗都不知道做人吗？"

我平心静气地对他说："五千年的老祖宗，当然也有知道做人的。但就绝大多数的老祖宗说来，他们在许多方面实在够不上做我们'做人'的榜样。举一类很浅的例子来说罢。女人裹小足，裹到骨头折断，这是全世界的野蛮民族都没有的惨酷风俗。然而我们的老祖宗居然行了一千多年。大圣大贤，两位程夫子没有抗议过，朱夫子也没有抗议过，王阳明、文文山也没有抗议过。这难道是做人的好榜样？"

他似乎很生气，但也不能反驳我。他只能骂现存中国的教育，说"都是亡国的教育"；他又说，现在中国人学的科学，都是皮毛，都没有"本"，所以都学不到人家的科学精神，所以都不能创造。在这一点上，我不能不老实告诉他：他实在不知道中国这二十年中的科学工作。我告诉他：现在中国的科学家也有很能做有价值的贡献的了，并且这些第一流的科学家又都有很高明的道德。他问："有些什么人？"我随口举出了数学家的姜蒋佐，地质学家的翁文瀚李四光，生物学家的秉志，——都是他不认识的。

关于读经的问题，我也很老实地对他说：我并不反对古经典的研究，但我不能赞成一班不懂得古书的人们假借经典来做复古的运动。"这回我在中山大学的讲演题目本来是两天都讲'儒与孔子'，这也是古经典的一种研究。昨天他们写信到香港，要我一次讲完，第二次另讲一个文学的题目。我想读经问题正是广东人眼前最注意的问题，所以我告诉中山大学吴院长，第二题何不就改作'怎样读经？'我可以同这里的少年人谈谈怎样研究古经典的方法。"我说这话时，陈济棠先生回过头去望着陈达材，脸上做出一种很难看的狞笑。我当作不看见，仍旧谈下去。但我现在完全明白是谁不愿意我在广州"卖膏药"了！

以上记的，是我那天谈话的大概神情。旁听的只有陈达材先生一位。出门的时候，达材说，陈伯南不是不能听人忠告的，他相信我的话可以发生好影响。我是相信天下没有白费的努力的，但对达材的乐观我却不免怀疑。这种久握大权的人，从来没有人敢对他们说一句逆耳之言，天天只听得先意承志的阿谀谄媚，如何听得进我的老实话呢？

在这里我要更正一个很流行的传说。在十天之后，我在广西遇见一位从广州去的朋友，他说，广州盛传胡适之对陈伯南说："岳武穆曾说，'文官不要钱，武官不怕死，天下太平矣。'我们此时应该倒过来说，'武官不要钱，文人不怕死，天下太平矣。'"——这句话确是我在香港对胡汉民先生说的。我在广州，朋友问我见过胡展堂没有，我总提到这段谈话。那天见陈济棠先生时，我是否曾提到这句话，我现在记不清了。大概广州人的一般心理，觉得这句话是我应该对陈济棠将军说的，所以不久外间就有了这种传说。

我们从总司令部出来，回到新亚酒店，罗钧任先生，但怒刚先生，刘毅夫（沛泉）先生，罗努生先生，黄深微（骚）先生，陈荣捷先生，都在那里。中山大学文学院长吴康先生又送了一封信来，说：

> 鄙意留省以封演讲为妙。党部方面空气不佳，发生纠纷，反为不妙。邹先生云：昨为党部高级人员包围，渠无法解释。故中大演讲只好布告作罢。渠云，个人极推重先生，故前布告学生停课出席听先生讲演。惟事已至此，只好向先生道歉，并劝先生离省，冀免发生纠纷。
>
> 　　　　　　　　　　　　一月九日午前十一时。

邹校长的为难，我当然能谅解。中山大学学生的两天放假没有成为事实，我却可以得着四天的假期，岂不是意外的奇遇？所以我和陈荣捷先生商量，爽性把岭南大学和其他几处的讲演都停止了，让我痛痛快快的玩两天。我本来买了来回船票，预备赶十六日的塔虎脱总统船北回，所以只预备在广州四天，在梧州一天。现在我和西南航空公司刘毅夫先生商量，决定在广州只玩两天，又把船期改到十八日的麦荆尼总统船，前后多出四天，坐飞机又可以省出三天，我有七天（10日—17日）可以飞游南宁和柳州、桂林了。罗钧任先生本想游览桂林山水，他到了南宁，因为他的哥哥端甫先生（文庄）死了，他半途折回广州。他和罗努生先生都愿意陪我游桂林，我先去梧州讲演，钧任等到十三日端甫开吊事完，飞到南宁会齐，同去游柳州、桂林。我们商量定了，我很高兴，就同陈荣捷先生坐小汽船过河到岭南大学钟荣光校长家吃午饭去了

那天下午五点，我到岭南大学的教职员茶会。那天天气很热，茶会就在校中的一块草地上，大家团坐吃茶点谈天。岭南的学生知道了，就有许多学生来旁观。人越来越多，就把茶会的人包围住了。起先他们只在外面看着，后来有一个学生走过来对我说："胡先生肯不肯在我的小册子上写几个字。"我说可以，他就摸出一本小册子来请我题字。这个端一开，外面的学生就拥进茶会的团坐圈子里来了。人人都拿着小册子和自来水笔，我写得手都酸了。天渐黑下来了。草地上蚊子多得很，我的薄袜子抵挡不住，我一面写字，一面运动两只脚，想赶开蚊子。后来陈荣捷先生把我拉走，我上车时，两只脚背都肿了好几块。

晚上黄深微先生和他的夫人邀我到他们家中去住，我因为旅馆里来客太多，就搬到东山，住在他们家里。十点钟以后，报馆里有人送来明天新闻的校样，才知道中山大学邹鲁校长今天出了这样一张布告：

国立中山大学布告第七十九号

为布告事。前定本星期四五下午二时请胡适演讲。业经布告在案。现阅香港《华字日报》。胡适此次南来接受香港大学博士学位之后。在港华侨教育会所发表之言论。竟谓香港最高教育当局。也想改进中国的文化。又谓各位应该把他做成南方的文化中心。复谓广东自古为中国的殖民地等语。此等言论。

在中国国家立场言之。胡适为认人作父。在广东人民地位言之。胡适竟以吾粤为生番蛮族。实失学者态度。应即停止其在本校演讲。合行布告。仰各学院各附校员生一体知照。届时照常上课为要。此布。

校长邹鲁
中华民国二十四年一月九日

这个布告使我不能不佩服邹鲁先生的聪明过人。早晨的各报记载八日下午西南政务会议席上讨论的胡适的罪过,明明是反对广东的读经政策。现在这一桩罪名完全不提起了,我的罪名变成了"认人作父"和"以吾粤为生番蛮族"两项!广州的当局大概也知道"反对读经"的罪名是不够引起广东人的同情的,也许多数人的同情反在我的一边。况且读经是武人的主张,——这是陈济棠先生亲口告诉我的——如果用"反对读经"做我的罪名,这就成了陈济棠反对胡适了。所以奉行武人意旨的人们必须避免这个真罪名,必须向我的华侨教育会演说里去另寻找我的罪名,恰好我的演说里有这么一段:

> 我觉得一个地方的文化传到他的殖民地或边境,本地方已经变了,而过境或殖民地仍是保留着老祖宗的遗物。广东自古是中国的殖民地,中原的文化许多都变了,而在广东尚留着。像现在的广东音是最古的,我现在说的话才是新的。(用各报笔记,大致无大错误。)

假使一个无知苦力听了这话忽然大生气,我一定不觉得奇怪。但是一位国立大学校长,或是一位国立大学的中国文学系主任居然听不懂这一段话,居然大生气,说我是骂他们"为生番蛮族",这未免有点奇怪罢。

我自己当然很高兴，因为我的反对读经现在居然不算是我的罪状了，这总算是一大进步。孟子说得好，"乃孔子则欲以微罪行，不欲为苟去。"邹鲁先生们受了读经的训练，硬要我学孔子的"做人"，要我"以微罪行"，我当然是很感谢的。

但九日的广州各报记载是无法追改的，九日从广州电传到海内外各地的消息也是无法追改的。广州诸公终不甘心让我蒙"反对读经"的恶名，所以一月十四日的香港英文《南华晨报》上登出了中山大学教授兼广州《民国日报》总主笔梁民志的一封英文来函，说：

> 我盼望能借贵报转告说英国话的公众，胡适博士在广州所受冷淡的待遇，并非因为（如贵报所记）他批评广州政府恢复学校读经课程，其实完全因为他在一个香港教员聚会席上说了一些对广东人民很侮辱又"非中国的"批评。我确信任何人对于广州政府的教育政策如提出积极的批评，广州当局诸公总是很乐意听受的。

我现在把梁教授这封信全译在这里，也许可以帮助广州当局诸公多解除一点同样的误解。

我的膏药卖不成了，我就充分利用那两天半的时间去游览广州的地方。黄花岗，观音山，鱼珠炮台，石牌的中山大学新校舍，禅宗六祖的六榕寺，六百年前的五层楼的镇海楼，中山纪念塔，中山纪念大礼堂，都游遍了。中山纪念塔是亡友吕彦直先生（康奈尔大学同学）设计的，图案简单而雄浑，为彦直生平最成功的建筑，远胜于中山陵的图案。黄花岗七十二烈士（中有亡友饶可权先生）墓是二十年前的新建筑，中西杂凑，全不谐和，墓顶中间一个小小的自由神石像，全仿纽约港的自由神大像，尤不相衬。我们看了民元的黄花岗，再看吕彦直设计的中山纪念塔，可以知道这二十年中国新建筑学的大进步了。

我在中山纪念塔下游览时，忽然想起学海堂和广雅书院，想去看看这两个有名学府的遗迹。同游的陈达材先生说，广雅书院现在用作第一中学的校址，很容易去参观。我们坐汽车到一中，门口的警察问我们要名片，达材给了他一张名片。我们走进去，路上遇着一中的校长，达材给我们介绍，校长就引我们去参观。东边有荷花池，池后有小亭，亭上有张之洞的浮雕石像，刻的很工致。我们正在赏玩，不知如何被校中学生知道了，那时正是十二点一刻，餐堂里的学生纷纷跑出来看，一会儿荷花池的四围都是学生了。我们过桥时，有个学生拿着照相机走过来问我："胡先生可以让我照相吗？"我笑着立定，让他照了一张相。这时候，学生从各方面围拢来，跟着我们走，有些学生跑到前面路上去等候我们走过。校长说："这里一千三百学生，他们晓得胡先生来，都要看看你。"我很想赶快离开此地。校长说："这里是东斋，因为老房屋有倒坏了的，所以全拆了重盖新式斋舍。那边是西斋，还保存着广雅书院斋舍的原样子，不可以不去看。"我只好跟他走，走到西斋，西斋的学生也知道我来了，也都跑来看我们。七八百个少年人围着我们，跟着我们，大家都不说话，但他们脸上的神气都很使我感动。校墙上有石刻的广雅书院学规，我站住读了几条回头看时，后面学生都纷纷挤上来围着我们，我们几乎走不开了。我们匆匆出来，许多学生跟着校长一直送我们到校门口。我们上了汽车，我对同游的两位朋友说："广州的武人政客未免太笨了。我若在广州演讲，大家也许来看热闹，也许来看看胡适之是什么样子；我说的话，他们也许可以懂得五六成；人看见了，话听完了，大家散了，也就完了。演讲的影响不过如此。可是我的不演讲，影响反大的多了。因为广州的少年人都不能不想想为什么胡适之在广州不演讲。我的最大辩才至多只能使他们想想一两个问题，我不讲演却可以使他们想想无数的问题。陈伯南先生真是替胡适之宣传他的'不言之教'了！"

我在广州玩了两天半，一月十一日下午，我和刘毅夫先生同坐西南航空公司长庚机离开广州了。

我走后的第二天,广州各报登出了中山大学中国文学系教授古直、钟应梅、李沧萍三位先生的两个"真电",全文如下:

(一)广州分进西南政务委员会,陈总司令,林主席,省党部,林宪兵司令,何公安局长勋鉴,昔颜介庾信,北陷庬廷,尚有乡关之重,令胡适南履故土,反发盗憎之论,在道德为无耻,在法律为乱贼矣,又况指广东为殖民,置公等于何地,虽立正典刑,如孔子之诛少正卯可也,何乃令其逍遥法外,造谣惑众,为侵掠主义张目哉,今闻尚未出境,请即电令截回,径付执宪,庶几乱臣贼子,稍知警悚矣,否则老口北返,将笑广东为无人也。国立中山大学中文系主任古直,教员李沧萍、钟应梅,等叩,真辰。

(二)送梧州南宁李总司令,白副总司令,黄主席,马校长勋鉴(前段与上电同略),今闻将入贵境,请即电令所在截留,径付执宪,庶几乱臣贼子,稍知警悚矣,否则公方剿灭共匪,明耻教战,而反容受刘豫、张邦昌一流人物以自玷,天下其谓公何,心所谓危,不敢不告。国立中山大学中文系主任古直,教员李沧萍、钟应梅叩,真午。

电文中列名的李沧萍先生,事前并未与闻,事后曾发表谈话否认列名真电。所以一月十六日中山大学日报上登出《古直钟应梅启事》,其文如次:

胡适出言侮辱宗国。侮辱广东三千万人。中山大学布告驱之。定其罪名为认人作父。夫认人作父。此贼子也。刑罚不加。直等以为遗感。真日代电。所以义形于色矣。李沧萍教授同此慷慨。是以分之以义。其实未尝与闻。今知其为北大出身也。则直等过矣。呜呼道真之妒。昔人所叹。自今以往。吾犹敢高谈教育救国乎。先民有言。丈夫行事当磊磊落落。特此相明。不欺其心。谨启。

古直　钟应梅　启

这三篇很有趣的文字大可以做我的广州杂忆的尾声了。

三、广西

我们一月十一日下午飞到梧州了,在梧州住了一夜,我在广西大学讲演一次,次日在梧州中山纪念堂公开讲演一次。广西大学校长马君武先生是我的老师,校中教职员有许多是中国公学的老朋友,所以我在梧州住的一天是最快乐的。大学在梧州的对岸,中间是抚河(漓水),南面是西江。我们到的太晚了,晚上讲演完后,在老同学谢厚藩先生的家里喝茶大谈,夜深过江,十二日讲演完后,吃了饭就上飞机飞南宁了,始终没有机会参观西大的校舍与设备,这就是用嘴不能用眼的害处了。

十二日下午到南宁(邕宁),见着白健生先生、潘宜之先生、邱毅吾(昌渭)先生等,都是熟人。住在乐群社,是一个新式的俱乐部,设备很好。梧州与南宁都有自来水,内地省份有两个有自来水的城市,是很难得的。白先生力劝我改船期,在广西多玩几天。我因为我的朋友贵县罗尔纲先生的夫人和儿女在香港等候我伴送他们北上,不便改期。十四日罗钧任和罗努生如约到了南宁,白健生先生又托他们力劝。白先生说,他可以实行古直先生们的"真电",封锁水陆空的交通,把我扣留在广西!后来我托省政府打电报请广西省银行的香港办事处把我和罗太太一家的船票都改了二十六日的胡佛总统船。这样一改,我在广西还可住十二天,尽够畅游桂林山水了。

我在邕宁住了六天,中间和罗努生到武鸣游了一天。钧任飞去龙州玩了一天,回来极口称美龙州的山水,可惜我不曾去。我在邕宁讲演了五次。十九日飞往柳州,住在航空署,见着广西航空界的一班青年领袖。钧任、努生和我在柳州游览了半天,公开讲演一次。二十日上午飞往桂林,在桂林讲演了两次,游览了两天,把桂林附近的名胜大致游遍了。二十二日上午,我和钧任、努生、毅夫,桂林县公署的秘书曹先生,飞机师赵志雄、冯星航两先生,雇了船去游阳朔。在漓水里走了一天半,二十三日下午才到阳朔。在阳朔游览了小半天,我坐汽车赶到良丰的省立师范专科学校讲演一次。讲演后坐汽车赶回桂林,已近半夜了。

二十四日早晨从桂林起飞,本想直飞梧州,在梧州吃午饭,毅夫夫妇约了在广州北面的从化温泉吃晚饭。但那天雾太低了,我们飞过了良丰,还没到阳朔,看前面云雾低压,漓水的河身不宽而两傍山高,所以飞机师赵先生决定折回向西,飞到柳州吃午饭,饭后顺着柳江浔江飞往梧州,在梧州吃夜饭,打电报到广州去报告那些在从化等我们吃夜饭的朋友们。在梧州住了一夜,二十五日从梧州飞回广州,赶上火车,晚上赶到香港。我们在梧州打电报问明胡佛船是二十六日早晨四点钟就要开的,前一天的大雾几乎使我又赶脱了船期!

这是我在广西的行程。以下先记广西的山水。

广西的山水是一种特异的山水,南宋大诗人范成大在他的《桂海虞衡志》里说的最好:

> 余尝评桂山之奇直为天下第一。士大夫落南者少,往往不知;而闻者亦不能信。余生东吴,而北抚辽蓟,南宅交广,西使岷峨之下,三方皆走万里,所至无不登览。……其最号奇秀莫如池之九华,歙之黄山,括之仙都,温之雁荡,夔之巫峡,此天下同称之者。然皆数峰而止耳,又在荒绝僻远之濒,非几

杖间可得；且所以能拔乎其萃者，必因重冈复岭之势，盘亘而起，其发也有自来。桂之千峰，皆旁无延缘，悉自平地崛然特立，玉笋瑶篸，森列无际。其怪且多如此，诚当为天下第一。……山皆中空，故峰下多佳岩洞。

范氏指出两点特色：第一是诸峰"悉自平地崛然特立，玉笋瑶篸，森列无际"；第二是"山皆中空，故峰下多佳岩洞"。这两点都是广西山水的特色。这样"怪而多"的山都是石灰岩，和太湖石是同类；范石湖所指出的"山多中空，故多佳岩洞"，也正和太湖石的玲珑多窍同一个道理。在飞机上望下去，只看见一簇一簇的圆锥体黑山，笋也似的矗立着，密密地排列着，使我们不能不想着一千多年前柳宗元说的名句："桂州多灵山，发地峭竖，林立四野。"这种山峰并不限于桂林，广西全省有许多地方都有这种现象。我们在飞机上望见贵县的南山诸峰，也是这样的。武鸣的四围诸山，也是这一类。我们所游的柳州诸山，还有我们不曾去游的柳州北面融县真仙岩一带的山岩，也都和桂林阳朔同一种类。地质学者说，这种山岩并不限于广西一省，贵州的山也属于这一类。翁文灏先生说，这种山岩，地质学家称为"喀尔斯特"山岩（karstic），在世界上，别处也有，但广西贵州要算全世界最大的统系了。

徐霞客记广西的山水岩洞最详细，他在广西游了一年，——从崇祯丁丑（1637）闰四月初八到次年三月二十七，——写游记凡八万字，即丁文江标点本（商务印书馆出版，附地图）卷四至卷七。这是三百年前的游记，我们现在读了还不能不佩服那一位千古奇人脚力之健，精力之强，眼力之深刻，与笔力之细致。我们要知道广西岩洞的奇崛与壮美，不可不读徐霞客的游记；未游者固然应该读，已游者也不可不读。因为三百年来，还没有第二个人有这样伟大的好奇心，费这样长久的时间，专搜访自然的奇迹，作那么详细的记载。他所游的，往往有志书所不载,古今人所不知,或古人偶知而久无人到又被丛莽封塞了的。所以读过徐霞客粤西游记的人,真不能不感觉我们坐汽车匆匆游山的人真不配写游记:不但我们到的地方远不如他访搜所得的地方之多,我们到过的地方,所看见的,所注意到的,也都没有他在三百年前攀藤摩拳所得的多而且详尽。

凡听说桂林山水的,无人不知道桂林的独秀峰。图画上的桂林山水,也只有独秀峰最出名。徐霞客游遍了广西的山水,只不曾登独秀峰,因为独秀峰在桂林城中,圈在靖江王府里,须先得靖江王的许可,外人始得登览。徐霞客运动王府里的和尚代为请求,从五月初四日直到六月初一日,始终不得许可,他大失望而去。游记中屡记此事,最后记云:

> 五月二十九日,入靖藩城,订独秀期,主僧词甚辽缓。予初拟再至省一登独秀,即往柳州。至此失望,怅怅。
>
> 六月初一日,讹传流寇薄衡水,藩城愈戒严,予遂无意登独秀。独秀山北西临池,西南二麓予俱已遗其下,西岩亦已再探,惟东麓与绝顶未登。其异于他峰者,只亭阁耳。

独秀峰现在人人可以登临了。其实此峰是桂林清峰中的最低小的,高不过一百多尺!有石级可以从山脚盘旋直上山顶,凡三百六十级,其低可想!此峰所以独享大名,也有理由。徐霞客已说过"其异于他峰者,只亭阁耳",现时山腰与山顶尚有小亭台可供游人休憩,是一胜。此山在城中,登山可望全城和四围山水,是二胜。诸峰多是石山,无大树木,独秀峰上稍有树木,是三胜。桂林诸大山以岩洞见奇,然而岩洞都是可游而不可入画的;独秀峰无岩洞,而娇小葱茏,有小亭阁,最便于绘画,故画家多喜画独秀,是四胜。有此四胜,就使此峰得大名!徐霞客两度到桂林,终以不得登独秀峰为憾事。我们在飞机上下望桂林附近的无数石山,几乎看不见那座小小的石丘,颇笑徐霞客的失望为大不值得!

徐霞客最称赏柳州北面融县的真仙岩,游记中有"真仙为天下第一"之语。可惜真仙岩我们没有去;我们游的岩洞,最大的是桂林七星山的岩洞。这岩洞一口为栖霞洞,一口为曾公岩。徐霞客从栖霞洞进去,从曾公岩出来,依他的估计,"自栖霞达曾公岩,径约二里;复自岩口出入盘旋三里"。我们从曾公岩进去,从栖霞出来,共费时五十五分钟。向导的乡人手拿火把(用纸浸煤油,插入长竹筒的一头),处处演说洞里石乳滴成的种种奇异形状:"这是仙人棋盘,那是仙人种田,那是金钟对玉鼓,这是狮子对乌龟,那是摩天岭,这是观音菩萨,那是骊山老母,……"那位领袖用很清楚的桂林话一一指给我们看,说给我们听,真如数家珍。洞中有一股泉水,有些地方水声很大。洞中石乳确有许多很奇伟的形态。我们携带有手电筒,又有两三盏手提汽油灯,故看得比较清楚。洞中各处皆被油烟熏黑,石壁石乳,手偶摩抚,都是煤黑。徐霞客记他来游时,向导者用松明照路。千百年中,游人用的松明烟与煤油烟,把洞壁都熏黑了。其实这种岩洞大可装设电灯,可使洞中景物都更便于赏观,行路的人可以没有颠跌的危险,也可以免除油烟熏塞的气闷。向来做向导的村人,可以稍加训练,雇作看洞和导游的人,而规定入门费与向导费。如此则游人不以游洞为苦。若如现状,则洞中幽暗,游人非多人结伴不敢进来,来者又必须雇向导,人太少又出不起这笔杂费。

曾公岩是因曾布得名。曾布在元丰初年以龙图阁待制出外,知桂州。他是一个有文学训练的政治家,在桂时,游览各岩洞,到处都有他的刻石题名,不止此一处。

七星山的岩洞,据徐霞客的几次探访搜寻,共有十五洞,他说:

> 此山岩洞骈峙:栖霞在北,下透山之东西;七星在中,曲

透西北出：碧虚岩在南，以东西上透。三穴并悬，六门各异。北又有"朝云""高峤"两岩，皆西向。此七星山西面之洞也，洞凡五。……

曾公岩西又有洞在峰半，攀莽上，洞口亦东南向。……此处岩洞骈峙者亦三。曾公岩北下同列者又有二岩。……此七星山东南之洞也，洞凡五。

若北麓省春三岩，会仙一岩，旁又浅洞一，则七星北面之洞也，洞凡五。一山凡得十五洞云。

我们所游，其实只是十五洞之一！我们在洞里，固是迷不知西东，出了岩洞，还是杳不知南北。看徐霞客连日攀登，遍游诸洞，又综合记叙，条理井然，我们真不能不惭愧了！

七星山的对面就是龙隐岩，在月牙山的背后，洞的外口临江，水打沙进洞，堆积颇高，故岩上石刻题名有许多已被沙埋没了。龙隐岩很通敞，风景很美。岩外摩崖石刻甚多，有狄青等《平蛮三将题名碑》，字迹完好。

龙隐岩往西，不甚远，有小屋，我们敲门过去，有道士住在里面。此屋无后墙，靠山崖架屋，崖上石刻题记甚多，那最有名的《元祐党籍碑》即在此屋后。我久想见此碑，今日始偿此愿。元祐党籍立于徽宗崇宁元年（1102），最初只有九十八人，那是真正元祐（1086—1093）反新法的领袖人物。徽宗皇帝亲写党籍，刻于端礼门；后来又令御史台抄录元祐党籍姓名"下外路州军，于监司门吏厅，立石刊记"。到崇宁三年（1104）六月，又把元符末（1100）和建中靖国（1101）年间的"奸党"和"上书诋讥"诸人一齐"通入元祐籍，更不分三等"（三等是原分"邪上尤甚""邪上""邪中"各等）。这个新合并的党籍，共有三百九十人，刻石朝堂。此碑到崇宁五年正月，因彗星出现，徽宗下诏毁碑，"如外处有奸党石刻，亦令除毁"。除毁之后，各地即无有此碑石刻。现今只有广西有两处摩崖刻本，一本在融县的真仙岩，刻于嘉定辛未（1211）；一本即是桂林龙隐岩附近的摩崖，刻于庆元戊午（1198）。这两本都是南宋翻刻的。桂林此本乃是用蔡京写刻拓本翻刻，故字迹秀挺可爱。两本都是三百九十人，已不是真正元祐党籍了，其中如章惇、曾布、陆佃等人，都是王安石新法时代的领袖人物，后来时势翻覆，也都列名奸党籍内，和司马光、吕公著诸人做了同榜！

广西的岩洞内外，有唐宋元明的名人石刻甚多。石灰岩坚固耐久，历千百年尚多保存很完整的。如舜山的摩崖《舜庙碑》，是唐建中元年（780）韩云卿所立，距今已一千一百五十五年了。又如我们从栖霞洞下山，路旁崖上有范成大题名，又有张孝样题名，这都是南宋大文人，现在都在路旁茅草里，没有人注意。此类古代名人题记，往往可供历史考据，其手书石刻更可供考证字画题跋者的参考比较。广西现有博物馆，设在南宁。我们盼望馆中诸公能作系统的搜访，将各地的古石刻都拓印编纂，将来可以编成一部《广西石刻文字》，其中必有不少历史的材料。

舜山有洞，名韶音洞，虽不甚深，而风景清幽，洞中有张拭（南轩）的《韶音洞记》石刻，字小，已不能全读了。洞前有庙，我们登楼小坐，前有清流，远望桂林清山，在晚照中气象很雄伟。

城中人士常游的为象鼻山、伏彼山、独秀峰、风洞山。其中以风洞山的风景为最胜。风洞山有北辅洞，虽曲折而多开敞之处，空气流通，多凉风，故名风凉，有小亭阁，下瞰江水，夏日多游人在此吃茶乘凉。

广西人说："桂林山水甲天下，阳朔山水甲桂林。"我们游了桂林，决定坐船去游阳朔。一路上饱看漓水（抚河）的山水，但是因为我要赶香港船期，所以到了阳朔，只有几个钟头可以游览了。在小雨里，我们坐汽车到青厄渡，过渡后，下车泛览阳朔诸峰，仅仅能看一个大概。阳朔诸山也都是石山，重重叠叠，有作牛角双尖的，有似绝大石柱上半截被打断了的，有似大礼拜寺的，有似大石龟昂头向天的。远望去，重峰列岫，行列凌乱，在轻烟笼罩中，气象确是很奇伟。桂林诸山稍稍分散，阳朔诸山紧凑在江上；桂林诸山都无树木，此间颇有几处山上有大树木，故比较更秀丽。

但我们实在有点辜负了阳朔的山水，我们把时间用在船上了，到了这里只能坐汽车看山，未免使山水笑人。大概我们误会了"阳朔山水必须用船去游"的意思。我后来看徐霞客的游记，始知阳朔诸山都可以用船去细细游览。我们若再来，可以坐汽车到阳朔，然后雇船去从容游山。阳朔诸山也多洞岩，徐霞客所记龙洞岩、珠明洞、朱仙洞，都令人神往；其中珠明洞凡有八门，最奇伟。我们没有攀登一处的岩洞，颇失望。

但我们这回坐船游阳朔，也有很好的收获。徐霞客游记里没有提到"光岩"，我们却有半夜游光岩的豪举。光岩是刘毅夫先生前年发现的，所以他力劝我们坐船游阳朔，一半也是为了要游光岩。船到光岩时，已半夜了，我们都睡了。毅夫先生上岸去，先雇竹筏进去探看，出来时他把竹筏火把都准备好了，然后把我们都从睡梦里轰起来，跟他去游洞。光岩口洞临江，洞甚空敞，洞里石乳甚多而奇，有明朝游人石刻甚多。毅夫前年曾探此洞，偶见洞后水面上还有小洞，洞口很低，离水面不过两三尺；毅夫想出法子来，用竹排子撑进去探险，须全身弯倒始能进去。进去后，他发现里面还有很奇的岩洞，为向来游人所未曾到过。所以他很高兴，在第一洞石壁上题字指示游人深入探奇。今夜他带领我们进洞口，石壁上他的墨笔题记还如新的。我们一班人分坐三个竹排子，排子上平铺着大火把，大家低头弯腰，进入第二洞。里面共有三层大洞，都很高大，有种种奇形的石乳。最后一洞内有石乳作荷藕形，凡八九节，须节都全，绝像真藕，每一洞内都有沙涨成滩，都是江水打进来的。每过一洞口，都须低头用手攀住上面岩石，有时撑排的人都下水去用手推竹排子。第二洞以后，石壁上全无前人题刻，大概古人都不知有这些幽境。毅夫为游此洞，在桂林特别买了一个价值十七元的大电筒，每进一洞，他用大电筒指示各种石乳给我们看。他说，最后一洞的顶上有三个小洞透入光线，也许"光岩"之名是从那里来的。晚间我们当然看不见那三处透光的小洞。但我想里洞既非前人所熟知，光岩之名未必起于这透光的小孔，大概因前洞高敞透明，故得光岩之名。此洞之发现，毅夫之功最多，最后一洞大可以题作"沛泉洞"（毅夫名沛泉）。毅夫说，此洞颇像浙西金华的双龙洞。

徐霞客记他从阳朔回桂林的途中，"舟过水绿村北七里，西岸一岩，门甚高敞，东向临江，前垂石成龙，曰蛟头岩"，其地在兴平之南约三里，不知即是光岩否。

漓水的一日半旅程，还有一件事足记。船上有桂林女子能唱柳州山歌，我用铅笔记下来，有听不明白的字句，请同行的桂林县署曹文泉科长给我解释。我记了三十多首，其中有些是绝妙的民歌。我抄几首最可爱的在这里：

一

燕子飞高又飞低，两脚落地口衔泥。
我俩二人先讲过，贫穷落难莫分离。

二

石榴开花叶子青，哥哥年大妹年轻。
妹子年轻不懂事，哥哥拿去耐烦心。

三

大海中间一枝梅，根稳不怕水来推。
我们连双先讲过，莫怕旁人说是非。

四

如今世界好不难！井水不挑不得干。
竹子搭桥哥也过，妹妹跌死也心甘。

五

高山高岭一根藤，藤上开花十九层。

你要看花尽你看,你要摘花万不能。

六

要吃笋子三月三,要吃甜藕等塘子。
要吃大鱼长放线,想连小妹耐得烦。

七

买米要买一斩白,连双要连好脚色。
十字街头背锁链,旁人取笑也抵得。

八

妹莫愁来妹莫愁,还有好日在后头。
金盆打水妹洗脸,象牙梳子妹梳头。

九

大塘干了十六年,荷叶烂了藕也甜。
刀切藕断丝不断,同心转意在来年。

我们在柳州的时间太短,只游了几次名胜之地。柳州城三面是江,我们在飞机上看柳江从西北来,绕城一周,往东北去。空中望那有名的立鱼山,真有点像个立鱼。那天下午,我们去游立鱼山,有岩洞很玲珑,我们匆匆不曾遍游。傍晚我们去游罗池柳宗元祠堂,有苏东坡写的韩退之《罗池庙碑》的迎享送神辞大字石刻。退之原辞石刻有"春与猿吟兮秋鹤与飞"一句,颇引起后人讨论。今东坡写本此句直作"春与猿吟兮秋与鹤飞",此当是东坡从欧阳永叔之说,以"秋鹤与飞"为石刻之误,故改正了。石刻原碑也往往可以有错误,其误多由于写碑者的不谨慎。《罗池庙碑》原刻本有误字后经刊正,见于《东雅堂韩集校语》。后人据石本,硬指"秋鹤与飞"为有意作倒装健语,似未必是退之本意。

我们从阳朔回桂林时,路上经过良丰的师范专科学校,我在那边讲演一次。其地原名雁山,也是一座石山,岩壑甚美。清咸丰、同治之间,桂林人唐岳买山筑墙,把整个雁山围在园里,名为雁山园。后来园归岑春煊,岑又转送给省政府,今称为西林公园,用作师专校址。现有学生二百三十人。我们到时,天已黑了;讲演完始吃晚饭,晚饭后,校长罗尔菜先生和各位教员陪我们携汽油灯游雁山。岩洞颇大,中有泉水,流出岩外成小湖。洞中多凉风,夏间乘凉最宜。洞中多石乳,洞口上方有石乳所成龙骨形,颇奇突。园中旧有花树三千种,屡次驻兵,花树多荒死,现只存几百种了。有绿草梅,正开花,灯光下奇艳逼人。校中诸君又引我们去看红豆树,树高约两丈余。教员沈君说,这株红豆树往往三年才结子一次。沈君藏有红豆,拿来遍赠我们几个同游的人。红豆大于檀香山的相思子约一倍,生在豆荚里,荚长约一寸半。

游岩洞时,我问此岩何名,他们说,"向来没有岩名,胡先生何不为此岩取一个名字,作个纪念?"我笑说,"此去不远有条相思江,岩下又有相思红豆树,何不就叫他做相思岩?"他们都赞许这个名字。次日我在飞机上想起这个相思岩来,就戏仿前夜听得的山歌,作小诗寄题《相思岩》:

相思江上相思岩,相思岩下相思豆。
三年结子不嫌迟,一夜相思叫人瘦。

这究竟是文人的山歌,远不如小儿女唱的道地山歌的朴素而新鲜。
那天我在空中又作了一首小诗,题为《飞行小赞》:

看尽柳州山,
看遍桂林山水,
天上不须半日,
地上五千里。

古人辛苦学神仙,
要守百千戒。
看我不修不炼。
也凌云无碍。

四、广西的印象

　　这一年中,游历广西的人发表的记载和言论都很多,都很赞美广西的建设成绩。例如美国传教家艾迪博士(Sherwood Eddy)用英文发表短文说,"中国各省之中,只有广西一省可以称为近于模范省。凡爱国而具有国家的眼光的中国人,必然感觉广西是他们的光荣。"这是很倾倒的赞语。艾迪是一个见闻颇广的人,他虽是传教家,颇能欣赏苏俄的建设成绩,可见他的公道。他说话也很不客气,他在广州作公开讲演,就很明白地赞美广西,而大骂广东政治的贪污。所以他对于广西的赞语是很诚心的。

　　我在广西住了近两星期,时间不算短了,只可惜广西的朋友要我缴纳特别加重的"买路钱",——讲演的时间太多,观察的时间太少了,所以我的记载是简略的,我的印象也是浮泛的。

　　广西给我的第一个印象是全省没有迷信的、恋古的反动空气。广州城里所见的读经、祀孔、祀关岳、修寺、造塔等等中世空气,在广西境内全没有了。当西南政务会议的祀孔通令送到南宁时,白健生先生笑对他的同僚说:"我们的孔庙早已移作别用了,我们要祭祀,还得造个新孔庙!"

　　广西全省的庙宇都移作别用了,神像大都打毁了。白健生先生有一天谈起他在桂林(旧省会)打毁城隍庙的故事,值得记在这里。桂林的城隍庙是最得人民崇信的。白健生先生毁庙的命令下来之后,地方人民开会推举了许多绅士去求白先生的老太太,请她劝阻她的儿子;他们说:"桂林的城隍庙最有灵应,若被毁了,地方人民必蒙其祸殃。"白老太太对她儿子说了,白先生来对各位绅士说:"你们不要怕,人民也不用害怕。我可以出一张告示贴在城隍庙墙上,声明如有灾殃,完全由我白崇禧一人承当,与人民无干。你们可以放心了吗?"绅士们满意了。告示贴出去了。毁庙要执行了。奉令的营长派一个连长去执行,连长叫排长去执行,排长不敢再往下推了,只好到庙里去烧香祷告,说明这是上命差遣,概不由己,祷告已毕,才敢动手打毁神像!省城隍庙尚且不免打毁,其余的庙宇更不能免了。

我们在广西各地旅行,没有看见什么地方有人烧香拜神的。人民都忙于做工,教育也比较普遍,神权的迷信当然不占重要地位了,庙宇里既没有神像,烧香的风气当然不能发达了。

在这个破除神权迷信的风气里,只有一个人享受一点特殊的优客。那个人就是总部参军季雨农先生。季先生是合肥人,能打拳,为人豪爽任侠;当民国十六年,张宗昌部下的兵攻合肥,他用乡兵守御县城甚久。李德邻先生带兵去解了合肥之围,他很赏识这个怪人,就要他跟去革命。季先生是有田地的富人,感于义气,就跟李德邻先生走了。后来李德邻、白健生两先生都很得他的力,所以他在广西很受敬礼。这位季参军颇敬礼神佛,他无事时爱游山水,凡有好山水岩洞之处,若道路不方便,他每每出钱雇人修路造桥。武鸣附近的起凤山亭屋就是他修复的。因为他信神佛,他每每在这种旧有神祠的地方,叫人塑几个小小的神佛像,大都不过一尺来高的土偶,粗劣得好笑。他和我们去游览,每到一处有神像之处,他总立正鞠躬,同行的人笑着对我说:"这都是季参军的菩萨!"听说柳州立鱼山上的小佛像也是季参军保护的菩萨。广西的神权是打倒了,只有一位安徽人保护之下,还留下了几十个小小的神像。

广西给我的第二个印象是俭朴的风气。一进了广西境内,到处都是所谓"灰布花"。学校的学生,教职员,校长;文武官吏,兵士,民团,都穿灰布的制服,戴灰布的帽子,穿有钮扣的黑布鞋子。这种灰布是本省出的,每套制服连帽子不过四元多钱。一年四季多可以穿,天气冷时,里面可加衬衣;更冷时可以穿灰布棉大衣。上至省主席总司令,下至中学生和普通兵士,一律都穿灰布制服,不同的只在军人绑腿,而文人不绑腿。这种制服的推行,可以省去服装上的绝大糜费。广西人的鞋子,尤可供全国的效法。中国鞋子的最大缺点在于鞋身太浅,又无钮扣,所以鞋子稍旧了,就太宽了,后跟收不紧,就不起步了。广西布鞋学女鞋的办法,加一条扣带,扣在一边,所以鞋子无论新旧,都是便于跑路爬山。

广西全省的对外贸易也有很大的入超。提倡俭朴,提倡用土货,都是挽救入超的最有效方法。在衣服的方面,全省的灰布花可以抵制多少洋布与呢绸的输入!在饮食嗜好方面,洋货用的也很少。吸纸烟的人很少,吸的也都是低价的烟卷,最高贵的是美丽牌。喝酒的也似乎不多,喝的多是本省土酒。有一天晚上,邕宁各学术团体请我吃西餐,——我在广西十四天,只有此一次吃西餐,——我看见侍者把啤酒斟在小葡萄酒杯里,席上三四十人,一瓶啤酒还倒不完,因为啤酒有汽,是斟不满杯的。终席只有一大瓶啤酒就可斟两三巡了。我心里暗笑广西人不懂怎样喝啤酒。后来我仍然问得上海啤酒在邕宁卖一元六角钱一瓶!我才明白这样珍贵的酒应该用小酒杯斟的了。我们在广西旅行,使我们更明白:提倡俭朴,提倡土货,都是积极救国的大事,不是细小的消极行为。

广西是一个贫穷的省份,不容易担负新式的建设。所以主持建设的领袖更应该注意到人民的经济负担的能力。即如教育,岂不是好事?但办教育的人和视学的人眼光一错,动机一错,注重之点若在堂皇的校舍,冬夏之操衣等等,那样的教育在内地就都可以害人扰民了。我们在邕宁、武鸣各地的乡间看见小学堂的学生差不多全是穿着极破烂的衣裤，脚下多是赤脚，偶有穿鞋，也是穿破烂的鞋子。固然广西的冬天不大冷，所以无窗户可遮风的破庙，也不妨用作校舍，赤脚更是平常的事。然而我们在邕宁的时候，稍有阴雨，也就使人觉得寒冷。（此地有"四时常是夏，一雨便成秋"的古话。）乡间小学生的褴褛赤脚，正可以表示广西办学的人的俭朴风气。我在邕宁乡间看的那个小学还是"广西普及国民基础教育研究院"的一个附属小学哩。广西教育厅长雷沛鸿先生正在进行全省普及教育的计划，请了几位专家在研究院里研究实行的步骤和国民基础教育的内容。他们的计划大旨是要做到全省每村至少有一个国民基础学校，要使八岁到十二岁的儿童都能受两年的基础教育。我看了那些破衣赤脚的小学生，很相信广西的普及教育是容易成功的。这种的学堂是广西人民负担得起的，这样的学生是能回到农村生活里去的。

广西给我的第三个印象是治安。广西全省现在只有十七团兵，连兵官共有两万人，可算是真能裁兵的了。但全省无盗匪，人民真能享治安的幸福。我们作长途旅行，半夜后在最荒凉的江岸边泊船，点起火把来游岩洞，惊起茅篷里的贫民，但船家客人都不感觉一毫危险。汽车路上，有山坡之处，往往可见一个灰布少年，拿着枪杆，站在山上守卫。这不是军士，只是民团的团员在那儿担任守卫的。

广西本来颇多匪祸，全省岩洞最多，最容易窝藏盗匪。有人对我说，广西人从前种田的要背着枪下田，牧牛的要背着枪赶牛。近年盗匪肃清，最大原因在于政治清明，县长不敢不认真做事，民团的组织又能达到农村，保甲的制度可以实行，清乡的工作就容易了。人民的比较优秀分子又往往受过军事的训练，政府把旧式枪械发给兵团，人民有了组织，又有武器，所以有自卫的能力。广西诸领袖常说他们的"三自政策"——自卫，自给，自治。现在至少可以说是已做到了人民自卫的一层。我们所见的广西的治安，大部分是建筑在人民的自卫力之上的。

在这里，我可以连带提到广西给我的第四个印象，那就是武化的精神。我用"武化"一个名词，不是讥讽广西，实是颂扬广西。我的朋友傅益真先生曾说，"学西洋的文明不难，最难学的是西洋的野蛮。"他的意思是说，学西洋文化不难，学西洋的武化最难。我们中国人聪明才智足够使我们学会西洋的文明，但我们的传统的旧习惯、旧礼教，都使我们不能在短时期内学会西洋人的尚武风气。西洋民族所到的地方，个个国家都认识他们的武力的优越，然而那无数国家之中，只有一个日本学会了西洋的武化，其余的国家——从红海到太平洋——没有一个学会了这个最令人歆羡而又最不易学的方面。然而学不会西洋武化的国家，也没有工夫来好好地学习西洋的文化，因为他们没有自卫力，所以时时在救亡图存的危机中，文化的努力是不容易生效力的。

中国想学人家的武化（强兵），如今已不止六十年了，始终没有学到家。这是很容易解释的。中国本是一个受八股文人统治的国家，根本就有贱视武化的风气，所以当日倡办武备学堂和军官学校的大臣，绝不肯把他们自己的子弟送过去学武备。日本所以容易学会西洋的武化，正因为武士在封建的日本原是地位最高的一个阶级。在中国，尽管有歌颂绿林好汉的小说，当兵却是社会最贱视的职业，比做绿林强盗还低一级！在这种心理没有转变过来的时候，武化是学不会的。

在最近十年中，这种心理才有点转变了，转变的原因是颇复杂的：第一是新式教育渐渐收效了，"壮健"渐渐成为人们羡慕的对象了，运动场上的好汉也渐渐被社会崇拜了。第二是辛亥革命以来中央各省的政权往往落在军人手里，军人的地位抬高了。第三是民十四五年之间，革命军队有了主义的宣传，多有青年学生的热心参加，使青年人对于"革命军人"发生信仰与崇羡。第四是最近四年的国难，尤其是淞沪之战与长城之战，使青年人都感觉武装捍卫国家是一种最光荣的事业。——这里最后的两个原因，是上文所说的心理转变的最重要原因。军人的可羡慕，不在乎他们的地位之高或权威之大，而在乎他们的能为国家出死力，为主义出死力。这才是心理转变的真正起点。

可惜这种心理转变来的太缓、太晚，所以我们至今还不曾做到武化，还不曾做到民族国家的自卫力量。但在全国各省之中，广西一省似乎是个例外。我们在广西旅行，不能不感觉到广西人民的武化精神确是比别省人民高的多，普遍的多。这不仅仅是全省灰布制服给我们的印象，也不仅仅是民团制度给我们的印象。我想这里的原因，一部分是历史的，一部分是人为的。一是因为广西民族中有苗、瑶、獞、狪、狑、猓猓（今日官书均改写"摇、童、同、令、果果"）诸原种，富有强悍的生活力，而受汉族柔弱文化的恶影响较少。（广西没有邹鲁校长和古直主任，所以我这句话是不会引起广西朋友的误会的。）一是因为太平天国的威风至今还存留在广西人的传说里。一是因为广西在近世史上颇有受民众崇拜的武将，如刘永福、冯子材之流，而没有特别出色的文人，所以民间还不曾有重文轻武的风气。一是因为在最近的革命战史上，广西的军队和他们的领袖曾立大功，得大名，这种荣誉至今还存在民间。一是因为最近十年中，全省虽然屡次经过大乱，收拾整顿的工作都是几个很有能力的军事领袖主持的，在全省人民的心目中，他们是很受崇敬的。——因为这种种原因，广西的武化，似乎比别省特别容易收效。我到邕宁的时候，还在"新年"时期，白健生先生邀我到公共体育场去看"舞狮子"的竞赛。狮子有九队，都是本地公务人员和商人组织的。舞狮子之外，还有各种武术比赛，参加的有不少的女学生，有打拳的，有舞刀的。利用"过年"来提倡尚武的精神，也是广西武化的一种表示。至于民团训练的成绩是大家知道的。广西学校里的军事训练，施行比别省早，成绩也比别省好。在学校里，不但学生要受军训，校长教职员也要受军训，所以学校里的"大队长"的地位与权力往往比校长高的多。广西征兵之法是预先在各地宣传国民服兵役的重要和光荣；由政府派定各区应抽出壮丁的比例，例如某村有壮丁百人，应征二十分之一，村长（即小学校长，即后备队队长）即召集这一百壮丁，问谁愿应征；若愿去者满五人，即已足额；若不足五人，即用抽签法决定谁先去应征。这次征来的新兵,我们在桂林遇见一些,都是很活泼高兴的少年,有进过中学一两年的,有高小毕业的。在那独秀峰最高亭子上的晚照里,我们看那些活泼可爱的灰布青年在那儿自由眺望,自由谈论,我们真不胜感叹国家民族争生存的一线希望是在这一辈武化青年的身上了!

广西给我的印象,大致是很好的。但是广西也有一些可以使我们代为焦虑的地方。

第一,财政的困难是很明显的。广西是个地瘠民贫的地方,担负那种种急迫的新建设,是很吃力的。据第一回广西年鉴的报告,二十二年度的全省总收入五千万元之中,百分之三十五有零是"禁烟罚金",这是烟土过境的税收。这种收入是不可靠的;将来贵州或不种烟了,或出境改道了,都可以大影响到广西省库的收入。同年总支出五千二百万元之中,百分之四十是军务费,这在一个贫瘠的省份是很可惊的数字。万一收入骤减了,这样巨大的军务费是不是能跟着大减呢?还是裁减建设经费呢?还是增加人民负担呢?

第二,历史的关系使广西处于一个颇为难的政治局势,成为所谓"西南"的一部分。这个政治局势,无论对内对外都是很为难的。我们深信李德邻、白健生诸先生的国家思想是很可以依赖的,他们也曾郑重宣言他们绝无用武力向省外发展的思想。白先生曾对我说:"当我们打散萧克军队之后,贵州人要求我们的军队驻扎贵州,我们还不肯留。我们绝不会打别省的主意。"这是我们可以相信的。但我们总觉得两广现在所处的局势,实在不能适应现时中国的国难局面。现在国人要求的是统一,而敌人所渴望的是我们的分裂。凡不能实心助成国家的统一的,总不免有为敌人所快意的嫌疑。况且这个独立的形势,使两广时时感觉有对内自保的必要,因此军备就不能减编,而军费就不能不扩张。这种事实,既非国家之福,又岂是两广自身之福吗?

第三,我们深信,凡有为的政治,——所谓建设——全靠得人与否。建设必须有专家的计划，与专家的执行。计划不得当，则伤财劳民而无所成。执行不得当，则虽有良法美意，终归于失败。广西的几位领袖的道德、操守、勤劳，都是我们绝对信任的。但我们观察广西的各种新建设，不能不感觉这里还缺乏一个专家的"智囊团"做设计的参谋本部；更缺乏无数多方面的科学人才做实行计划的工作人员。最有希望的事业似乎是兽医事业，这是因为主持的美国罗郑铎（Redier）先生是一位在菲律宾创办兽医事业多年并且有大成效的专家。我们看他带来的几位菲律宾专家助手，或在试种畜牧的草料，或在试验畜种，或在帮助训练工作人员，我们应该可以明白一种大规模的建设事业是需要大队专家的合作的，是需要精密的设备的，是需要长时期的研究与试验的，是需要训练多数的工作人员的。然而邕宁人士的议论已颇嫌罗铎的工作用钱太多了，费时太久了，用外国人太多了，太专断不受商量了。"求治太急"的毛病，在政治上固然应该避免，在科学工艺的建设上格外应该避免。我在邕宁的公务人员的讲演会上，曾讲一次"元祐党人碑"，指出王荆公的有为未必全是，而司马温公诸人的主张无为未必全非。有为的政治有两个必要的条件：一是物质的条件，如交通等等；一是人才的条件，所谓人才，不仅是廉洁有操守的正人而已，还须要有权威的专家，能设计能执行的专家。这种条件若不具备，有为的政治是往往有错误或失败的危险的。

五、尾声

一月二十六日早晨，胡佛总统船开了。我在船上无事，读了但怒刚先生送我的一册粤汇。船上遇着何克之先生，下午我到他房里去闲谈。见他正在做黄花冈凭吊的诗。我一时高兴，就用我从粤讴里学来的广州话写了一首诗。后来到了上海，南京，我把这首诗写出请几位广东的朋友改正。改定本是这样的：

黄花冈

黄花冈上自由神,手揸火把照乜人。
咪话火把唔够猛,睇佢吓倒大将军。

我题桂林良丰的"相思岩"山歌,已记在前面了,后来我的朋友寿生先生看见了这首山歌,他说它不合山歌的音节,不适宜于歌唱。他替我修改成这个样子:

相思江上相思岩,
相思豆儿靠岩栽。
(他)三年结子不嫌晚,
(我)一夜相思也难挨。

寿生先生生长贵州,能唱山歌,这一支我也听他唱过,确是哀婉好听。我谢谢他的好意。

我们对于西洋近代文明的态度

今日最没有根据而又最有毒害的妖言是讥贬西洋文明为唯物的（materialistic），而尊崇东方文明为精神的（spiritual）。这本是很老的见解，在今日却有新兴的气象。从前东方民族受了西洋民族的压迫，往往用这种见解来解嘲，来安慰自己。近几年来，欧洲大战的影响使一部分的西洋人对于近世科学的文化起一种厌倦的反感，所以我们时时听见西洋学者有崇拜东方的精神文明的议论。这种议论，本来只是一时的病态的心理，却正投合了东方民族的夸大狂；东方的旧势力就因此增加了不少的气焰。

我们不愿"开倒车"的少年人对于这个问题不能没有一种彻底的见解，不能没有一种鲜明的表示。

现在高谈"精神文明""物质文明"的人，往往没有共同的标准做讨论的基础，故只能做文字上或表面上的争论，而不能有根本的了解。我想提出几个基本观念来做讨论的标准。

第一，文明（civilization）是一个民族应付他的环境的总成绩。

第二，文化（culture）是一种文明所形成的生活的方式。

第三，凡一种文明的造成，必有两个因子：一是物质的（material），包括种种自然界的势力与质料；一是精神的（spiritual），包括一个民族的聪明才智、感情和理想。凡文明都是人的心思智力运用自然界的质与力的作品；没有一种文明是精神的，也没有一种文明单是物质的。

我想这三个观念是不须详细说明的，是研究这个问题的人都可以承认的。一只瓦盆和一只铁铸的大蒸汽炉，一只舢板船和一只大汽船，一部单轮小车和一辆电力街车，都是人的智慧利用自然界的质力制造出来的文明，同有物质的基础，同有人类的心思才智。这里面只有个精粗巧拙的程度上的差异，却没有根本上的不同。蒸汽铁炉固然不必笑瓦盆的幼稚，单轮小车上的人也更不配自夸他的精神的文明，而轻视电车上人的物质的文明。

因为一切文明都少不了物质的表现，所以"物质的文明"（material civilization）一个名词不应该有什么讥贬的涵义。我们说一部摩托车是一种物质的文明，不过单指他的物质的形体；其实一部摩托车所代表的人类的心思智慧绝不亚于一首诗所代表的心思智慧。所以"物质的文明"不是和"精神的文明"反对的一个贬词，我们可以不讨论。

我们现在要讨论的是：（1）什么叫做"唯物的文明"（materialistic civilization）；（2）西洋现代文明是不是唯物的文明。

崇拜所谓东方精神文明的人说，西洋近代文明偏重物质上和肉体上的享受，而略视心灵上与精神上的要求，所以是唯物的文明。

我们先要指出这种议论含有灵肉冲突的成见，我们认为错误的成见。我们深信，精神的文明必须建筑在物质的基础之上。提高人类物质上的享受，增加人类物质上的便利与安逸，这都是朝着解放人类的能力的方向走，使人们不至于把精力心思全抛在仅仅生存之上，使他们可以有余力去满足他们的精神上的要求。东方的哲人曾说：

衣食足而后知荣辱，仓廪实而后知礼节。

这不是什么舶来的"经济史观"；这是平恕的常识。人世的大悲剧是无数的人们终身做血汗的生活，而不能得着最低限度的人生幸福，不能避免冻与饿。人世的更大悲剧是人类的先知先觉者眼看无数人们的冻饿，不能设法增进他们的幸福，却把"乐天""安命""知足""安贫"种种催眠药给他们吃，叫他们自己欺骗自己，安慰自己。西方古代有一则寓言说狐狸想吃葡萄，葡萄太高了，他吃不着，只好说"我本不爱吃这酸葡萄！"狐狸吃不着甜葡萄，只好说葡萄是酸的；人们享不着物质上的快乐，只好说物质上的享受是不足羡慕的，而贫贱是可以骄人的。这样自欺自慰成了懒惰的风气，又不足为奇了。于是有狂病的人又进一步，索性回过头去，戕贼身体，断臂，绝食，焚身，以求那幻想的精神的安慰。从自欺自慰以至于自残自杀，人生观变成了人死观，都是从一条路上来的：这条路就是轻蔑人类的基本的欲望。朝这条路上走，逆天而拂性，必至于养成懒惰的社会，多数人不肯努力以求人生基本欲望的满足，也就不肯进一步以求心灵上与精神上的发展了。

西洋近代文明的特色便是充分承认这个物质的享受的重要。西洋近代文明，依我的鄙见看来，是建筑在三个基本观念之上：

第一，人生的目的是求幸福。

第二，所以贫穷是一桩罪恶。

第三，所以衰病是一桩罪恶。

借用一句东方古话，这就是一种"利用厚生"的文明。因为贫穷是一桩罪恶，所以要开发富源，奖励生产，改良制造，扩张商业。因为衰病是一桩罪恶，所以要研究医药，提倡卫生，讲求体育，防止传染的疾病，改善人种的遗传。因为人生的目的是求幸福，所以要经营安适的起居，便利的交通，洁净的城市，优美的艺术，安全的社会，清明的政治。纵观西洋近代的一切工艺、科学、法制，固然其中也不少杀人的利器与侵略掠夺的制度，我们终不能不承认那利用厚生的基本精神。

这个利用厚生的文明，当真忽略了人类心灵上与精神上的要求吗？当真是一种唯物的文明吗？

我们可以大胆地宣言：西洋近代文明绝不轻视人类的精神上的要求。我们还可以大胆地进一步说：西洋近代文明能够满足人类心灵上的要求的程度，远非东洋旧文明所能梦见。在这一方面看来，西洋近代文明绝非唯物的，乃是理想主义的（idealistic），乃是精神的（spiritual）。

我们先从理智的方面说起。

西洋近代文明的精神方面的第一特色是科学。科学的根本精神在于求真理。人在世间,受环境的逼迫,受习惯的支配,受迷信与成见的拘束。只有真理可以使你自由,使你强有力,使你聪明圣智;只有真理可以使你打破你的环境里的一切束缚,使你戡天,使你缩地,使你天不怕,地不怕,堂堂地做一个人。

求知是人类天生的一种精神上的最大要求。东方的旧文明对于这个要求,不但不想满足他,并且常想裁制他,断绝他。所以东方古圣人劝人要"无知",要"绝圣弃智",要"断思惟",要"不识不知,顺帝之则"。这是畏难,这是懒惰。这种文明,还能自夸可以满足心灵上的要求吗?

东方的懒惰圣人说:"吾生也有涯,而知也无涯,以有涯逐无涯,殆已。"所以他们要人静坐澄心,不思不虑,而物来顺应。这是自欺欺人的诳语,这是人类的夸大狂。真理是深藏在事物之中的;你不去寻求探讨,他绝不会露面。科学的文明教人训练我们的官能智慧,一点一滴地去寻求真理,一丝一毫不放过,一铢一两地积起来。这是求真理的唯一法门。自然(nature)是一个最狡猾的妖魔,只有敲打逼撵可以逼她吐露真情。不思不虑的懒人只好永永作愚昧的人,永永走不进真理之门。

东方的懒人又说:"真理是无穷尽的,人的求知的欲望如何能满足呢?"诚然,真理是发现不完的。但科学绝不因此而退缩。科学家明知真理无穷,知识无穷,但他们仍然有他们的满足:进一寸有一寸的愉快,进一尺有一尺的满足。二千多年前,一个希腊哲人思索一个难题,想不出道理来;有一天,他跳进浴盆去洗澡,水涨起来,他忽然明白了,他高兴极了,赤裸裸地跑出门去,在街上乱嚷道:"我寻着了!我寻着了!"(Eureka! Eureka!)这是科学家的满足。Newton, Pasteur以至于Edison时时有这样的愉快。一点一滴都是进步,一步一步都可以踌躇满志。这种心灵上的快乐是东方的懒圣人所梦想不到的。

这里正是东西文化的一个根本不同之点。一边是自暴自弃的不思不虑，一边是继续不断的寻求真理。

朋友们，究竟是哪一种文化能满足你们的心灵上的要求呢？

其次，我们且看看人类的情感与想象力上的要求。

文艺、美术，我们可以不谈，因为东方的人，凡是能睁开眼睛看世界的，至少还都能承认西洋人并不曾轻蔑了这两个重要的方面。

我们来谈谈道德与宗教罢。

近世文明在表面上还不曾和旧宗教脱离关系，所以近世文化还不曾明白建立他的新宗教新道德。但我们研究历史的人不能不指出近世文明自有他的新宗教与新道德。科学的发达提高了人类的知识，使人们求知的方法更精密了，评判的能力也更进步了，所以旧宗教的迷信部分渐渐被淘汰到最低限度，渐渐地连那最低限度的信仰——上帝的存在与灵魂的不灭——也发生疑问了。所以这个新宗教的第一特色是他的理智化。近世文明仗着科学的武器，开辟了许多新世界，发现了无数新真理，征服了自然界的无数势力，叫电气赶车，叫"以太"送信，真个作出种种动地掀天的大事业来。人类的能力的发展使他渐渐增加对于自己的信仰心，渐渐把向来信天安命的心理变成信任人类自己的心理。所以这个新宗教的第二特色是他的人化。知识的发达不但抬高了人的能力，并且扩大了他的眼界，使他胸襟阔大，想象力高远，同情心浓挚。同时，物质享受的增加使人有余力可以顾到别人的需要与痛苦。扩大了的同情心加上扩大了的能力，遂产生了一个空前的社会化的新道德，所以这个新宗教的第三特色就是他的社会化的道德。

古代的人因为想求得感情上的安慰，不惜牺牲理智上的要求，专靠信心（faith），不问证据，于是信鬼，信神，信上帝，信天堂，信净土，信地狱。近世科学便不能这样专靠信心了。科学并不菲薄感情上的安慰；科学只要求一切信仰须要禁得起理智的评判，须要有充分的证据，凡没有充分证据的，只可存疑，不足信仰。赫胥黎（Huxley）说的最好：

> 如果我对于解剖学上或生理学上的一个小小困难，必须要严格地不信任一切没有充分证据的东西，方才可望有成绩，那么，我对于人生的奇秘的解决，难道就可以不用这样严格的条件吗？

这正是十分尊重我们的精神上的要求。我们买一亩田，卖三间屋，尚且要一张契据；关于人生的最高希望的根据，岂可没有证据就胡乱信仰吗？

这种"拿证据来"的态度，可以称为近世宗教的"理智化"。

从前人类受自然的支配，不能探讨自然界的秘密，没有能力抵抗自然的残酷，所以对于自然常怀着畏惧之心。拜物，拜畜牲，怕鬼，敬神，"小心翼翼，昭事上帝"，都是因为人类不信任自己的能力，不能不依靠一种超自然的势力。现代的人便不同了。人的智力居然征服了自然界的无数质力，上可以飞行无碍，下可以潜行海底，远可以窥算星辰，近可以观察极微。这个两只手一个大脑的动物——人——已成了世界的主人翁，他不能不尊重自己了。一个少年的革命诗人曾这样的歌唱：

> 我独自奋斗，胜败我独自承当，
> 我用不着谁来放我自由，
> 我用不着什么耶稣基督，
> 妄想他能替我赎罪替我死。
> I fight alone and, win or sink,
> I need no one to make me free,
> I want no Jesus Christ to think,
> That he could ever die for me.

这是现代人化的宗教。信任天不如信任人，靠上帝不如靠自己。我们现在不妄想什么天堂天国了，我们要在这个世界上建造"人的乐国"。我们不妄想做不死的神仙了，我们要在这个世界上做个活泼健全的人。我们不妄想什么四禅定六神通了，我们要在这个世界上做个有聪明智慧可以戡天缩地的人。我们也许不轻易信仰上帝的万能了，我们却信仰科学的方法是万能的，人的将来是不可限量的。我们也许不信灵魂的不灭了，我们却信人格是神圣的，人权是神圣的。

这是近世宗教的"人化"。

但最重要的要算近世道德宗教的"社会化"。

古代的宗教大抵注重个人的拯救；古代的道德也大抵注重个人的修养。虽然也有自命普度众生的宗教，虽然也有自命兼济天下的道德，然而终苦于无法下手，无力实行，只好仍旧回到个人的身心上用工夫，做那向内的修养。越向内做工夫，越看不见外面的现实世界；越在那不可捉摸的心性上玩把戏，越没有能力应付外面的实际问题。即如中国八百年的理学工夫居然看不见二万万妇女缠足的惨无人道！明心见性，何补于人道的苦痛困穷！坐禅主敬，不过造成许多"四体不勤，五谷不分"的废物！

近世文明不从宗教下手，而结果自成一个新宗教；不从道德入门，而结果自成一派新道德。十五十六世纪的欧洲国家简直都是几个海盗的国家，哥仑布（Columbus）、马汲伦（Magellan）、都芮克（Drake）一班探险家都只是一些大海盗。他们的目的只是寻求黄金、白银、香料、象牙、黑奴。然而这班海盗和海盗带来的商人开辟了无数新地，开拓了人的眼界，抬高了人的想象力，同时又增加了欧洲的富力。工业革命接着起来，生产的方法根本改变了，生产的能力更发达了。二三百年间，物质上的享受逐渐增加，人类的同情心也逐渐扩大。这种扩大的同情心便是新宗教新道德的基础。自己要争自由，同时便想到别人的自由，所以不但自由须以不侵犯他人的自由为界限，并且还进一步要要求绝大多数人的自由。自己要享受幸福，同时便想到人的幸福，所以乐利主义（utilitarianism）的哲学家便提出"最大多数的最大幸福"的标准来做人类社会的目的。这都是"社会化"的趋势。

十八世纪的新宗教信条是"自由、平等、博爱"。十九世纪中叶以后的新宗教信条是社会主义。这是西洋近代的精神文明，这是东方民族不曾有过的精神文明。

固然东方也曾有主张博爱的宗教，也曾有公田均产的思想。但这些不过是纸上的文章，不曾实地变成社会生活的重要部分，不曾变成范围人生的势力，不曾在东方文化上发生多大的影响。在西方便不然了。"自由、平等、博爱"成了十八世纪的革命口号。美国的革命，法国的革命，一八四八年全欧洲的革命运动，一八六二年①的南北美战争，都是在这三大主义的旗帜之下的大革命。美国的宪法，法国的宪法，以至于南美洲诸国的宪法，都是受了这三大主义的绝大影响的。旧阶级的打倒，专制政体的推翻，法律之下人人平等的观念的普遍，"信仰、思想、言论、出版"几大自由的保障的实行，普及教育的实施，妇女的解放，女权的运动，妇女参政的实现……都是这个新宗教新道德的实际的表现。这不仅仅是三五个哲学家书本子里的空谈，这都是西洋近代社会政治制度的重要部分，这都已成了范围人生，影响实际生活的绝大势力。

十九世纪以来，个人主义的趋势的流弊渐渐暴白于世了，资本主义之下的苦痛也渐渐明了了。远识的人知道自由竞争的经济制度不能达到真正"自由、平等、博爱"的目的。向资本家手里要求公道的待遇，等于"与虎谋皮"。救济的方法只有两条大路：一是国家利用其权力，实行裁制资本家，保障被压迫的阶级；一是被压迫的阶级团结起来，直接抵抗资本阶级的压迫与掠夺。于是各种社会主义的理论与运动不断地发生。西洋近代文明本建筑在个人求幸福的基础之上，所以向来承认"财

---

① 南北战争发生于1861年，1863年元旦林肯颁布《解放宣言》。

产"为神圣的人权之一。但十九世纪中叶以后,这个观念根本动摇了。有的人竟说"财产是贼赃",有的人竟说"财产是掠夺"。现在私有财产制虽然还存在,然而国家可以征收极重的所得税和遗产税,财产久已不许完全私有了。劳动是向来受贱视的;但资本集中的制度使劳工有大组织的可能,社会主义的宣传与阶级的自觉又使劳工觉悟团结的必要,于是几十年之中有组织的劳动阶级遂成了社会上最有势力的分子。十年以来,工党领袖可以执掌世界强国的政权,同盟总罢工可以屈伏最有势力的政府,俄国的劳农阶级竟做了全国的专政阶级。这个社会主义的大运动现在还正在进行的时期。但他的成绩已很可观了。各国的"社会立法"(social legislation)的发达,工厂的视察,工厂卫生的改良,儿童工作与妇女工作的救济,红利分配制度的推行,缩短工作时间的实行,工人的保险,合作制之推行,最低工资(minimum wage)的运动,失业的救济,级进制的(progressive)所得税与遗产税的实行……这都是这个大运动已经做到的成绩,这也不仅仅是纸上的文章,这也都已成了近代文明的重要部分。

这是"社会化"的新宗教与新道德。

东方的旧脑筋也许要说:"这是争权夺利,算不得宗教与道德。"这里又正是东西文化的一个根本不同之点。一边是安分,安命,安贫,乐天,不争,认吃亏;一边是不安分,不安贫,不肯吃亏,努力奋斗,继续改善现成的境地。东方人见人富贵,说他是"前世修来的";自己贫,也说是"前世不曾修",说是"命该如此"。西方人便不然,他说:"贫富的不平等,痛苦的待遇,都是制度的不良的结果,制度是可以改良的。"他们不是争权夺利,他们是争自由,争平等,争公道;他们争的不仅仅是个人的私利,他们奋斗的结果是人类最大多数人的福利。最大多数人的最大幸福,不是袖手念佛号可以得来的,是必须奋斗力争的。

朋友们,究竟是哪一种文化能满足你们的心灵上的要求呢?

我们现在可综合评判西洋近代的文明了。这一系的文明建筑在"求人生幸福"的基础之上,的确替人类增进了不少的物质上的享受;然而他也确然很能满足人类的精神上的要求。他在理智的方面,用精密的方法,继续不断地寻求真理,探索自然界无穷的秘密。他在宗教道德的方面,推翻了迷信的宗教,建立合理的信仰;打倒了神权,建立人化的宗教;抛弃了那不可知的天堂净土,努力建设"人的乐国""人世的天堂";丢开了那自称的个人灵魂的超拔,尽量用人的新想象力和新智力去推行那充分社会化了的新宗教与新道德,努力谋人类最大多数的最大幸福。

东方的文明的最大特色是知足。西洋的近代文明的最大特色是不知足。

知足的东方人自安于简陋的生活,故不求物质享受的提高;自安于愚昧,自安于"不识不知",故不注意真理的发现与技艺器械的发明;自安于现成的环境与命运,故不想征服自然,只求乐天安命,不想改革制度,只图安分守己,不想革命,只做顺民。

这样受物质环境的拘束与支配,不能跳出来,不能运用人的心思智力来改造环境改良现状的文明,是懒惰不长进的民族的文明,是真正唯物的文明。这种文明只可以遏抑而绝不能满足人类精神上的要求。

西方人大不然。他们说"不知足是神圣的"(divine discontent)。物质上的不知足产生了今日的钢铁世界、汽机世界、电力世界。理智上的不知足产生了今日的科学世界。社会政治制度上的不知足产生了今日的民权世界、自由政体、男女平权的社会、劳工神圣的喊声、社会主义的运动。神圣的不知足是一切革新一切进化的动力。

这样充分运用人的聪明智慧来寻求真理以解放人的心灵,来制服天行以供人用,来改造物质的环境,来改革社会政治的制度,来谋人类最大多数的最大幸福,——这样的文明应该能满足人类精神上的要求,这样的文明是精神的文明,是真正理想主义的(idealistic)文明,绝不是唯物的文明。

固然，真理是无穷的，物质上的享受是无穷的，新器械的发明是无穷的，社会制度的改善是无穷的。但格一物有一物的愉快，革新一器有一器的满足，改良一种制度有一种制度的满意。今日不能成功的，明日明年可以成功；前人失败的，后人可以继续助成。尽一分力便有一分的满意；无穷的进境上，步步都可以给努力的人充分的愉快。所以大诗人邓内孙（Tennyson）借古英雄 Ulysses 的口气歌唱道：

然而人的阅历就像一座穹门，
从那里露出那不曾走过的世界。
越走越远，永永望不到他的尽头。
半路上不干了，多么沉闷呵！
明晃晃的快刀为什么甘心上锈？
难道留得一口气就算得生活了？
……
朋友们，来罢！
去寻一个更新的世界是不会太晚的。
……
用掉的精力固然不回来了，剩下的还不少呢。
现在虽然不是从前那样掀天动地的身手了，
然而我们毕竟还是我们，——
光阴与命运颓唐了几分壮志！
终止不住那不老的雄心，
去努力，去探寻，去发现，
永不退让，不屈伏。

文学进化观念

文学进化的观念有四层意义,每一层含有一个重要的教训。

第一层总论文学的进化:文学乃是人类生活状态的一种记载,人类生活随时代变迁,故文学也随时代变迁,故一代有一代的文学。周秦有周秦的文学,汉魏有汉魏的文学,唐有唐的文学,宋有宋的文学,元有元的文学。《三百篇》的诗人做不出《元曲选》,《元曲选》的杂剧家也做不出《三百篇》。左邱明做不出《水浒传》,施耐庵也做不出《春秋左传》。这是文学进化观念的第一层教训,最容易明白,故不用详细引证了。(古人如袁枚、焦循,多有能懂得此理的。)

文学进化观念的第二层意义是:每一类文学不是三年两载就可以发达完备的,须是从极低微的起源,慢慢地,渐渐地,进化到完全发达的地位。有时候,这种进化刚到半路上,遇着阻力,就停住不进步了。有时候,因为这一类文学受种种束缚,不能自由发展。故这一类文学的进化史,全是摆脱这种束缚力争自由的历史;有时候,这种文学上的羁绊居然完全毁除,于是这一类文学便可以自由发达。有时候,这种文学革命只能有局部的成功,不能完全扫除一切枷锁镣铐,后来习惯成了自然,便如缠足的女子,不但不想反抗,竟以为非如此不美了!这是说各类文学进化变迁的大势。西洋的戏剧便是自由发展的进化,中国的戏剧便是只有局部自由的结果。列位试读王国维先生的《宋元戏曲史》,试看中国戏剧从古代的"歌舞"(歌舞是一事,犹言歌的舞也。balla dance),一变而为戏优;后来加入种种把戏,再变而为演故事兼滑稽的杂戏。(王氏以唐宋辽金之滑稽为一种独立之戏剧,与歌舞戏为二事。鄙意此似有误。王氏引各书所记诙谐各则,未必独立于歌舞戏之外。但因打诨之中时有谲谏之旨,故各书特别记此诙谐之一部分而略其不足记之他部分耳。元杂剧中亦多打诨语。今之京调戏亦可随时插入讥刺时政之打诨。若有笔人记之,后世读之者亦但见林步青、夏月珊之打诨而不见其他部分,或亦有疑为单独之滑稽者矣。)后来由"叙事"体变成"代言"体,由遍数变为折数,由格律极严的大曲变为可以增减字句变换宫调的元曲,于是中国戏剧三变而为结构大致完成的元杂剧。

但元杂剧不过是大体完具,其实还有许多缺点:(一)每本戏限于四折;(二)每折限于一宫调;(三)每折限一人唱。后来南戏把这些限制全都毁除,使一剧的长短无定,一折的宫调无定,唱者不限于一人。杂剧的限制太严,故除一二大家之外,多只能铺叙事实,不能有曲折详细的写生工夫;所写人物,往往毫无生气,所写生活与人情,往往缺乏细腻体会的工夫。后来的传奇,因为体裁更自由了,故于写生、写物、言情各方面都大有进步。试举例为证。李渔的《蜃中楼》乃是合并元曲选里的《柳毅传书》同《张生煮海》两本戏做成的,但《蜃中楼》不但情节更有趣味,并且把戏中人物一一都写得有点生气,个个都有点个性的区别。如元剧中的钱塘君虽于布局有关,但没有着意描写;李渔于《蜃中楼》的《戏寿》一折中,写钱塘君何等痛快,何等有意味!这便是一进步。又如元剧《渔樵记》写朱买臣事,为后来南戏《烂柯山》所本,但《烂柯山》中写人情世故,远胜《渔樵记》,试读《痴梦》一折,便知两本的分别。又如昆曲《长生殿》与元曲《梧桐雨》同记一事,但两本相比,《梧桐雨》叙事虽简洁,写情实远不如《长生殿》。以戏剧的体例看来,杂剧的文字经济实为后来所不及;但以文学上表情写生的工夫看来,杂剧实不及昆曲。如《长生殿》中《弹词》一折,虽脱胎于元人的《货郎旦》,但一经运用不同,便写出无限兴亡盛衰的感慨,成为一段很动人的文章。以上所举的三条例,——《蜃中楼》《烂柯山》《长生殿》——都可表示"杂剧"之变为南戏传奇,在体裁一方面虽然不如元代的谨严,但因为体裁更自由,故于写生表情一方面实在大有进步,可以算得是戏剧史的一种进化。即以传奇变为京调一事而论，据我个人看来，也可算得是一种进步。传奇的大病在于太偏重乐曲一方面，在当日极盛时代固未尝不可供私家歌童乐部的演唱；但这种戏只可供上流人士的赏玩，不能成通俗的文学。况且剧本折数无限，大多数都是太长了，不能全演，故不能不割出每本剧中最精彩的几折，如《西厢记》的《拷红》，如《长生殿》的《闻铃》《惊变》等，其余的几折，往往无人过问了。割裂之后，文人学士虽可赏玩，但普通一般社会更觉得无头无尾，不能懂得。传奇雅剧既不能通行，于是各地的"土戏"纷纷兴起：徽有徽调，汉有汉调，粤有粤戏，蜀有高腔，京有京调，秦有秦腔。统观各地俗剧，约有五种公共的趋向：（一）材料虽有取材于元明以来的"雅剧"（亦有新编者），而一律改为浅近的文字；（二）音乐更简单了，从前各种复杂的曲调渐渐被淘汰完了，只剩得几种简单的调子；（三）因上两层的关系，曲中字句比较的容易懂得多了；（四）每本戏的长短，比"雅剧"更无限制，更自由了；（五）其中虽多连台的长戏，但短戏的趋向极强，故其中往往有很多剪裁的短戏，如《三娘教子》《四进士》之类。依此五种性质看来，我们很可以说，从昆曲变为近百年的"俗戏"，可算得中国戏剧史上一大革命。大概百年来政治上的大乱，生计上的变化，私家乐部的销减，也都与这种"俗剧"的兴起大有密切关系。后来"俗剧"中的京调受了几个有势力的人，加前清慈禧后等的提倡，于是成为中国戏界最通行的戏剧。但此种俗剧的运动，起源全在中下级社会，与文人学士无关，故戏中字句往往十分鄙陋，梆子腔中更多极不通的文字。俗剧的内容，因为它是中下级社会的流行品，故含有此种社会的种种恶劣性，很少如《四进士》一类有意义的戏。况且编戏做戏的人大都是没有学识的人，故俗剧中所保存的戏台恶习惯最多。这都是现行俗戏的大缺点。但这种俗戏在中国戏剧史上，实在有一种革新的趋向，有一种过渡的地位，这是不可埋没的。研究文学历史的人，须认清这种改革的趋向，更须认明这种趋向在现行的俗剧中不但并不曾完全达到目的，反被种种旧戏的恶习惯所束缚，到如今弄成一种既不通俗又无意义的恶劣戏剧——以上所说中国戏剧进化小史的教训是：中国戏剧一千年来力求脱离乐曲一方面的种种束缚，但因守旧性太大，未能完全达到自由与自然的地位。中国戏剧的将来，全靠有人能知道文学进化的趋势，能用人力鼓吹，帮助中国戏剧早日脱离一切阻碍进化的恶习惯，使他渐渐自然，渐渐达到完全发达的地位。

文学进化的第三层意义是：一种文学的进化，每经过一个时代，往往带着前一个时代留下的许多无用的纪念品，这种纪念品在早先的幼稚时代本来是很有用的，后来渐渐的可以用不着他们了，但是因为人类守旧的惰性，故仍旧保存这些过去时代的纪念品。在社会学上，这种纪念品叫做"遗形物"（vestiges or rudiments）。如男子的乳房，形式虽存，作用已失，本可废去，总没废去，故叫做"遗形物"。即以戏剧而论，古代戏剧的中坚部分全是乐歌，打诨科白不过是一小部分，后来元人杂剧中，科白竟占极重要的部分，如《老生儿》《陈州粜米》《杀狗劝夫》等杂剧竟有长至几千字的说白，这些戏本可以废去曲词全用科白了，但曲词终不曾废去。明代已有"终曲无一曲"的传奇，如屠长卿的《昙花梦》（见汲古阁《六十种曲》），可见此时可以完全废曲用白了；但后来不但不如此，并且白越减少，曲词越增多，明朝以后，除了李渔之外，竟连会做好白的人都没有了。所以在中国戏剧进化史上，乐曲一部分本可以渐渐废去，但也依旧存留，遂成一种"遗形物"。此外如脸谱、嗓子、台步、武把子，等等，都是这一类的"遗形物"，早就可以不用了，但相沿下来，至今不改。西洋的戏剧在古代也曾经过许多幼稚的阶段，如"和歌"（chorus）面具，"过门"，"背躬"（aside），武场，等等。但这种"遗形物"，在西洋久已成了历史上的古迹，渐渐的都淘汰完了。这些东西淘汰干净，方才有纯粹戏剧出世。中国人的守旧性最大，保存的"遗形物"最多。皇帝虽没有了，总统出来时依旧地上铺着黄土，年年依旧祀天祭孔，这都是"遗形物"。再回到本题，现今新式舞台上有了布景，本可以免去种种开门、关门、跨门槛的做作了，但这些做作依旧存在，甚至于在一个布置完好的祖先堂里"上马加鞭"！又如武把子一项，本是古代角抵等戏的遗风，在完全成立的戏剧里本没有立足之地，一部《元曲选》里，一百本戏之中只有三四本用得着武场，而这三四本武场戏之中有《单鞭夺槊》和《气英布》两本都用一个观战的人口述战场上的情形，不用在戏台上打仗而战争的情状都能完全写出。这种虚写法便是编戏的一大进步。不料中国戏剧家发明这种虚写法之后六七百年，戏台上依旧是打斤斗、爬杠子、舞刀耍枪的卖弄武把子，这都是"遗形物"的怪现状。这种"遗形物"不扫除干净，中国戏剧永远没有完全革新的希望。不料现在的剧评家不懂得文学进化的道理，不知道这种过时的"遗形物"很可阻碍戏剧的进化。又不知道这些东西于戏剧的本身全不相关，不过是历史经过的一种遗址；居然竟有人把这些"遗形物"——脸谱，嗓子，台步，武把子，唱工，锣鼓，马鞭子，跑龙套等等——当作中国戏剧的精华！这真是缺乏文学进化观念的大害了。

文学进化观念的第四层意义是：一种文学有时进化到一个地位，便停住不进步了，直到他与别种文学相接触，有了比较，无形之中受了影响，或是有意地吸收人的长处，方才再继续有进步。此种例在世界文学史上，真是举不胜举。如英国戏剧在伊里沙白女王的时代本极发达，有蒋生（Ben Jonson）、莎士比亚等的名著。后来英国人崇拜莎士比亚太甚了，被他笼罩一切，故十九世纪的英国诗与小说虽有进步，于戏剧一方面实在没有出色的著作。直到最近三十年中，受了欧洲大陆上新剧的影响，方才有萧伯纳（Bernard Shaw）、高尔华胥（John Galsworthy）等人的名著。这便是一例。中国文学向来不曾与外国高级文学相接触，所接触的都没有什么文学的势力；然而我们细看中国文学所受外国的影响，也就不少了。六朝至唐的三四百年中间，西域（中亚细亚）各国的音乐、歌舞、戏剧，输入中国的极多：如龟兹乐，如"拨头"戏（《旧唐书·音乐志》云，"拨头者，出西域胡人。"）都是极明显的例。再看唐宋以来的曲调，如《伊州》《凉州》《熙州》《甘州》《氐州》各种曲，名目显然，可证其为西域输入的曲调。此外中国词曲中还不知道有多少外国分子呢！现在戏台上用的乐器，十分之六七是外国的乐器，最重要的是"胡琴"，更不用说了。所以我们可以说，中国戏剧的变迁，实在带着无数外国文学美术的势力。只可惜这千余年来和中国戏台接触的文学美术都是一些很幼稚的文学美术，故中国戏剧所受外来的好处虽然一定不少，但所受的恶劣影响也一定很多。现在中国戏剧有西洋的戏剧可作直接比较参考的材料，若能有人虚心研究，取人之长，补我之短，扫除旧日的种种"遗形物"，采用西洋最近百年来继续发达的新观念、新方法、新形式，如此方才可使中国戏剧有改良进步的希望。

国语的进化

一

现在国语的运动总算传播得很快很远了。但是全国的人对于国语的价值,还不曾有明了正确的见解。最错误的见解就是误认白话为古文的退化。这种见解是最危险的阻力。为什么呢?因为我们既认某种制度文物为退化,绝没有还肯采用那种制度文物的道理。如果白话真是古文的退化,我们就该仍旧用古文,不该用这退化的白话。所以这个问题——"白话是古文的进化呢?还是古文的退化呢?"——是国语运动的生死关头!这个问题不能解决,国语文与国语文学的价值便不能确定。这是我所以要做这篇文章的理由。

我且先引那些误认白话为文言的退化的人的议论。近来有一班留学生出了一种周刊,第一期便登出某君的一篇《平新旧文学之争》。这篇文章的根本主张,我不愿意讨论,因为这两年的杂志报纸上早已有许多人讨论过了。我只引他论白话退化的一段:

> 以吾国现今之文言与白话较,其优美之度,相差甚远。当谓吾国文字至今日虽未甚进化,亦未大退化。若白话则反是,盖数千年来,国内聪明才智之士虽未尝致力于他途,对于文字却尚孳孳研究,未尝或辍。至于白话,则语言一科不讲者久;其乡曲愚夫,闾巷妇稚,谰言俚语,粗鄙不堪入耳者,无论矣;即在士夫,其执笔为文亦尚雅洁可观,而听其出言则鄙俗可噱,不识者几不辨其为斯文中人。……以是入文,不惟将文

学价值扫地以尽,且将为各国所非笑。

这一段说文言"虽未甚进化,亦未大退化",白话却是大退化了。我再引孙中山先生的《孙文学说》第一卷第三章的一段:

中国文言殊非一致。文字之源本出于言语,而言语每随时代以变迁,至于为文虽亦有古今之殊,要不能随言语而俱化。……始所歧者甚仅,而分道各驰,久且相距愈远。顾言语有变迁而无进化,而文字则虽仍古昔,其使用之技术实日见精研。所以中国言语为世界中之粗劣者,往往文字可达之意,言语不得而传。是则中国人非不善为文而拙于用语者也。亦惟文字可传久远,故古人所作,模仿匪难;至于言语,非无杰出之士妙于修辞,而流风余韵无所寄托,随时代而俱湮,故学者无所继承。然则文字有进化而语言转见退步者,非无故矣。抑欧洲文字基于音韵,音韵即言语;言语有变,文字即可随之。中华制字以象形会意为主,所以言语虽殊而文字不能与之俱变。要之,此不过为言语之不进步,而中国人民非有所阙于文字,历代能文之士其所创作突过外人,则公论所归也。盖中国文字成为一种美术,能文者直美术专门名家,既有天才,复以其终身之精力赴之,其造诣自不易及。……

孙先生直说:"文字有进化,而语言转见退步。"他的理由大致也与某君相同。某君说文言因为有许多文人专心研究,故不曾退步;白话因为没有学者研究,故退步了。孙先生也说文言所以进步,全靠文学专家的终身研究。他又说,中国文字是象形会意的,没有字母的帮助,故可以传授古人的文章,但不能记载那随时代变迁的言语;语言但有变迁,没有进化;文字虽没有变迁,但用法更"精研"了。

我对于孙先生的《孙文学说》曾有很欢迎的介绍（《每周评论》第三十一号），但是我对于这一段议论不能不下一点批评。因为孙先生说的话未免太笼统了，不像是细心研究的结果。即如他说"言语有变迁而无进化"，试问他可曾研究言语的"变迁"是朝什么方向变的？这种"变迁"何以不能说是"进化"？试问我们该用什么标准来定哪一种"变迁"为"进化的"，哪一种"变迁"为"无进化的"？若不曾细心研究古文变为白话的历史，若不知道古文和白话不同之点究竟在什么地方，若不先定一个"进化""退化"的标准，请问我们如何可说白话有变迁而无进化呢？如何可说"文字有进化而语言转见退步"呢？

某君用的标准是"优美"和"鄙俗"。文言是"优美"的，故不曾退化；白话是"鄙俗可噱"的，故退化了。但我请问，我们又拿什么标准来分别"优美"与"鄙俗"呢？某君说，"即在士夫，其执笔为文亦尚雅洁可观，而听其出言则鄙俗可噱，不识者几不辨其为斯文中人"。请问"斯文中人"的话又应该是怎样说法？难道我们都该把我字改作予字，他字改作其字，满口"雅洁可观"的之乎者也，方才算作"优美"吗？"梦为远别啼难唤，书被催成墨未浓"固可算是美。"衣裳已施行看尽，针线犹存未忍开"又何尝不美？"别时言语在心头，那一句依他到底？"完全是白话，又何尝不美？《晋书》说王衍少时，山涛称赞他道："何物老妪，生宁馨儿！"后来不通的文人把"宁馨"当做一个古典用，以为很"雅"，很"美"。其实"宁馨"即是现在苏州、上海人的"那哼"。但是这班不通的文人一定说"那哼"就"鄙俗可噱"了！《王衍传》又说王衍的妻郭氏把钱围绕床下，衍早晨起来见钱，对婢女说："举阿堵物去"。后来的不通的文人又把"阿堵物"用作一个古典，以为很"雅"，很"美"。其实"阿堵"即是苏州人说的"阿笃"，官话说的"那个""那些"，但是这班不通文人一定说"阿笃""那个""那些"都是"鄙俗可噱"了！

所以我说，"优美"还须要一个标准，"鄙俗"也须要一个标准。某君自己做的文言未必尽"优美",我们做的白话未必尽"鄙俗可噱"。拿那没有标准的"优美""鄙俗"来定白话的进化退化,便是笼统,便是糊涂。

某君和孙先生都说古文因为有许多文人终身研究,故不曾退化。反过来说,白话因为文人都不注意,全靠那些"乡曲愚夫,闾巷妇稚"自由改变,所以渐渐退步,变成"粗鄙不堪入耳"的俗话了。这种见解是根本错误的。稍稍研究言语学的人都该知道:文学家的文学只可定一时的标准,绝不能定百世的标准;若推崇一个时代的文学太过了,奉为永久的标准,那就一定要阻碍文字的进化;进化的生机被一个时代的标准阻碍住了,那种文字就渐渐干枯,变成死文字或半死的文字;文字枯死了,幸亏那些"乡曲愚夫,闾巷妇稚"的白话还不曾死,仍旧随时变迁:变迁便是活的表示,不变迁便是死的表示。稍稍研究言语学的人都该知道:一种文字枯死或麻木之后,一线生机全在那些"乡曲愚夫,闾巷妇稚"的白话;白话的变迁,因为不受那些"斯文中人"的干涉,故非常自由;但是自由之中,却有个条理次序可寻;表面上很像没有道理,其实仔细研究起来,都是有理由的变迁:都是改良,都是进化!

简单一句话,一个时代的大文学家至多只能把那个时代的现成语言,结晶成文学的著作;他们只能把那个时代的语言的进步,作一个小小的结束;他们是语言进步的产儿,并不是语言进步的原动力;有时他们的势力还能阻碍文字的自由发达。至于民间日用的白话,正因为文人学者不去干涉,故反能自由变迁,自由进化。

二

本篇的宗旨只是要证明上节末段所说的话,要证明白话的变迁并非退步,乃是进化。

立论之前,我们应该定一个标准:怎样变迁才算是进化?怎样变迁才算是退步？

这个问题太大，我们不能详细讨论，现在只能简单说个大概。

一切器物制度都是应用的。因为有某种需要，故发明某种器物，故创造某种制度。应用的能力增加，便是进步；应用的能力减少，便是退步。例如车船两物都是应付人类交通运输的需要的。路狭的地方有单轮的小车，路阔的地方有双轮的骡车；内河有小船，江海有大船。后来陆地交通有了人力车、马车、火车、汽车、电车，水路交通有了汽船，人类的交通运输便更方便了，更稳当了，更快捷了。我们说小车骡车变为汽车火车电车是大进步，帆船划船变为汽船也是大进步，都只是因为应用的能力增加了。一切器物制度都是如此。

语言文字也是应用的。语言文字的用处极多，简单说来：（一）是表情达意；（二）是记载人类生活的过去经验；（三）是教育的工具；（四）是人类共同生活的唯一媒介物。我们研究语言文字的退化进化，应该根据这几种用处，定一个标准："表情达意的能力增加吗？"记载人类经验更正确明白吗？还可以做教育的利器吗？还可以作共同生活的媒介物吗？这几种用处增加了，便是进步；减少了，便是退化。

现在先泛论中国文言的退化。

（1）文言达意表情的功用久已减少至很低的程度了。禅门的语录，宋明理学家的语录，宋元以来的小说，——这种白话文学的发生便是文言久已不能达意表情的铁证。

（2）至于记载过去的经验，文言更不够用。文言的史书传记只能记一点极简略极不完备的大概。为什么只能记一点大概呢？因为文言自身本太简单了，太不完备了，绝不能有详细写实的记载，只好借"古文义法"做一个护短的托词。我们若要知道某个时代的社会生活的详细记载，只好向《红楼梦》和《儒林外史》一类的书里寻去。

（3）至于教育一层，这二十年的教育经验更可以证明文言的绝对不够用了。二十年前，教育是极少数人的特殊权利，故文言的缺点还不大觉得。二十年来，教育变成了人人的权利，变成了人人的义务，故文言的不够用，渐渐成为全国教育界公认的常识。今年全国教育会的国语教科书的议案，便是这种公认的表示。

（4）至于作社会共同生活的媒介物，文言更不中用了。从前官府的告示，《圣谕广训》一类的训谕，为什么要用白话呢？不是因为文言不能使人懂得吗？现在的阔官僚到会场演说，摸出一篇文言的演说辞，哼了一遍，一个人都听不懂；明天登在报上，多数人看了还是不懂！再看我们的社会生活，——在学校听讲，教授，演说，命令仆役，叫车子，打电话，谈天，辩驳——哪一件是用文言的？我们还是"斯文中人"，尚且不能用文言作共同生活的媒介，何况大多数的平民呢？

以上说语言文字的四种用处，文言竟没有一方面不是退化的。上文所说，同时又都可证明白话在这四方面没有一方面的应用能力不是比文言更大得多。

总括一句话，文言的种种应用能力，久已减少到很低的程度，故是退化的；白话的种种应用能力不但不曾减少，反增加发达了；故是进化的。

现在反对白话的人，到了不得已的时候，只好承认白话的用处；于是分出"应用文"与"美文"两种；以为"应用文"可用白话，但是"美文"还应该用文言。这种区别含有两层意义：第一他承认白话的应用能力，但不承认白话可以作"美文"。白话不能作"美文"，是我们不能承认的。但是这个问题和本文无关，姑且不谈。第二，他承认文言没有应用的能力，只可以拿来做无用的美文。即此一端，便是古文报丧的讣闻！便是古文死刑判决书的主文！

天下的器物制度，绝没有无用的进化，也绝没有用处更大的退化！

三

上节说文言的退化和白话的进化，都是泛论的。现在我要说明白话的应用能力是怎样增加的，——就是要说明白话怎样进化。上文我曾说："白话的变迁，因为不受文人的干涉，故非常自由；但是自由之中，却有个条理次序可寻；表面上很像没有道理，其实仔细研究起来，都是有理由的变迁；都是改良，都是进化。"本节所说，只是要证明这一段话。

从古代的文言，变为近代的白话，这一大段历史有两个大方向可以看得出。（一）该变繁的都渐渐变繁了。（二）该变简的都变简了。

（1）该变繁的都变繁了。

变繁的例很多，我只能举出几条重要的趋向。

第一，单音字变为复音字。中国文中，同音的字太多了，故容易混乱。古代的字的尾音除了韵母之外，还有 p、k、t、m、n、ng、h 等等，故区别还不很难；后来只剩得韵母和 n、ng、h 几种尾音，便容易彼此互混了。后来"声母"到处都增加起来，如轻唇重唇的分开，如舌头舌上的分开等等，也只是不知不觉地要补救这种容易混乱的缺点。最重要的补救方法还是把单音字变为复音字。例如师、狮、诗、尸、司、私、思、丝，八个字，有许多地方的人读成一个音，没有分别；有些地方的人分作"尸"（师狮诗尸）"厶"（私司思丝）两个音，也还没有大分别。但是说话时，这几个字都变成了复音字：师傅、狮子、死尸、尸首、偏私、私通、职司、思想、蚕丝，故不觉得困难。所以我们可以说，单音字变成复音字，乃是中国语言的一大进化。这种变化的趋势起得很早，《左传》里的议论文已有许多复音字，如"散离我兄弟，扰乱我同盟，倾覆我国家，……倾覆我社稷，帅我蟊贼，以来荡摇我边疆。"汉代的文章用复音字更多。可见这种趋势在古文本身已有了起点，不过还不十分自由发达。白话因为有会话的需要，故复音字也最多。复音字的造成，约有几种方法：

（1）同义的字并成一字。例如规矩、法律、刑罚、名字、心思、头脑、师傅……

（2）本字后加"子""儿"等语尾。例如儿子、妻子、女子、椅子、桌子；盆儿、瓶儿……

这种语尾，如英文之-let，德文之-chen，-lein，最初都有变小和变亲热的意味。

（3）类名上加区别字。例如木匠、石匠；工人、军人；会馆、旅馆；学堂、浴堂……

（4）重字。例如太太、奶奶、慢慢、快快……

（5）其他方法，不能遍举。

这种变迁有极大的重要。现在的白话所以能应付我们会话讲演的需要，所以能做共同生活的媒介物，全靠单音字减少，复音字加多。现在注音字母所以能有用，也只是因为这个缘故。将来中国语言所以能有采用字母的希望，也只是因为这种缘故。

第二，字数增加。许多反对白话的人都说白话的字不够用。这话是大错的。其实白话的字数比文言多得多。我们试拿红楼梦用的字和一部《正续古文辞类纂》用的字相比较，便可知道文言里的字实在不够用。我们做大学教授的人，在饭馆里开一个菜单，都开不完全，却还要说白话字少！这岂不是大笑话吗？白话里已写定的字也就不少了，还有无数没有写定的字，将来都可用注音字母写出来。此外文言里的字，除了一些完全死了的字之外，都可尽量收入。复音的文言字，如法律，国民、方法、科学、教育，等等，自不消说了。有许多单音字，如诗、饭、米、茶、水、火等字，都是文言白话共同可用的。将来做字典的人，把白话小说里用的字和各种商业工艺通用的专门术言，搜集起来，再加上文言里可以收用的字和新学术的术语，一定比文言常用的字要多好几十倍。（文言里有许多字久已完全无用了，一部《说文》里可删的字也不知多少。）

以上举了两条有简变繁的例。变繁的例很多，如动词的变化，如形容词和状词的增加……我们不能一一列举了。章太炎先生说：

有农牧之言，有士大夫之言。……而世欲更文籍以从鄙语，冀人人可以理解则文化易流，斯则左矣。今言"道""义"，其旨固殊也。农牧之言"道"则曰"道理"，其言"义"亦曰"道理"。今言"仁人""善人"，其旨亦有辨也。农牧之言"仁人"则曰"好人"，其言"善人"亦曰"好人"。更文籍而从之，当何以为别矣？夫里闾恒言，大体不具；以是教授，是使真意讹殽，安得理解也？（《章氏丛书·检论五》）

这话也不是细心研究的结果。文言里有许多字的意思最含混，最纷歧。章先生所举的"道""义"等字，便是最普通的例。试问文言中的"道"字有多少种意义？白话用"道"字的许多意义，每个各有分别：例如"道路""道理""法子"，等等。"义"字也是如此。白话用"义气""意义""意思"等词来分别"义"字的许多意义。白话用"道理"来代"义"字时，必是"义不容辞"一类的句子，因为"义"字这样用法与"理"字本无分别，故白话也不加分别了。即此一端，可见白话对于文言应该分别的地方，都细细分别；对于文言不必分别的地方，便不分别了。白话用"好人"代"仁人""善人"，也只是因为平常人说"仁人君子"本来和"善人"没有分别。至于儒书里说的"仁人"，本不是平常人所常见的（如"惟仁人放流之"等例），如何能怪俗话里没有这个分别呢？总之，文言有含混的地方，应该细细分别的，白话都细细分别出来，比文言细密得多。章先生所举的几个例，不但不能证明白话的"大体不具"，反可以证明白话的变繁变简都是有理由的进化。

（二）该变简的都变简了。上文说白话比文言更繁密，更丰富，都是很显而易见的变迁。如复音字的便利，如字数的加多，都是不能否认的事实。现在我要说文言里有许多应该变简的地方，白话里都变简了。这种变迁，平常人都不大留意，故不觉得这都是进化的变迁。我且举几条最容易明白的例。

第一，文言里一切无用的区别都废除了。文言里有许多极无道理的区别。《说文》豕部说，豕生三月叫做"豯"，一岁叫做"豵"，二岁叫做"豝"，三岁叫做"豜"；又牝豕叫做"豝"，牡豕叫做"豭"。马部说，马二岁叫做"驹"，三岁叫做"駣"，八岁叫做"䮅"；又马高六尺为"骄"，七尺为"騋"，八尺为"龙"；牡马为"骘"，牝马为"骒"。羊部说，牡羊为"羝"，牝羊为"牂"；又夏羊牝曰"羭"，夏羊牡曰"羖"。牛部说，二岁牛为"犊"，三岁牛为"犙"，四岁为"牭"。这些区别都是没有用处的区别。当太古畜牧的时代，人同家畜很接近，故有这些繁琐的区别。后来的人，离开畜牧生活日远了，谁还能记得这些麻烦的区别？故后来这些字都死去了，只剩得一个"驹"字代一切小马，一个"羔"字代一切小羊，一个"犊"字代一切小牛。这还是不容易记的区别，所以白话里又把"驹""犊"等字废去了，直用一个"类名加区别字"的普通公式，如"小马""小牛""公猪，母猪""公牛，母牛"之类，那就更容易记了。三岁的牛直叫做"三岁的牛"，六尺的马直叫做"六尺的马"，也是变为"类名加区别字"的公式。从前要记无数烦难的特别名词，现在只须记得这一个公式就够用了。这不是一大进化吗？（这一类的例极多，不能遍举了。）

第二，繁杂不整齐的文法变化多变为简单划一的变化了。我们可举代名词的变化为例。古代的代名词很有一些麻烦的变化。例如：

（1）吾我之别。"如有复我者，则吾必在汶上矣。"又"如有用我者，吾其为东周乎？"又"今者吾丧我。"可见吾字常用在主格，我字常用在目的格（目的格一名受格，《文通》作宾次）。

（2）尔汝之别。"……丧尔子，丧尔明，尔罪三也。而曰汝无罪欤？"可见名词之前的形容代词（领格，白话的"你的"）应该用"尔"。

（3）彼之其之别。上文的两种区别后来都是渐渐地失掉了。只有第三身的代名词，在文言里至今还不曾改变，"之"字必须用在目的格，绝不可用在主格。"其"字必须用在领格。

这些区别，在文言里不但没有废除干净，并且添上了余、予、侬、卿、伊、渠……等字，更麻烦了。但是白话把这些无谓的区别都废除了，变成一副很整齐的代名词：

第一身：我，我们，我的，我们的。

第二身：你，你们，你的，你们的。

第三身：他，他们，他的，他们的。

看这表，便可知白话的代名词把古代剩下的主格和目的格的区别一齐删去了；领格虽然分出来，但是加上"的"字语尾，把"形容词"的性质更表示出来，并且三身有同样的变化，也更容易记得了。不但国语如此，就是各地土话用的代名词虽然不同，文法的变化都大致相同。这样把繁杂不整齐的变化，变为简易划一的变化，确是白话的一大进化。

这样的例，举不胜举。古文"承接代词"有"者""所"两字，一个是主格，一个是目的格。现在都变成一个"的"字了：

（1）古文。（主格）为此诗者，其知道乎？

（目的格）播州非人所居。

（2）白话。（主格）做这诗的是谁？

（目的格）这里不是人住的。

又如古文的"询问代词"有谁、孰、何、奚、曷、胡、恶、焉、安等字。这几个字的用法很复杂（看《马氏文通》二之五），很不整齐。白话的询问代词只有一个"谁"问人，一个"什么"问物；无论主格、目的格、领格，都可通用。这也是一条同类的例。

我举这几条例来证明文言里许多繁杂不整齐的文法变化在白话里都变简易划一了。

第三，许多不必有的句法变格都变成容易的正格了。中国句法的正格是：

（1）鸡鸣。狗吠。

（格）主词——动词。

（2）子见南子。

（格）主词——外动词——止词。

但是文言中有许多句子是用变格的。我且举几个重要的例：

(1) 否定句的止词（目的格）若是代名词，当放在动词之前：

（例）莫我知也夫！不作"莫知我"。

　　　吾不之知。不作"不知之"。

　　　吾不汝贷。不作"不贷汝"。

（格）主词——否定词——止词——外动词。

白话觉得这种句法是很不方便的，并且没有理由，没有存在的必要。因此白话遇着这样的句子，都改作正格：

（例）没有人知道我。

　　　我不认识他。

　　　我不赦你。

(2) 询问代词用作止词时（目的格），都放在动词之前：

（例）吾谁欺？客何好？客何能？

　　　问臧奚事？

（格）主词——止词——外动词。

这也是变格。白话也不承认这种变格有存在的必要，故也把他改过来，变成正格：

（例）我欺谁？你爱什么？你能做什么？

（格）主词——外动词——止词。

这样一变，就更容易记得了。

(3) 承接代词"所"字是一个止词（目的格），常放在动词之前：

（例）己所不欲，勿施于人。

　　　天所立大单于。

（格）主词——止词——动词。

白话觉得这种倒装句法也没有保存的必要，所以也把他倒过来，变成正格。

（例）你自己不要的，也不要给人。

　　　　天立的大单于。

（格）主词——动词——止词。

这样一变，更方便了。

以上举出的三种变格的句法，在实用上自然很不方便，不容易懂得，又不容易记得。但是因为古文相传下来是这样倒装的，故那些"聪明才智"的文学专门名家都只能依样画葫芦，虽然莫名其妙，也只好依着古文大家的"义法"做去！这些"文学专门名家"，因为全靠机械的熟读，不懂得文法的道理，故往往闹出大笑话来。但是他们绝没有改革的胆子，也没有改革的能力，所以中国文字在他们的手里实在没有什么进步。中国语言的逐渐改良，逐渐进步，——如上文举出的许多例，——都是靠那些无量数的"乡曲愚夫，闾巷妇稚"的功劳！

最可怪的，那些没有学问的"乡曲愚夫，闾巷妇稚"虽然不知不觉的做这种大胆的改革事业，却并不是糊里糊涂地一味贪图方便，不顾文法上的需要。最可怪的，就是他们对于什么地方应该改变，什么地方不应该改变，都极有斟酌，极有分寸。就拿倒装句法来说。有一种变格的句法，他们丝毫不曾改变：

（例）杀人者。知命者。

（格）动词——止词——主词。

这种句法，把主词放在最末，表示"者"字是一个承接代词。白话也是这样倒装的：这种句法，把主词放在最末，表示"者"字是一个承接代词。白话也是这样倒装的：

（例）杀人的。算命的。打虎的。

这种句法，白话也曾想改变过来，变成正格：

（例）谁杀人，谁该死。谁不来，谁不是好汉。谁爱听，尽管来听。

但是这种变法，总不如旧式倒装法的方便，况且有许多地方仍旧是变不过来：

（例）杀人的是我。

这句若变为"谁杀人，是我"，上边便成疑问句了。

（又）打虎的武松是他的叔叔。

这句绝不能变为"谁打虎武松是他的叔叔！"。

因此白话虽然觉得这种变格很不方便，但是他又知道变为正格更多不便倒不如不变了罢。

以上所说，都只是要证明白话的变迁，无论是变繁密了或是变简易了，都是很有理由的变迁。该变繁的，都变繁了；该变简的，都变简了；就是那些该变而不曾变的，也都有一个不能改变的理由。改变的动机是实用上的困难；改变的目的是要补救这种实用上的困难，改变的结果是应用能力的加多。这是中国国语的进化小史。

这一段国语进化小史的大教训：莫要看轻了那些无量数的"乡曲愚夫，闾巷妇稚"！他们能做那些文学专门名家所不能做又不敢做的革新事业！

文学革命运动

现在我们要来说说这五六年的文学革命运动了。

中国的古文在二千年前已经成了一种死文字。所以汉武帝时丞相公孙弘奏称"诏书律令下者，……文章尔雅，训辞深厚，恩施甚美；小吏浅闻，不能究宣，无以明布谕下。"那时代的小吏已不能了解那文章尔雅的诏书律令了。但因为政治上的需要，政府不能不提倡这种已死的古文；所以他们想出一个法子来鼓励民间研究古文：凡能"通一艺以上"的，都有官做，"先用诵多者"。这个法子起于汉朝，后来逐渐修改，变成"科举"的制度。这个科举的制度延长了那已死的古文足足二千年的寿命。

但民间的白话文学是压不住的。这二千年之中，贵族的文学尽管得势，平民的文学也在那里不声不响地继续发展。汉魏六朝的"乐府"代表第一时期的白话文学。乐府的真美是遮不住的，所以唐代的诗也很多白话的，大概是受了乐府的影响。中唐的元稹、白居易更是白话诗人了。晚唐的诗人差不多全是白话或近于白话的了。中唐晚唐的禅宗大师用白话讲学说法，白话散文因此成立。唐代的白话诗和禅宗的白话散文代表第二时期的白话文学。但诗句的长短有定，那一律五字或一律七字的句子究竟不适宜于白话；所以诗一变而为词。词句长短不齐，更近说话的自然了。五代的白话词，北宋柳永欧阳修黄庭坚的白话词，南宋辛弃疾一派的白话词，代表第三时期的白话文学。诗到唐末，有李商隐一派的妖孽诗出现，北宋杨亿等接着，造为"西昆体"。北宋的大诗人极力倾向解放的方面，但终不能完全脱离这种恶影响。所以江西诗派，一方面有很近白话的诗，一方面又有很坏的古典诗。直到南宋杨万里陆游范成大三家出来，白话诗方才又兴盛起来。这些白话诗人也属于这第三时期的白话文学。南宋晚年，诗有严羽的复古派，词有吴文英的古典派，都是背时的反动。然而北方受了契丹女真蒙古三大征服的影响，古文学的权威减少了，民间的文学渐渐起来。金元时代的白话小曲——如《阳春白雪》和《太平乐府》两集选载的——和白话杂剧，代表这第四时期的白话文学。明朝的文学又是复古派战胜了：八股之外，诗词和散文都带着复古的色彩，戏剧也变成又长又酸的传奇了。但是白话小说可进步了。白话小说起于宋代，传至元代，还不曾脱离幼稚的时期。到了明朝，小说方才到了成人时期；《水浒传》《金瓶梅》《西游记》都出在这个时代。明末的金人瑞竟公然宣言"天下之文章无出《水浒传》右者"，清初的《水浒后传》，乾隆一代的《儒林外史》与《红楼梦》，都是很好的作品。直到这五十年中，小说的发展始终没有间断。明清五百多年的白话小说，代表第五时期的白话文学。

这五个时期的白话文学之中，最重要的是这五百年中的白话小说。这五百年之中，流行最广，势力最大，影响最深的书，并不是《四书五经》，也不是性理的语录，乃是那几部"言之无文行之最远"的《水浒》《三国》《西游》《红楼》。这些小说的流行便是白话的传播；多卖得一部小说，便添得一个白话教员。所以这几百年来，白话的知识与技术都传播的很远，超出平常所谓的"官话疆域"之外。试看清朝末年南方作白话小说的人，如李伯元是常州人，吴沃尧是广东人，便可以想见白话传播之远了。但丁（Dante）、鲍高嘉（Boccacio）的文学，规定了意大利的国语；嘉叟（Chaucer）、卫可烈夫（Wycliff）的文学，规定了英吉利的国语，十四五世纪的法兰西文学，规定了法兰西的国语。中国国语的写定与传播两方面的大功臣，我们不能不公推这几部伟大的白话小说了。

中国的国语早已写定了，又早已传播的很远了，又早已产生了许多第一流的活文学了，——然而国语还不曾得全国的公认，国语的文学也还不曾得大家的公认：这是因为什么缘故呢？这里面有两个大原因：一是科举没有废止，一是没有一种有意的国语主张。

科举一日不废，古文的尊严一日不倒。在科举制度之下，居然能有那无数的白话作品出现，功名富贵的引诱居然买不动施耐庵、曹雪芹、吴敬梓，政府的权威居然压不住《水浒》《西游》《红楼》的产生与流传：这已经是中国文学史上最侥幸又最光荣的事了。但科举的制度究竟能使一般文人钻在那墨卷古文堆里过日子，永远不知道时文古文之外还有什么活的文学。倘使科举制度至今还存在，白话文学的运动绝不曾有这样容易的胜利。

一九〇四年以后，科举废止了。但是还没有人出来明明白白地主张白话文学。二十多年以来，有提倡白话报的，有提倡白话书的，有提倡官话字母的，有提倡简体字母的：这些人难道不能称为"有意的主张"吗？这些人可以说是"有意的主张白话"，但不可以说是"有意的主张白话文学"。他们的最大缺点是把社会分作两部分：一边是"他们"，一边是"我们"。一边是应该用白话的"他们"，一边是应该做古文古诗的"我们"。我们不妨仍旧吃肉，但他们下等社会不配吃肉，只好抛块骨头给他们吃去罢。这种态度是不行的。

一九一六年以来的文学革命运动，方才是有意的主张白话文学。这个运动有两个要点与那些白话报或字母的运动绝不相同。第一，这个运动没有"他们""我们"的区别。白话并不单是"开通民智"的工具，白话乃是创造中国文学的唯一工具。白话不是只配抛给狗吃的一块骨头，乃是我们全国人都该赏识的一件好宝贝。第二，这个运动老老实实地攻击古文的权威，认他做"死文学"。从前那些白话报的运动和字母的运动，虽然承认古文难懂，但他们总觉得"我们上等社会的人是不怕难的：吃得苦中苦，方为人上人"。这些"人上人"大发慈悲心，哀念小百姓无知无识，故降格做点通俗文章给他们看。但这些"人上人"自己仍旧应该努力模仿汉魏唐宋的文章。这个文学革命便不同了；他们说，古文死了二千年了，他的不孝子孙瞒住大家，不肯替他发丧举哀；现在我们来替他正式发讣文，报告天下："古文死了！死了两千年了！你们爱举哀的，请举哀罢！爱庆祝的，也请庆祝罢！"

这个"古文死了两千年"的讣文发出之后，起初大家还不相信；不久，就有人纷纷议论了；不久，就有人号啕痛哭了。那号啕痛哭的人，有些哭过一两场，也就止哀了；有些一头哭，一头痛骂那些发讣文的人，怪他们不应该做这种"大伤孝子之心"的恶事；有些从外国奔丧回来，虽然素同死者没有多大交情，但他们听见哭声，也忍不住跟着哭一场，听见骂声，也忍不住跟着骂一场。所以这种哭声骂声至今还不曾完全停止。但是这个死信是不能再瞒的了，倒不如爽爽快快说穿了，叫大家痛痛快快哭几天，不久他们就会"节哀尽礼"的；即使有几个"终身孺慕"的孝子，那究竟是极少数人，也顾不得了。

文学革命的主张，起初只是几个私人的讨论，到民国六年（1917）一月方才正式在杂志上发表。第一篇胡适的《文学改良刍议》还是很和平的讨论。胡适对于文学的态度，始终只是一个历史进化的态度。故他这一篇的要点是：

> 文学者，随时代而变迁者也。一时代有一时代之文学，……因时进化，不能自止。唐人不当作商周之诗，宋人不当作相如子云之赋，——即令作之，亦必不工。逆天背时，违进化之迹，故不能工也。……
>
> 以今世历史进化的眼光观之，则白话文学之为中国文学之正宗，又为将来文学必用之利器，可断言也。……

后来他的《历史的文学观念论》说得更详细：

居今日而言文学改良,当注重"历史的文学观念"。一言以蔽之曰:一时代有一时代之文学。此时代与彼时代之间,虽皆有承前启后之关系,而绝不容完全抄袭;其完全抄袭者,绝不成为真文学。愚惟深信此理,故以为古人已造古人之文学今人当造今人之文学。……纵观古今文学变迁之趋势,……白话之文学,自宋以来,虽见屏于古文家,而终一线相承,至今不绝。……岂不以此为吾国文学趋势自然如此,故不可禁遏而日以昌大耶?……吾辈之攻古文家,正以其不明文学之趋势,而强欲作一千年二千年以上之文。此说不破,则白话之文学无有列为文学正宗之一日,而世之文人将犹鄙薄之,以为小道邪径而不肯以全力经营造作之。……夫不以全副精神造文学而望文学之发生,此犹不耕而求获,不食而求饱也,亦终不可得矣。施耐庵、曹雪芹诸人所以能有成者,正赖其有特别毅力,能以全力为之耳。……

胡适自己常说他的历史癖太深,故不配作革命的事业。文学革命的进行,最重要的急先锋是他的朋友陈独秀。陈独秀接着《文学改良刍议》之后发表了一篇《文学革命论》(六年二月),正式举起"文学革命"的旗子。他说:

余甘冒全国学究之敌,高张"文学革命军"大旗,以为吾友之声援。

旗上大书革命军三大主义:

曰推倒雕琢的阿谀的贵族文学;建设平易的抒情的国民文学。

曰推倒陈腐的铺张的古典文学；建设新鲜的立诚的写实文学。

曰推倒迂晦的艰涩的山林文学；建设明了的通俗的社会文学。

陈独秀的特别性质是他的一往直前的定力。那时胡适还在美洲，曾有信给独秀说：

> 此事之是非，非一朝一夕所能定，亦非一二人所能定。甚愿国中人士能平心静气与吾辈同力研究此问题。讨论既熟，是非自明。吾辈已张革命之旗虽不容退缩，然亦不敢以吾辈所主张为必是而不容他人之匡正也。（六年四月九日）

可见胡适当时承认文学革命还在讨论的时期。他那时正在用白话作诗词，想用实地试验来证明白话可以作韵文的利器，故自取集名为《尝试集》。他这种态度太和平了。若照他这个态度做去，文学革命至少还须经过十年的讨论与尝试。但陈独秀的勇气恰好补救这个太持重的缺点。独秀答书说：

> 鄙意容纳异议，自由讨论，固为学术发达之原则；独至改良中国文学当以白话为文学正宗之说，其是非甚明，必不容反对者有讨论之余地；必以吾辈所主张者为绝对之是而不容他人之匡正也。

这种态度，在当日颇引起一般人的反对。但当日若没有陈独秀"必不容反对者有讨论之余地"的精神，文学革命的运动绝不能引起那样大的注意。反对即是注意的表示。

民国六年的《新青年》里有许多讨论文学的通信，内中钱玄同的讨论很多可以补正胡适的主张。民国七年一月，《新青年》重新出版，归北京大学教授陈独秀、钱玄同、沈尹默、李大钊、刘复、胡适六人轮流编辑。这一年的《新青年》（四卷五卷）完全用白话做文章。七年四月有胡适的《建设的文学革命论》，大旨说：

> 我的"建设新文学论"的唯一宗旨只有十个大字："国语的文学，文学的国语"。我们所提倡的文学革命只是要替中国创造一种国语的文学。有了国语的文学，方才可以有文学的国语。有了文学的国语，我们的国语方才算得真正国语。

这篇文章名为"建设的"，其实还是破坏的方面最有力。他说：

> 这二千年的文人所做的文学，都是死的，都是用已经死了的语言文字做的。死文字决不能产出活文学。……简单说来，自从《三百篇》到于今，中国的文学凡是有一些儿价值有一些儿生命的，都是白话的，或是近于白话的。……中国若想有活文学，必须用白话，必须用国语，必须做国语的文学。

这就是上文说的替古文发丧举哀了。在"建设的"方面，这篇文章也有一点贡献，他说：

> 若要造国语，先须造国语的文学，有了国语的文学，自然有国语。……真正有功效有势力的国语教科书便是国语的文学，便是国语的小说诗文戏本。国语的小说诗文戏本通行之日，便是中国国语成立之时。……中国将来的新文学用的白话，就是将来中国的标准国语。造将来白话文学的人，就是制

定标准国语文学的人。

这篇文章把从前胡适、陈独秀的种种主张都归纳到十个字，其实又只有"国语的文学"五个字。旗帜更明白了，进行也就更顺利了。

这一年的文学革命在建设的方面，有两件事可记。第一，是白话诗的试验。胡适在美洲做的白话诗还不过是刷洗过的文言诗；这是因为他还不能抛弃那五言七言的格式，故不能尽量表现白话的长处。钱玄同指出这种缺点来，胡适方才放手去做那长短无定的白话诗。同时沈尹默、周作人、刘复等也加入白话诗的试验。这一年的作品虽不很好，但技术上的训练是很重要的。第二，是欧洲新文学的提倡。北欧的 Ibsen, Strindberg, Anderson；东欧的 Dostojevski, Kuprin, Tolstoi；新希腊的 Ephtaliotis；波兰的 Seinkiewiez。这一年之中，介绍了这些人的文学进来。在这一方面，周作人的成绩最好。他用的是直译的方法，严格地尽量保全原文的文法与口气。这种译法，近年来很有人仿效，是国语的欧化的一个起点。

民国七年冬天，陈独秀等又办了一个《每周评论》，也是白话的。同时北京大学的学生傅斯年罗家伦汪敬熙等出了一个白话的月刊，叫做《新潮》，英文名字叫做 *The Renaissance*，本义即是欧洲史上的"文艺复兴时代"。这时候，文学革命的运动已经鼓动了一部分少年人的想象力，故大学生有这样的响应。《新潮》初出时，精彩充足，确是一支有力的生力军。民国八年开幕时，除了《新青年》《新潮》《每周评论》之外，北京的《国民公报》也有好几篇响应的白话文章。从此以后，响应的渐渐的更多了。

但响应的多了，反对的也更猛烈了。大学内部的反对分子也出了一个《国故》，一个《国民》，都是拥护古文学的。校外的反对党竟想利用安福部的武人政客来压制这种新运动。八年二三月间，外间谣言四起，有的说教育部出来干涉了，有的说陈胡钱等已被驱逐出京了。这种谣言虽大半不确，但很可以代表反对党心理上的愿望。当时古文家林纾在《新申报》上做了好几篇小说痛骂北京大学的人。内中有一篇《妖梦》，用元绪影北大校长蔡元培、陈恒影陈独秀，胡亥影胡适；那篇小说太龌龊了，我们不愿意引他。还有一篇《荆生》写田必美（陈）、金心异（钱）、狄莫（胡）三人聚谈于陶然亭，田生大骂孔子，狄生主张白话；忽然隔壁一个"伟丈夫"——

> 跷足超过破壁，指三人曰，"汝适何言？……尔乃敢以禽兽之言，乱吾清听！"田生尚欲抗辩，伟丈夫骈二指按其首，脑痛如被锥刺，更以足践狄莫，狄腰痛欲断。金生短视，丈夫取其眼镜掷之，则怕死如猬，泥首不已。丈夫笑曰，"尔之发狂似李贽，直人间之怪物。今日吾当以香水沐吾手足，不应触尔背天反常禽兽之躯干。尔可鼠窜下山，勿污吾简。……留尔以俟鬼诛。"……

这种话很可以把当时的卫道先生们的心理和盘托出。这篇小说的末尾有林纾的附论。

> 如此混浊世界，亦但有田生狄生足以自豪耳！安有荆生？

这话说得很可怜。当日古文家很盼望有人出来作荆生，但荆生究竟不可多得。他们又想运动安福部的国会出来弹劾教育总长和北京大学校长，后来也失败了。

八年三月间，林纾作书给蔡元培，攻击新文学的运动；蔡元培也作长书答他。这两书很可以代表当日"新旧之争"的两方面，故我们摘抄几节。林书说：

……大学为全国师表，五常之所系属。近者谣诼纷集，我公必有所闻。……弟年垂七十，富贵功名，前三十年视若死灰；今笃老，尚抱守残缺，至死不易其操。前年梁任公倡马班革命之说，弟闻之失笑。任公非劣，何为作此媚世之言？马班之书，读者几人？将不革而自革，何劳任公费此神力？

若云死文字有碍生学术，则科学不用古文，古文亦无碍科学。英之迭更累斥希腊、拉丁罗马之文为死物，而至今仍存者，迭更虽躬负、盛名，固不能用私心以蔑古。刬吾国人尚有何人如迭更者耶？……

且天下惟有真学术，真道德，始足独树一帜，使人景从。若尽废古书，行用土语为文字，则都下引车卖浆之徒所操之语，按之皆有文法，……则凡京津之稗贩皆可用为教授矣。若《水浒》《红楼》皆白话之圣，并足为教科之书，不知《水浒》中辞吻多采岳珂之《金陀萃编》《红楼》亦不止为一人手笔，作者均博极群书之人。总之，非读破万卷，不能为古文，亦并不能为白话。若化古子之言为白话演说，亦未尝不是。按《说文》"演，长流也"，亦有延之广之之义，法当以短演长，不能以古子之长演为白话之短。……（以下论"新道德"一节，从略。）

今全国父老以子弟托公，愿公留意，以守常为是。……此书上后，可不必示覆；唯静盼好音为国民端其趋向。……

林纾顿首

蔡元培答书对于"尽废古书，行用土语为文字"一点，提出三个答案。但蔡书的最重要之点并不在驳论，——因为原书本不值得一驳，——乃在末段的宣言。他说：

> 至于弟在大学，则有两种主张：
>
> （一）对于学说仿世界各大学通例，循思想自由原则，取兼容并包主义。……无论有何种学派，苟其言之成理，持之有故，尚不达自然淘汰之运命者，虽彼此相反，悉听其自由发展。
>
> （二）对于教员，以学诣为主；……其在校外之言动，悉听自由，本校从不过问，亦不能代负责任。……

蔡元培自己也主张白话，他曾说：

> 我们中国文言同拉丁文一样，所以我们不能不改用白话。……虽现在白话的组织不完全，可是我们绝不可错了这个趋势。（在北京高等师范国文部演说）

他又说：

> 我敢断定白话派一定占优胜。……将来应用文一定全用白话；但美术或者有一部分仍用文言。（在北京女子高等师范演说）

林蔡的辩论是八年三月中间的事。过了一个多月，巴黎和会的消息传来，中国的外交完全失败了。于是有"五四"的学生运动，有"六三"的事件，全国的大响应居然逼迫政府罢免了曹汝霖、陆宗舆、章宗祥三人。这时代，各地的学生团体里忽然发生了无数小报纸，形式略仿《每周评论》，内容完全用白话。此外又出了许多白话的新杂志。有人估计，这一年（1919）之中，至少出了四百种白话报。内中如上海的《星期评论》，如《建设》，如《解放与改造》（现名《改造》），如《少年中国》，都有很好的贡献。一年以后，日报也渐渐地改了样子。从前日报的附张往往记载戏子妓女的新闻，现在多改登白话的论文译著小说新诗了。北京的《晨报》副刊，上海《民国日报》的《觉悟》《时事新报》的《学灯》，在这三年之中，可算是三个最重要的白话文的机关。时势所趋，就使那些政客军人办的报也不能不寻几个学生来包办一个白话的附张了。民国九年以后，国内几个持重的大杂志，如《东方杂志》《小说月报》……也都渐渐地白话化了。

民国八年的学生运动与新文学运动虽是两件事，但学生运动的影响能使白话的传播遍于全国，这是一大关系；况且"五四"运动以后，国内明白的人渐渐觉悟"思想革新"的重要，所以他们对于新潮流，或采取欢迎的态度，或采取研究的态度，或采取容忍的态度，渐渐地把从前那种仇视的态度减少了，文学革命的运动因此得自由发展，这也是一大关系。因此，民国八年以后，白话文的传播真有"一日千里"之势。白话诗的作者也渐渐地多起来了。民国九年，教育部颁布了一个部令，要国民学校一二年的国文，从九年秋季起，一律改用国语。又令：

  凡照旧制编辑之国民学校国文教科书，其供第一第二两学年用者，一律作废；第三学年用书，准用至民国十年为止，第四学年用书，准用至民国十一年为止。

依这个次序，须到今年（1922），方才把国民学校的国文完全改成国语。但教育制度是上下连接的；牵动一发，便可摇动全身。第一二年改了国语,初级师范就不能不改了,高等小学也多跟着改了。初级师范改了,高等师范也就不能不改动了。中学校也有许多自愿采用国语文的。教育部这一次的举动虽是根据于民国八年全国教育会的决议,但内中很靠着国语研究会会员的力量。国语研究会是民国五年成立的,内中出力的会员多半是和教育部有关系的。国语文学的运动成熟以后,国语教科书的主张也没有多大阻力了,故国语研究会能于傅岳芬做教育次长代理部务的时代,使教育部做到这样重要的改革。

还有一件事,虽然与文学革命的运动没有多大的关系,却也是应该提及的。民国元年,教育部召集了一个读音统一会,讨论读音统一的问题。读音统一会议定了三十九个"注音字母"。这一副字母,本来不过用来注音,"以代反切之用"的。当初的宗旨,全在统一汉文的读音,并不曾想到白话上去,也不曾有多大的奢望。七年十一月,教育部把这副字母正式颁布了。八年四月,教育部重新颁布注音字母的新次序(吴敬恒定的)。八年九月,《国音字典》出版。这个时候,国语的运动已快成熟了,国语教育的需要已是公认的了;所以当日"代反切之用"的注音字母,到这时候就不知不觉的变成国语运动的一部分了,就变成中华民国的国语字母了。

民国九年十年(1920—1921),白话公然叫做国语了。反对的声浪虽然不曾完全消灭,但始终没有一种"持之有故,言之成理"的反对论。今年(1922)南京出了一种《学衡》杂志,登出几个留学生的反对论,也只能谩骂一场,说不出什么理由来。如梅光迪说的:

> 彼等非思想家,乃诡辩家也。……夫古文与八股何涉?而必并为一谈。吾国文学,汉魏六朝则骈体盛行,至唐宋则古文大昌,宋元以来又有白话体之小说戏曲。彼等乃谓文学随时代而变迁,以为今人当兴文学革命,废文言而用白话。夫革命

者，以新代旧，以此易彼之谓。若古文之递兴，乃文学体裁之增加，实非完全变迁，尤非革命也。诚如彼等所云，则古文之后，当无骈体；白话之后，当无古文。而何以唐宋以来文学正宗与专门名家皆为作古文或骈体之人？此吾国文学史上事实，岂可否认以圆其私说者乎？……

这种议论真是无的放矢。正为古文之后还有那背时的骈文，白话已兴之后还有那背时的骈文古文，所以有革命的必要。若"古文之后无骈体，白话之后无古文"，那就用不着谁来提倡有意的革命了。又如胡先骕说的：

> 胡君（胡适）……以过去之文字为死文字，现在白话中所用之字为活文字；……而以希腊、拉丁文以比中国古文，以英、德、法文以比中国白话（比字上两个以字，皆依原文）。……以不相类之事，相提并论，以图眩世欺人而自圆其说，予诚无法以谅胡君之过矣。希腊、拉丁之于英、德、法，外国文也。苟非国家完全为人所克服，人民完全与他人所同化（与字所字皆依原文），自无不用本国文字以作文学之理。至意大利之用塔斯干方言为（原作之）国语之故，亦由于罗马分崩已久，政治中心已有转移，而塔斯干方言已占重要之位置，而有立为国语之必要也。希腊、拉丁文之于英、德、法文，恰如汉文与日本文之关系。今日人提倡以日本文作文学其谁能指其非？胡君可谓废弃古文而用白话文，等于日人之废弃汉文而用日本文乎？吾知其不然也。……

其实胡适的答案应该是"正是如此"。中国人用古文作文学，与四百年前欧洲人用拉丁文著书作文，与日本人做汉文，同是一样的错误，同是活人用死文字作文学。至于外国文与非外国文之说，并不成问题。瑞士人、比利时人、美国人，都可以说是用外国文字作本国的文学；但他们用的是活文字，故与用拉丁文不同，与日本人用汉文也不同。

《学衡》的议论，大概是反对文学革命的尾声了。我可以大胆说，文学革命已过了讨论的时期，反对党已破产了。从此以后，完全是新文学的创造时期。

至于这五年以来白话文学的成绩，因为时间的过近，我们还不便一一地下评判。但是我们从大势上看来，也可以指出几个要点：第一，白话诗可以算是上了成功的路了。诗体初解放时，工具还不伏手，技术还不精熟，故还免不了过渡时代的缺点。但最近两年的新诗，无论是有韵诗，是无韵诗，或是新兴的"短诗"，都很有许多成熟的作品。我可以预料十年之内的中国诗界定有大放光明的一个时期。第二，短篇小说也渐渐地成立了。这一年多（1921以后）的《小说月报》已成了一个提倡"创作"的小说的重要机关，内中也曾有几篇很好的创作。但成绩最大的却是一位托名"鲁迅"的。他的短篇小说从四年前的《狂人日记》到最近的《阿Q正传》，虽然不多，差不多没有不好的。第三，白话散文很进步了。长篇议论文的进步，那是显而易见的，可以不论。这几年来，散文方面最可注意的发展乃是周作人等提倡的"小品散文"。这一类的小品，用平淡的谈话，包藏着深刻的意味；有时很像笨拙，其实却是滑稽。这一类的作品的成功，就可彻底打破那"美文不能用白话"的迷信了。第四，戏剧与长篇小说的成绩最坏。戏剧还有人试做；长篇小说不但没有人做，几乎连译本都没有了！这也是很自然的现象。现在试作新文学的人，或是等着稿费买米下锅，或是天天和粉笔黑板做朋友；我们的时间只够做几件零碎的小作品，如诗，如短篇小说。他们的时间不许他们做长篇的创作。这是一个原因。况且我们近来觉悟从前那种没有结构没有组织的小说体——或是《儒林外史》式，或是《水浒》式，——已不能使人满意了，所以不知不觉的格外慎重起来。这个慎重的现象，是暂时的，也许是很好的。平心而论，与其多出几集无穷无尽的《官场现形记》一类的小说，倒不如现在这样完全缺货的好了。

以上略述文学革命的历史和新文学的大概。至于详细的举例和详细的评判，我们只好等到《申报》六十周年纪念时再补罢。

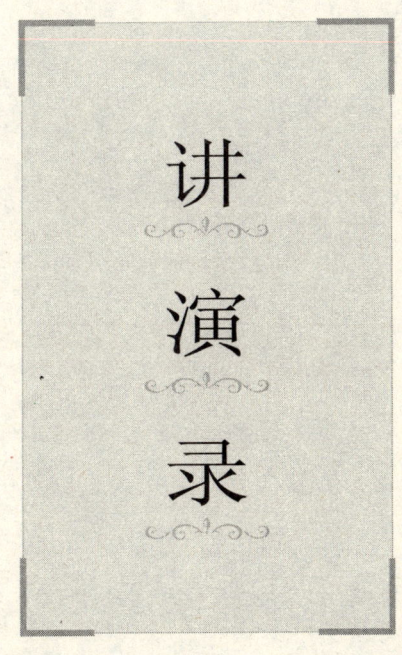

自由主义

孙中山先生曾引一句外国成语："社会主义有五十七种，不知哪一种是真的。"其实"自由主义"也可以有种种说法，人人都可以说他的说法是真的，今天我说的"自由主义"，当然只是我的看法，请大家指教。

自由主义最浅显的意思是强调的尊重自由，现在有些人否认自由的价值，同时又自称是自由主义者。自由主义里没有自由，那就好像长坂坡里没有赵子龙，空城计里没有诸葛亮，总有点叫不顺口罢！据我的拙见，自由主义就是人类历史上那个提倡自由，崇拜自由，争取自由，充实并推广自由的大运动。"自由"在中国古文里的意思是："由于自己"，就是不由于外力，是从外力裁制之下解放出来，才能"自己作主"。在中国古代思想里，"自由"就等于自然，"自然"是"自己如此""自由"是"由于自己"，都有不由于外力拘束的意思，陶渊明的诗"久在樊笼里，复得返自然"，这里"自然"二字可以说是完全同"自由"一样。王安石的诗："风吹瓦堕屋，正打破我头……我终不嗔渠，此瓦不自由。"这就是说，这片瓦的行动是被风吹动的，不是由于自己的力量。中国古人太看重"自由""自然"的"自"字，所以往往看轻外面的拘束力量，故意回向自己内心去求安慰，求自由。这种回向自己求内心的自由，有几种方式，一种是隐遁的生活逃避外力的压迫，一种是梦想神仙的生活——行动自由，变化自由——正如庄子说，列子御风而行，还是"有待""有待"还不是真自由，最高的生活是事人无待于外，道教的神仙，佛教的西天净土，都含有由自己内心去寻求最高的自由的意义。我们现在讲的"自由"，不是那种内心境界，我们现在说的"自由",是不受外力拘束压迫的权利,是在某一方面的生活不受外力限制束缚的权利。

在宗教信仰方面不受外力限制,就是宗教信仰自由。在思想方面就是思想自由。在著作出版方面,就是言论自由,出版自由。这些自由都不是天生的,不是上帝赐给我们的,是一些先进民族用长期的奋斗努力争出来的。

人类历史上那个自由主义大运动实在是一大串解放的努力。宗教信仰自由只是解除某个宗教威权的束缚,自相矛盾自由只是解除某派某派思想威权的束缚。在这些方面……在信仰与思想的方面,东方历史上也有很大胆的批评者与反抗者。从墨翟、杨朱,到桓谭、王充,从范缜、傅奕、韩愈,到李贽、颜元、李塨,都可以说是为信仰思想自由奋斗的东方豪杰之士,很可以同他们的西方同志齐名媲美,我们中国历史上虽然没有抬出"争自由"的大旗子来做宗教运动,思想运动,或政治运动,但中国思想史与社会政治史的每一个时代都可以说含有争取某种解放的意义。

我们的思想史的第一个开山时代,就是春秋战国时代——就有争取思想自由的意义。

古代思想的第一位大师老子,就是一位大胆批评政府的人。他说:"天下多忌讳,而民弥贫。""法令滋彰,盗贼多有。""民之饥,以其上食税之多,是以饥。""民之难治,以其上之有为,是以难治。""民之轻死,以其上求生之厚,是以轻死。""天之道,损有余,而补不足。""人之道则不然,损不足以奉有余。"老子同时的邓析是批评政府而被杀的。另一位更伟大的人就是孔子,他也是一位偏向左的"中间派",他对于当时的宗教与政治,都有大胆的批评,他的最大胆的思想是在教育方面:

有教无类,"类"是门类,是阶级民族,"有教无类",是说:"有了教育,就没有阶级民族了。"

从老子、孔子打开了自由思想的风气，二千多年的中国思想史、宗教史，时时有争自由的急先锋，有时还有牺牲生命的殉道者。孟子的政治思想可以说是全世界的自由主义的最早的一个倡导者。孟子提出的"大丈夫"是"贫贱不能移，富贵不能淫，威武不能屈"。这是中国经典里自由主义的理想人物。在二千多年历史上，每到了宗教与思想走进了太黑暗的时代，总有大思想家起来奋斗，批评，改革。

汉朝的儒教太黑暗了，就有桓谭、王充、张衡起来，作大胆的批评。后来佛教势力太大了，就有齐梁之间的范缜，唐朝初年的傅奕，唐朝后期的韩愈出来，大胆地批评佛教，攻击那在当时气焰熏天的佛教。大家都还记得韩愈攻击佛教的结果是："一封朝奏九重天，夕贬潮阳路八千。"佛教衰落之后，在理学极盛时代，也曾有多少次批评正统思想或反抗正统思想的运动。王阳明的运动就是反抗朱子的正统思想的。李卓吾是为了反抗一切正宗而被拘捕下狱，他在监狱里自杀的，他死在北京，葬在通州，这个七十六岁的殉道者的坟墓，至今存在，他的书经过多少次禁止，但至今还是很流行的。北方的颜李学派，也是反对正统的程朱思想的。当时，这个了不得的学派很受正统思想的压迫，甚至于不能公开地传授。这三百年的汉学运动，也是一种争取宗教自由思想自由的运动。汉学是抬出汉朝的书作招牌，来掩护一个批评宋学的大运动。这就等于欧洲人抬出《圣经》来反对教会的权威。

但是东方自由主义运动始终没有抓住政治自由的特殊重要性，所以始终没有走上建设民主政治的路子。西方的自由主义绝大贡献正在这一点，他们觉悟到只有民主的政治方才能够保障人民的基本自由，所有自由主义的政治意义是强调的拥护民主。一个国家的统治权必须放在多数人民手里，近代民主政治制度是安格罗撒克逊民族的贡献居多，代议制度是英国人的贡献，成文而可以修改的宪法是英美人的创制，无记名投票是澳洲人的发明，这就是政治的自由主义应该包含的意义。我们古代也曾有"天视自我民视，天听自我民听""民为邦本""民为贵，社稷次之,君为轻"的民主思想。我们曾在二千年前就废除了封建制度,做到了大一统的国家,在这个大一统的国家里,我们曾建立了一种全世界最久的文官考试制度,使全国才智之士有参加政府的平等制度。但,我们始终没有法可以解决君主专制的问题,始终没有建立一个制度来限制君主的专制大权,世界只有安格罗撒克逊民族在七百年中逐渐发展出好几种民主政治的方式与制度,这些制度可以用在小国,也可以用在大国。(1)代议制度,起源很早,但史家指1295年为正式起始;(2)成文宪,最早的1215年的大宪章,近代的是美国宪法(1789);(3)无记名投票(政府预备选举票,票上印各党候选人的姓名,选民秘密填记)是一八五六年 South Australia 最早采用的。

　　自由主义在这两百年的演进史上,还有一个特殊的、空前的政治意义,就是容忍反对党,保障少数人的自由权利。向来政治斗争不是东风压了西风,就是西风压了东风,被压的人是没有好日子过的,但近代西方的民主政治却渐渐养成了一种容忍异己的度量与风气。因为政权是多数人民授予的,在朝执政权的党一旦失去了多数人民的支持,就成了在野党了,所以执政权的人都得准备下台是坐冷板凳的生活,而个个少数党有逐渐变成多数党的可能。甚至于极少数人的信仰与主张,"好像一粒芥子,在各种种子里是顶小的,等到他生长起来,却比各种菜蔬都大,竟成了小树,空中的飞鸟可以来停在他的枝上。"(《新约马太福音》十四章,圣地的芥菜可以高到十英尺。)人们能这样想,就不能不存容忍别人的态度了,就不能不尊重少数人的基本自由了。在近代民主国家里,容忍反对党,保障少数人的权利,久一成了当然的政治作风,这是近代自由主义里最可爱慕而又最基本的一个方面。我做驻美大使的时期,有一天我到费城去看我的一个史学老师白教授,他平生最注意人类争取自由的历史,这时候他已八十岁了。他对我说:"我年纪越大,越觉得容忍比自由还要重要。"这句话我至今不忘记。为什么容忍比自由还要紧呢?因为容忍就是自由的根源,没有容忍,就没有自由可说了。至少在现代,自由的保障全靠一种互相容忍的精神,无论是东风压了西风,还是西风压了东风,都是不容忍,都是摧残自由。多数人若不能容忍少数人的思想信仰,少数人当然不会有思想信仰的自由。反过来说,少数人也得容忍多数人的思想信仰,因为少数人要是时常怀着"有朝一日权在手,杀尽异教方罢休"的心理,多数人也就不能不行"斩草除根"的算计了。最后我要指出,现代的自由主义,还含有"和平改革"的意思。

和平改革有两个意义,第一就是和平的转移政权,第二就是用立法的方法,一步步地做具体改革,一点一滴地求进步。容忍反对党,尊重少数人权利,正是和平的社会政治改革的唯一基础。反对党的对立,第一是为政府树立最严格地批评监督机关,第二是使人民可以有选择的机会,使国家可以用法定的和平方式来转移政权,严格的批评监督,和平地改换政权,都是现代民主国家做到和平革新的大路。近代最重大的政治变迁,莫过于英国工党的执掌政权。英国工党在五十多年前,只能选择出十几个议员,三十年后,工党两次执政,但还站不长久,到了战争胜利之年(1945),工党得到了绝对多数的选举票,故这次工党的政权,是巩固的,在五年之内,谁都不能推翻他们,他们可以放手改革英国的工商业,可以放手改革英国的经济制度,这样重大的变化,从资本主义的英国变到社会主义的英国,不用流一滴血,不用武装革命,只靠一张无记名的选举票,这种和平的革命基础,只是那容忍反对党的雅量,只是那保障少数人自由权利的政治制度,顶顶小的芥子不曾受摧残,在五十年后居然变成大树了。自由主义在历史上有解除束缚的作用,故有时不能避免流血的革命,但自由主义的运动,在最近百年中最大成绩,例如英国自从一八三二年以来的政治革新,直到今日的工党政府,都是不流血的和平革新,所以在许多人的心目中自由主义竟成了"和平改革主义"的别名,有些人反对自由主义,说它是"不革命主义",也正是如此。我们承认现代的自由主义正应该有"和平改革"的含义,因为在民主政治已上了轨道的国家里，自由与容忍铺下了和平改革的大路，自由主义者也就不觉得有暴力革命的必要了。这最后一点，有许多没有忍耐心的年轻人也许听了不满意，他们要"彻底改革"，不要那一点一滴的立法，他们要暴力革命，不要和平演进。我很诚恳地指出，近代一百六七十年的历史，很清楚地指示我们，凡主张彻底改革的人，在政治上没有一个不走上绝对专制的路，这是很自然的，只有绝对的专制政权可以铲除一切反对党，消灭一切阻力，也只有绝对的专制政治可以不择手段，不惜代价，用最残酷的方法做到他们认为根本改革的目的。他们不承认他们的见解会有错误，他们也不能承认反对他们的人也会有值得考虑的理由，所以他们绝对不能容忍异己，也绝对不能容许自由的思想与言论。所以我很坦白地说，自由主义为了尊重自由与容忍，当然反对暴力革命，与暴力革命必然引起来的暴力专制政治。

总结起来，自由主义的第一个意义是自由，第二个意义是民主，第三个意义是容忍反对党，第四个意义是和平的渐进的改革。

讲演录

中学生的修养与择业

刚才吴县长报告了五十八年前我在此地的一段历史——我在三岁至四岁间，随先人在台东州住过一年多，在台南住过十个月——要我把台东看做第二家乡；昨天台南市市长也向台南市市民介绍我是台南人；这番盛意，我非常感谢！吴县长预备在这里要做纪念我先人的举动，实在不敢当。明天举行县议员选举，我将以不是候选人也不是选举人，冒充同乡，到各投票所去参观。

今天我看到了吴县长老太太，看到了她，我非常感动，她可算台东年龄最高的了，她与先母年龄相当，先母如在世，已经有七十九岁了。

我到这里不久，与县长、教育科长、校长等几位谈话，知道了台东的教育是在异常困难的情况下来推进的，我非常敬佩他们坚定不移紧守岗位的坚毅意志，本来教育厅陈雪屏厅长预备与我们同来的，因台北有事，临时由台南赶回去了，不过教育厅还有一位视察杨日旭先生是同来的，我已经特地要他到各校去视察，并将视察结果报告教育厅，以使省府对台东的教育情形有所了解。

今天我应该讲些什么？事先曾请教吴县长，师范刘校长和同来的几位朋友，他们以今天到场的大多数是青年朋友们，也有青年朋友的父兄，因此要我讲讲中等教育的东西。同时，我到过的地方，许多朋友常常问我中学生应注重什么？中学毕业后，升学的应该怎样选科？到社会里去的应该怎样择业？我是不懂教育的，不过年纪大些，并且自己也是经过中学大学过来的，同时看到朋友们与我们自己的子弟经过中学，得到一点认识，愿意将自己的认识提出来供大家的参考，今天讲的题目，就是:"中学生的修养与中学生的择业。"

中学生的修养应注意两点:

1. 工具的求得。

中学生大概是从十二岁的幼年到十八岁的青年,这个时期是决定他将来最重要的一个时期。求知识与做人、做事的工具,要在这个时期求得。古人说"工欲善其事,必先利其器",中学生要将来有成就,便应该注意到"求工具"——学业上、事业上、求知识上所需要的工具。求工具的目标有二:一是中学毕业后无力升学要到社会里去就业;一是继续升学。

第一种工具是语言文字。不论就业或升学,以我个人的经验和观察所得,语言文字是最需要的工具。在中学里不仅应该学好本国的语言文字,最好能多学一二种外国的语言文字。它是就业升学的钥匙,能为我们打开知识的门。多学得一种语言,等于辟开一个新的花园、新的世界。语言文字,可以说是中学时期应该求得的工具当中非常重要的了。在中学时期如果没有打好语言文字的基础,以后做学问非常的困难。而且过了这个时期,很少能够把语言文字弄好的。

第二种工具是科学的基本知识。许多人都说学了数学,将来没有什么用处,这是错误的。数学是自然科学重要的钥匙,如果不能把这个重要的钥匙——数学,与物理学、化学、生物学、矿物学、植物学等,在中学时期学好,则不能求得新的知识。所以中学时期最重要的,是把这些基本知识弄好。

青年们在学校里对于各种基本科学,不能当它是功课,是学校课程里面需要的功课,应该把它当成求知识、做学问、做人的工具,必不可少的工具。拿工具这个观念来看课程,课程便活了。拿工具这个观念来批评课程,可以得到一个标准。首先看看哪些功课够得上作工具,并分出哪些功课是求知识做学问的工具,哪些功课是做人的工具。哪些功课是重要，哪些功课是次要。同时拿工具这个观念来衡量，哪种教法是死的笨的，请先生改良，哪些应该特别注重，请先生注意。我这个话，不是叫学生对先生造反，而是请先生以工具来教，不要死板地照课本讲，这样推动先生，可以使得先生从没有精神提起精神，不是造反而是教学相长，不把功课当作功课看，把它当作必须的工具看。拿工具的观念看功课，功课便是活的，这一点也可以说是中学生治学的方法。

2. 良好习惯的养成。

良好习惯的养成，即普通所谓的人品教育，品性人格的陶冶。教育学家心理学家都告诉我们说：人品性格是习惯的养成，好的品格是好的习惯养成。中学生是定型的阶段，中学生时期与其注重治学的方法，毋宁提倡良好的习惯的养成。一个人的坏习惯在中学还可纠正，假使在中学里不能养成良好的习惯，这个人的前途便算完了，在大学里不会是个好学生，在社会里不会是个有用的人才。我原在这里提醒青年学生们的注意，也请学生的父兄教师们注意。

我们的国家以前专注重文字教育，读书人的指甲蓄得很长，手脸都是白白的，行动是文绉绉的，读书可以从"学而时习之"背诵起，写文章摇摇摆摆地会写出许多好听的词句来，可是他们是无用的，不能动手，也不能动脚，连桌凳有一点坏了，也不能拿起斧头钉子来修理。这种只能背书写文章的读书人就是没有养成良好的习惯——动手动脚的习惯。

我在台湾大学讲"治学方法"时，讲到一个故事：宋时有一新进士请教老前辈做官的秘诀，老前辈告诉他四个字：勤谨和缓。这四个字大家称为做官的秘诀，我把它看作做人、做事、做学问的秘诀。简单的分别说：

勤，就是不偷懒，不走捷径，要切切实实，辛辛苦苦地去做。要用眼睛的用眼睛，用手的用手，用脚的用脚，先生叫你找材料，你就到应该到的地方去找。叫你找标本,你就到田野,到树林里去找,无论在实验室里,在自然界里,都不要偷懒,一点一滴地去做。

谨,就是谨慎,不粗心,不苟且,以江浙的俗话来说,不拆烂污。写汉字,一点、一横也不放过;写外国字,i 的点、t 的横,也一样不放过;做数学,一个圈、一个小数点都不苟且。不要以为这是小事情,做小事关系天下的大事,做学问关系成败,所以细心谨慎,是必须养成的习惯。

和,就是不要发脾气,不要武断,要虚心,要和和平平。什么叫做虚心?脑筋不存成见,不以成见来观察事实,不以成见来对待人。就做学问来说,要以心平气和的态度来做化学、数学、历史、地理,并以心平气和的态度来学语文。无论对事,对人,对物,对问题,对真理,完全是虚心的,这叫做和。

缓,这个字很重要,"缓"的意思是不要忙,不轻易下结论。如果没有缓的习惯,前面三个字就不容易做到。譬如找证据,这是很难的工作,如果限定几点钟交卷,就不能做到"勤"的工夫;忙于完成,证据不够,不管它了,这样就不能做到"谨"的工夫;匆匆忙忙地去做,当然不能做到"和"的工夫。所以证据不够,应当悬而不断,就是姑且先挂在那里,悬而不断,并不是叫你搁下就不管,是要你勤,要你谨,要你和。缓,就是南方人说的"凉凉去吧",缓的意思,是要等着找到了充分的证据,然后根据事实来下判断。无论做学问、做事、做官、做议员,都是一样的。大家知道治花柳病的名药"六零六"吧?什么叫"六零六"呢?经过六百零六次的试验才成功的。"九一四"则试验了九百一十四次。达尔文的生物进化论,认为动植物的生存进化与环境有绝大的关系,也费了三十年的工夫,到四海去搜集标本和研究,并与朋友们往复讨论。朋友们都劝他发表,他仍然不肯。后来英国皇家学会收到另一位科学家华莱士的论文,其结论与达尔文的一样,朋友们才逼着达尔文把研究的结论公布,并提出与朋友们讨论的信件,来证明他早已获得结论,于是皇家学会才决定同华莱士的论文同时发表,达尔文这种持重的态度,不是缺点,是美德,这也是科学史上勤谨和缓的实例。值得我们去想想,作为榜样,尤其青年学生们要在中学里便养成这种习惯。有了这种好习惯,无论是做人做事做学问,将来不怕没有成就。

中学生高中毕业后,面临的问题是继续升学或到社会去找职业。升学应如何选科?到社会去如何择业?简单地说,有两个标准:

1. 社会的标准。

社会上所需要的,最易发财的,最时髦的是什么?这便是社会的标准。台湾大学钱校长告诉我说,今年台大招生,投考学生中外文成绩好的都投考工学院,尤其是考电机工程、机械工程的特多,考文史的则很少,因为目前社会需要工程师,学成后容易得到职业而且待遇好。这种情形,在外国也是一样的,外国最吃香的学科是原子能、物理学和航空工程,干这一行的,最受欢迎,最受优待。

2. 个人的标准。

所谓个人的标准,就是个人的兴趣、性情、天才近哪门学科,适于哪一行业。简单地说,能干什么。社会上需要工程师,学工程的固不忧失业,但个人的性情志趣是否与工程相合?父母兄长爱人都希望你学工程,而你的性情志趣,甚至天才,却近于诗词、小说、戏剧、文学,你如迁就父母兄长爱人之所好而去学工程,结果工程界里多了一个饭桶,国家社会失去了一个第一流的诗人、小说家、文学家、戏剧学家,不是可惜了吗?所以个人的标准比社会的标准重要。因为社会标准所需要的太多,中国人常说社会职业有三百六十行,这是以前的说法,现在何止三百六十行,也许三千六百行,三万六千行都有,三千六百行,三万六千行,行行都需要。社会上需要建筑工程师,需要水利工程师,需要电力工程师,也需要大诗人、大美术家、大法学家、大政治家,同时也需要做新式马桶的工人。能做新式马桶的，照样可以发财。社会上三万六千行，既是行行都需要，一个人绝不可能会做每行的事，顶多会二三行，普通都只能会一行的。在这种情形之下，试问是社会的标准重要？还是个人的标准重要？当然是个人的重要！因此选科择业不要太注重社会上的需要，更不要迁就父母兄长爱人的所好。爸爸要你学赚钱的职业，妈妈要你学时髦的职业，爱人要你学社会上有地位的职业，你都不要管他，只问你自己和性情近乎什么？自己的天才力量能做什么？配作什么？要根据这些来决定。

历史上在这一方面，有很好的例子，意大利的伽俐略是科学的老祖宗，是新的天文学家，新的物理学家的老祖宗。他的父亲是一个数学家，当时学数学的人很倒霉。在伽俐略进大学的时候（三百多年前），他父亲因不喜欢，所以要他学医，可是他读医科，毫无兴趣，朋友们以他的绘画还不坏，认为他有美术天才，劝他改学美术，他自己也颇以为然。有一天他偶然走过雷积教授替公爵府里面做事的人补习几何学的课室，便去偷听，竟大感兴趣，于是医学不学了，画也不学了，改学他父亲不喜欢的数学。后来替全世界创立了新的天文学、新物理学，这两门学问都建筑于数学之上。

最后说我个人到外国读书的经过，民国前二年，考取官费留美，家兄特从东三省赶到上海为我送行，以家道中落，要我学铁路工程，或矿冶工程，他认为学了这些回来，可以复兴家业，并替国家振兴实业。不要我学文学、哲学，也不要学做官的政治法律，说这是没有用的。当时我同许多人谈过这个问题。以路矿都不感兴趣，为免辜负兄长的期望，决定选读农科，想做科学的农业家，以农报国。同时美国大学农科，是不收费的，可以节省官费的一部分，寄回补助家用。进农学院以后第三个星期，接到实验系主任的通知，要我到该系报到实习。报到以后，他问我："你有什么农场经验？"我说："我不是种田的。"他又问我："你做什么呢?"我说:"我没有做什么,我要虚心来学,请先生教我。"先生答应说:"好。"接着问我洗过马没有,要我洗马。我说:"我们中国种田,是用牛不是用马。"先生说:"不行。"于是学洗马,先生洗一半,我洗一半。随即学驾车,也是先生套一半,我套一半。做这些实习,还觉得有兴趣。下一个星期的实习,为包谷选种,一共有百多种,实习结果,两手起了泡,我仍能忍耐,继续下去,一个学期结束了,各种功课的成绩,都在八十五分以上。到了第二年,成绩仍旧维持到这个水准。依照学院的规定,各科成绩在八十五分以上的,可以多选两个学分的课程,于是增选了种果学。起初是剪树、接种、浇水、捉虫,这些工作,也还觉得有兴趣。在上种果学的第二学期,有两小时的实习苹果分类,一张长桌,每个位子分置了四十个不同种类和苹果,一把小刀,一本苹果分类册,学生们须根据每个苹果的长短、开花孔的深浅、颜色、形状、果味和脆软等标准,查对苹果分类册,分别其类别(那时美国苹果有四百多类,现恐有六百多类了),普通名称和学名。美国同学都是农家子弟,对于苹果的普通名称一看便知,只需在苹果分类册里查对学名,便可填表缴卷,费时甚短。我和一位郭姓同学则需一个一个地经过所有检别的手续,花了两小时半,只分类了二十个苹果,而且大部分是错的。晚上我对这种实习起了一种念头:我花了两小时半的时间,究竟是在干什么?中国连苹果种子都没有,我学它什么用处?自己的性情不相近,干吗学这个?这两个半钟头的苹果实习使我改行,于是,决定离开农科。放弃一年半的时间(这时我已上了一年半的课),牺牲了两年的学费,不但节省官费补助家用已不可能,维持学业很困难,以后我改学文科、学哲学、政治、经济、文学,在没有回国时,以前与朋友们讨论文学问题,引起了中国的文学革命运动,提倡白话,拿白话作文,作教育工具,这与农场经验没有关系,苹果学没有关系,是我那时的兴趣所在。我的玩意儿对国家贡献最大的便是文学的"玩意儿",我所没有学过的东西。最近研究《水经注》（地理学的东西）。我已经六十二岁了，还不知道我究竟学什么，都是东摸摸，西摸摸，也许我以后还要学学水利工程亦未可知，虽则我现在头发都白了，还是无所专长，一无所成。可是我一生很快乐，因为我没有依社会需要的标准去学时髦。我服从了自己的个性，根据个人的兴趣所在去做，到现在虽然一无所成，但是我生活的很快乐，希望青年朋友们，接受我经验得来的这个教训，不要问爸爸要你学什么，妈妈要你学什么，爱人要你学什么。要问自己性情所近，能力所能做的去学。这个标准很重要，社会需要的标准是次要的。

少年中国之精神

前番太炎先生，话里面说现在青年的四种弱点，都是很可使我们反省的。他的意思是要我们少年人：一、不要把事情看得太容易了；二、不要妄想凭借已成的势力；三、不要虚慕文明；四、不要好高骛远。这四条都是消极的忠告。我现在且从积极一方面提出几个观念，和各位同志商酌。

一、少年中国的逻辑

逻辑即是思想、辩论、办事的方法。一般中国人现在最缺乏的就是一种正当的方法。因为方法缺乏，所以有下列的几种现象：（一）灵异鬼怪的迷信，如上海的盛德坛及各地的各种迷信；（二）谩骂无理的议论；（三）用诗云子曰作根据的议论；（四）把西洋古人当作无上真理的议论；还有一种平常人不很注意的怪状，我且称他为"目的热"，就是迷信一些空虚的大话，认为高尚的目的；全不问这种观念的意义究竟如何；今天有人说"我主张统一和平"，大家齐声喝彩，就请他做内阁总理；明天又有人说，"我主张和平统一"，大家又齐声叫好，就举他做大总统；此外还有什么"爱国"哪，"护法"哪，"孔教"哪，"卫道"哪……许多空虚的名词；意义不曾确定，也都有许多人随声附和。认为天经地义，这便是我所说的"目的热"。以上所说各种现象都是缺乏方法的表示。我们既然自认为"少年中国"，不可不有一种新方法；这种新方法，应该是科学的方法；科学方法，不是我在这短促时间里所能详细讨论的，我且略说科学方法的要点：

第一注重事实。科学方法是用事实作起点的,不要问孔子怎么说,柏拉图怎么说,康德怎么说;我们须要先从研究事实下手,凡游历、调查、统计等事都属于此项。

第二注重假设。单研究事实,算不得科学方法。王阳明对着庭前的竹子做了七天的"格物"工夫,格不出什么道理来,反病倒了,这是笨伯的"格物"方法;科学家最重"假设"(hypothesis)。观察事物之后,自说有几个假定的意思;我们应该把每一个假设所涵的意义彻底想出,看那意义是否可以解释所观察的事实?是否可以解决所遇的疑难?所以要博学。正是因为博学方才可以有许多假设,学问只是供给我们种种假设的来源。

第三注重证实。许多假设之中,我们挑出一个,认为最合用的假设;但是这个假设是否真正合用?必须实地证明。有时候,证实是很容易的;有时候,必须用"试验"方才可以证实。证实了的假设,方可说是"真"的,方才可用。一切古人今人的主张、东哲西哲的学说,若不曾经过这一层证实的工夫,只可作为待证的假设,不配认作真理。

少年的中国,中国的少年,不可不时时刻刻保存这种科学的方法,实验的态度。

二、少年中国的人生观

现在中国有几种人生观都是"少年中国"的仇敌:第一种是醉生梦死的无意识生活,固然不消说了;第二种是退缩的人生观,如静坐会的人,如坐禅学佛的人,都只是消极的缩头主义,这些人没有生活的胆子,不敢冒险,只求平安,所以变成一班退缩懦夫;第三种是野心的投机主义,这种人虽不退缩,但为完全自己的私利起见,所以他们不惜利用他人,作他们自己的器具,不惜牺牲别人的人格和自己的人格,来满足自己的野心,到了紧要关头,不惜作伪,不惜作恶,不顾社会的公共幸福，以求达他们自己的目的。这三种人生观都是我们该反对的。少年中国的人生观，依我个人看来，该有下列的几种要素：

第一，须有批评的精神。一切习惯、风俗、制度的改良，都起于一点批评的眼光；个人的行为和社会的习俗，都最容易陷入机械的习惯，到了"机械的习惯"的时代，样样事都不知不觉地做去，全不理会何以要这样做，只晓得人家都这样做故我也这样做，这样的个人便成了无意识的两脚机器，这样的社会便成了无生气的守旧社会，我们如果发愿要造成少年的中国，第一步便须有一种批评的精神；批评的精神不是别的，就是随时随地都要问：我为什么要这样做？为什么不那样做？

第二，须有冒险进取的精神。我们须要认定这个世界是很多危险的，定不太平的，是需要冒险的；世界的缺点很多，是要我们来补救的；世界的痛苦很多，是要我们来减少的；世界的危险很多，是要我们来冒险进取的。俗话说得好："成人不自在，自在不成人。"我们要做一个人，岂可贪图自在；我们要想造一个"少年的中国"，岂可不冒险；这个世界是给我们活动的大舞台，我们既上了台，便应该老着面皮，拼着头皮，大着胆子，干将起来；那些缩进后台去静坐的人都是懦夫，那些袖着双手只会看戏的人，也都是懦夫；这个世界岂是给我们静坐旁观的吗？那些厌恶这个世界梦想超生别的世界的人，更是懦夫，不用说了。

第三，须要有社会协进的观念。上条所说的冒险进取，并不是野心的，自私自利的；我们既认定这个世界是给我们活动的，又须认定人类的生活全是社会的生活，社会是有机的组织，全体影响个人，个人影响全体，社会的活动是互助的，你靠他帮忙，他靠你帮忙，我又靠你同他帮忙，你同他又靠我帮忙；你少说了一句话，我或者不是我现在的样子；我多尽了一分力，你或者也不是你现在这个样子；我和你多尽了一分力，或少做了一点事，社会的全体也许不是现在这个样子，这便是社会协进的观念。有这个观念，我们自然把人人都看作同力合作的伴侣，自然会尊重人人的人格了；有这个观念，我们自然觉得我们的一举一动都和社会有关，自然不肯为社会造恶因，自然要努力为社会种善果，自然不致变成自私自利的野心投机家了。

少年的中国，中国的少年，不可不时时刻刻保存这种批评的、冒险进取的、社会的人生观。

三、少年中国的精神

少年中国的精神并不是别的，就是上文所说的逻辑和人生观。我且说一件故事做我这番谈话的结论：诸君读过英国史的，一定知道英国前世纪有一种宗教革新的运动，历史上称为"牛津运动"（Oxford Movement），这种运动的几个领袖如客白尔（Keble）、牛曼（Newman）、福鲁德（Froude）诸人，痛恨英国国教的腐败，想大大地改革一番；这个运动未起事之先，这几位领袖做了一些宗教性的诗歌写在一个册子上，牛曼摘了一句荷马的诗题在册子上，那句诗是 You shall see the difference now that we are back again! 翻译出来即是"如今我们回来了，你们看便不同了！"

少年的中国，中国的少年，我们也该时时刻刻记着这句话：

如今我们回来了，你们看便不同了！

这便是少年中国的精神。

"五四"运动纪念

一、"五四"运动之背景

中国加入欧战时,全国国民,皆抱负极大希望,以为从此以后,对外赔款,可以停付——至少可以停付五年;治外法权,可以废止;关税主权,可以收回。当时,日本人已先中国数年,加入战争,派遣军舰,专与东方的德国势力为难;接收青岛,续办胶济路,所有德国人在华的势力,居然落到他们手中去了。彼时中国人尚不如何着急,因为日本政府曾有表示,望此次接收,不过暂时之事,将来"终究归还中国";不料到了第二年——一九一五年,日本非独不把山东方面的权利交还中国,抑且变本加厉,增制许多条件,向中国下"哀的美敦书",强迫中国承认,中国无法,只能于五月九日签字承认。于是中日二国的感情,越弄越坏,坏到不可收拾了。

中国正式加入欧战,是一九一七年。前此之时,虽有华工协助协约国与德国开衅;但未经中国政府正式表示,到了一九一七年,中国政府公然向德绝交,向德开战。翌年十一月十一日,德国终于失败了,一种代表军国主义和武力侵略主义的势力,终于被比较民治化的势力屈服了,欧战遂此告终。全世界人皆大庆祝此双十一节,中国自亦受其影响。五月十七日那一天,所有北京城内的学校,一律停课,数万学生,结队游行,教育部且发起提灯大会,四五万学生,手执红灯,高呼口号,不可谓非中国教育界第一创举。影响所及,遂为以后的"五四"运动下一种子;故虽谓"五四"运动,直接发源于此次五六万人的轰轰烈烈的大游行,亦无不可。非独此也,教育部且于天安门一带,建筑临时讲台，公开演讲。事后北大停课三天，要求教育部把此临时讲台，借给北大师生，继续演讲三天。演讲时间，每人限以五分钟，其实，每人亦只能讲五分钟，因为彼时风吹剧烈，不到五分钟，讲员的喉咙，已发哑声，虽欲继续，亦无能为力了。因此，各人的演词，非常简括，却又非常精彩。此后在《新青年》杂志上所发表的如蔡元培的《劳工神圣》和我的《非攻》等篇，皆为彼时演词之代表。但有人要问，我们为什么要如此做呢？原来彼时北京政府，"安福俱乐部"初自日本借到外债六万万元，一时扬武耀威，非常得意。我们见之，虽有非议，亦无法可想，彼时既有教育部首先出来举行公开演讲，我们亦落得借此机会，把我们的意见，稍微发泄发泄。后来，我因母丧离开北京，故未得亲自参加这个大运动的后半剧。

一九一九年一月十八日，交战诸国开和平会议于法国 Versailles 宫中，中国人参加者，有政府的代表，有各政党的代表，又有用私人名义去参加者，以为美国威尔逊总统的十四点，必可实行，中国必能在和会之中，占据许多利益；至少，山东问题，必能从和会中得着满意的解决。然而威尔逊毕竟是一个学者的理想家，在政治上玩把戏，哪里敌得过英国的路易·乔治（David Lloyd George）及法国的克列孟梭（Clemenceau）这一班人呢？学者遇着"老虎"，学者惟有失败而已！

二、"五四"运动之发生

四月二十八日，国际联盟条文，正式成立，尚觉有点希望。过了二天，到了四月三十日那一天，和会消息传出，关于山东方面的权利，皆付与日本，归日本处理。消息一到，前此满腔热望，如此完全失望了！全国愤怒，莫能遏制，于是到了五月四日那一天，学生界发起北京全体学生大会，开会以后，到处游行（外传北京学生会曾向东交民巷各公使馆表示态度说不确）。后来，奔到赵家楼胡同曹宅，撞破墙壁，突围而进，适遇章宗祥在那里躲避不及，打个半死，后脑受着重伤；当场即被捉去学生二三十人，各校皆有，各校校长暨城内绅缙名流，皆负责担保。后来消息传到欧洲，欧洲代表团亦大受感动。同时更用恐吓手段，打电报给我国出席总代表陆征祥，如果他糊里糊涂地在山东问题条文中签了字，他的祖宗坟墓，一概将被掘；外交团迫于恐吓，自不敢轻意签字了。于是在五月十四日那一天，中国代表团，又在和会内重新提出"山东问题"，要求公平办法，始终没有得着好的结果，而中国代表亦始终没有签字，所以然者，实因当时留欧中国学生界，亦有相当的运动，包围中国公使馆不许中国官员擅自签字之故。可是这样一来，当时办教育的人，就棘手了，好在他们亦不欲在这种腐败的政府下供职，于是教育部中几个清明的职员及北大校长蔡先生等人，相继辞职。那时，政府正痛恶那一班人，他们既欲辞职，亦不挽留。然而当时的学生界怎能任这一班领袖人物，轻轻引退呢？于是大家主张挽留。为欲营救被捕的学生，为欲挽留被免的师长，同时又要继续伟大的政治运动，故自五月二十日起，北京学校，一律罢课，到处演讲，诸如前门大街等热闹地方，皆变成学生的临时讲场了；对于城内交通，不无影响，于是北京军警，大捕学生。但军警捕捉学生越着力，学生的气焰，越加热烈，影响所及，全国学生，相率罢课。天津的学生界，于五月二十三日起，宣布罢课；济南的学生界，于二十四日宣布罢课；上海的学生界，于二十六日宣布罢课；南京的学生界，于二十七日宣布罢课；后来连到军阀的中心势力所在的保定学生界，亦于二十八日决议罢课；向者为北京学生界的爱国运动，今其势力，已风动全国学生界，而变成全中国的学生运动了。同时北京被捕的学生，亦益发增多，城内的拘留所，皆拘满了，一时无法，就把北大第三院，改成临时拘留所，凡遇着公开讲演的学生，军警辄把枪一挥，成群地送入北大第三院内，院之四周，坚筑营盘，昏夜看守。后来第三院的房子内住不下了，又把第二院一并改为临时拘留所。斯时杜威博士适到北京，我领他去参观就地的大监狱，使他大受感动。后来，忽有一天，到了六月三号那一天，院外的营盘，忽然自动撤销了，看守的军警，各自搬场了，一时不知其故，后来才明白上海学生界，即在六月三号那一天，运动商界，一律罢市三天，并要求政府罢免曹、陆、章三人的职务。政府见来势汹险，无法抵抗，终于屈服下来；自动撤销营盘，自动召回军警，即是政府被人民屈服的证据，而曹、陆、章三人，亦于同日被政府罢免掉了。此为五月四日到六月三日几近一月中间的故事，最后的胜利，终于归属学生界了。

三、"五四"运动之影响

如今且约略考究"五四"运动的影响，它的影响，计有二方面：一为直接的影响，一为间接的影响。直接的影响，能使全国人民，注意山东问题，一面禁止代表签字；一为抵制日货，抵制日货的结果，许多日本商人，先后破产，实予以重大打击，故日本野心家，亦渐生戒惧之心了；再加上其他友国的帮助，故于一九二一年"华盛顿会议"中，当中国代表重新提出山东问题时，中国着实占点便宜。其结果，日本终于把山东方面的权利，"终究交还中国"了。

至于间接的影响，那就不能一样一样地细说了！

第一，"五四"运动引起全国学生注意社会及政策的事业。以前的学生，不管闲事，只顾读书，政治之好坏，皆与他们无涉。从此运动以后，学生渐知干预政治，渐渐发生政治的兴趣了。

第二，为此运动，学生界的出版物，突然增加。各处学生皆有组织，各个组织皆有一种出版物，申述他们的意见。单说民国八年一年之内，我个人所收到的学生式的豆腐干报，约有四百余份之多，其他可无论了。最奇怪的，这许多报纸，皆用白话文章发表意见，把数年前的新文学运动，无形推广许多。从前我们提倡新文学运动，各处皆有反对，到了此时，全国学生界，亦顾不到这些反对，姑且用它一用再讲，为此

"用它一用"的观念的结果,新文学的势力,就深深占入学生界的头脑中去了,此为"五四"运动给予新文学的影响。

第三,"五四"运动更予平民教育以莫大影响。学生注意政事,就因他们能够读书,能够看报之故。欲使平民注意政事,当亦使他能够读书,能够看报;欲使平民能够读书,能够看报,唯一的方法,就在于教育他们。于是各学校中,皆创立一个或数个平民学堂,招收附近平民,利用晚间光阴,由各学生义务教授;其结果,平民教育的前途,为之增色不少。

第四,劳工运动亦随"五四"运动之后,到处发生。当时的学生界,深信学生一界,势力有限,不能做成大事,欲有伟大的成就,非联合劳工各界,共同奋斗不可。但散漫的劳工,不能发生何种势力,欲借重之,非加以组织不可,于是首先与京汉路北段长辛店的工人商议,劝其组织工会,一致奋斗。一处倡之,百处和之。到了今日,各处城市,皆有工会组织,推原求本,当归于九年以前的"五四"运动。

第五,妇女的地位亦因"五四"运动之故,增高不少。"五四"运动之前,国内无有男女同学之学校,那时,妇女的地位,非常低微。"五四"运动之后,国内论坛,对于妇女问题,渐生兴趣,各种怪论,亦渐渐发生了;习而久之,怪者不怪,妇女运动,非独见于报章杂志,抑且见诸实事之上了!中国的妇女,从此遂跨到解放的一条路上去了。

第六,彼时的政党,皆知吸收青年分子,共同工作。例如进步的党人,特为青年学生,在他们的机关报上,辟立副刊,请学生们自由发表意见。北京《晨报》的副刊,上海《民国日报》之"觉悟",即其实例。有的机关,前时虽亦有副刊,唯其主要职务,不外捧捧戏子,抬抬妓女,此外之事,概非所问;"五四"以后,他们的内容,完全改变了:诸如马克思、萧伯纳、克鲁泡特金等名词,皆在他们的副刊上,占着首席地位了。

其在国民党方面,此种倾向,益觉显著。论日报,则有《民国日报》的各种副刊；论周报，则有《星期评论》；论月刊，则有《建设》杂志等等；其影响于青年学生界者，实非微事。非独此也，他们并于民国十三年中国国民党改组之际，正式承认吸收少年分子，参加工作，此种表示，亦因受着"五四"运动的影响之故，就中尤以孙中山先生最能体验"五四"运动的真意义。彼于一九二〇年正月九日那一天，写信给海外党部，嘱以筹金五十万，创办一个最大的与最新式的印刷机关，其理由，则为：

> 自北京大学学生发生"五四"运动以来，一般爱国青年，无不以革新思想为将来革新事业之预备；于是蓬蓬勃勃，发抒言论，国内各界舆论，一致同倡，各种新出版物，为热心青年所举办者，纷纷之伪政府，犹且不敢撄其锋。此种新文化运动，在我国今日，诚思想界空前之大变动，推原其故，不过由于出版界之一二觉悟者，从事提倡，迨至舆论放大异彩，学潮弥漫，全国人皆激发天良，誓死为爱国之运动。倘能继长增高，其将来收效之伟大且久远者，可无疑也。吾党欲收革命之成功，必有赖于思想之变化，兵法攻心，语曰革心，皆此之故；故此种新文化运动，实为最有价值之事。
> ——孙中山先生《致海外国民党同志书》

孙先生看出"五四"运动中的学生，因教育的影响，激于义愤，可以不顾一切而为国家牺牲；深信思想革命，在一切革命中，最关紧急；故拟创办一个最大的与最新式的印刷机关，尽量做思想上的宣传工夫；即在他自身的工作上，亦可看出这一点来。民国八年以前，孙先生奔走各处，专心政治运动，对于著作上的工作，尚付阙如，只有《民权初步》及《实业计划》二部分的著作，于民国八年以前作成；民国八年以后，他的革命方向，大大转变了，集中心力，专事著作，他的伟大著作,皆于此时告成。这是什么缘故呢?就因为他认定思想革命的势力,高过一切,革命如欲成功,非先从思想方面入手不可,此种倾向,亦就因为受着"五四"运动的影响的结果。

"五四"运动为一种事实上的表现,证明历史上的一大原则,亦可名之曰历史上的一个公式。什么公式呢?

> 凡在变态的社会与国家内,政治太腐败了,而无代表民意机关存在着;那么,干涉政治的责任,必定落在青年学生身上了。

这是一个最正确的公式,古今中外,莫能例外。试观中国的历史,东汉末年,宦官跋扈,政治腐败,朝廷上又无代表民意的机关,于是有太学学生三万人,危言正论,不避豪强;其结果,终于造成党锢之祸,牵连被捕死徙废禁的,不下六七百人。又如北宋末年,金人南犯,钦宗引用奸人,罢免李纲以谢金人,政治腐败,达于极点,于是有太学生陈东及都人数万,到阙下请复用李纲,钦宗不得已,只好允许了。又如清末"戊戌政变",主动的人,即是青年学生;革命起义,同盟会中人,又皆为年青的学生;此为中国历史上的证据。

又观西洋历史,中古时代,政治腐化,至于极点,创议改革者,即为少年学生;一八四八年,为全欧革命的一年,主动的人皆为一班少年学生,到处抛掷炸弹,开放手枪,有被执者,非遭死戮,即被充军,然其结果,仍不能压倒热烈的青年运动,亦唯此种热烈青年运动,革命事业,才有成功之一日。是以西洋的历史,又足证明上面所说的一个公式。

反转来讲,如果在常态的社会与国家内,国家政治,非常清明,且有各种代表民意的机关存在着;那么,青年学生,就无需干预政治了,政治的责任,就要落在一班中年人的身上去了。试观英美二国的青年,他们所以发生兴趣,只是足球、篮球、棍球等等,比赛时候,各人兴高采烈,狂呼歌曲;再不然,他们就去寻找几个女朋友,往外面去跳舞,去看戏,享尽少年幸福。若有人和他们谈起政治问题,他们必定不生兴趣,他们所作的,只是少年人的事。他们之所以能够安心读书,安心过少年幸福者,就因为他们的政治,非常清明,他们的政治,有中年的人去负责任之故。故自反面立论,又足证实上面所讲的历史上的公式。

自从"五四"运动以来,中国的青年,对于社会和政治,总算不曾放弃责任,总是热热烈烈地与恶化的挣扎;直到近来,因为有些地方,过分一点,当局认为不满,因而丧掉生命的,屡见不鲜。青年人的牺牲,实在太大了!他们非独牺牲学业,牺牲精神,牺牲少年的幸福,连到他们自己的生命,一并牺牲在内了;而尤以二十五岁以下的青年学生,牺牲最大。例如前几天报上揭载武汉地方,有二百余共产党员,同时受戮,查其年龄,几皆在二十五岁以下,且大多数为青年女子。照人道讲来,他们应该处处受社会的保障,他们的意志,尚未成熟,他们的行动,自己不负责任,故在外国,偶遇少年犯罪,法官另外优待,减刑一等,以示宽惠。中国的青年,如此牺牲,实在牺牲太大了!为此之故,所以中国国民党在第四次全体会议中所议决的中央宣传部宣传大纲内有一段,即有禁止青年学生干预政治的表示。意谓年青学生,身体尚未发育完全,学问尚无根底,意志尚未成熟,干预政治,每易走入歧途,故以脱离政治运动为妙。

科学的人生观

今天讲的题目，就是"科学的人生观"，研究人是什么东西？在宇宙中占据什么地位？人生究竟有何意味？因为少年人近来觉得很烦闷，自杀、颓废的都有，我比较至少多吃了几斤盐，几担米，所以来计划计划，研究自身人的问题，至于人生观，各人不同，都随环境而改变，不可以一个人的人生观去统理一切；因为公有公理，婆有婆理；我们至少要以科学的立场，去研究它，解决它。"科学的人生观"有两个意思：第一拿科学做人生观的基础；第二拿科学的态度、精神、方法，做我们生活的态度，生活的方法。

现在先讲第一点，就是人生是什么？人生是啥物事？拿科学的研究结果来讲，我在民国十二年发表的十条，这十条就是武昌有一个主教，称为新的十诫，说我是中华基督教的危险物的。十条内容如下：

一、要知道空间的大。拿天文、物理考察，得着宇宙之大；从前孙行者翻筋斗，一翻翻到南天门，一翻翻到下界，天的观念，何等的小？现在从地球到银河中间的最近的一个星，中间距离，照孙行者一秒钟翻十万八千里的速率计算，恐怕翻一万万年也翻不到，宇宙是何等的大？地球是宇宙间的沧海之一粟，九牛之一毛；我们人类，更是小，真是不成东西的东西！以前看得人的地位太重了，以为是万物之灵，同大地并行，凡是政治不良，就有彗星、地震的征象，这是错的。从前王充很能见得到，说："一个虱子不能改变那裤子里的空气，和那人类不能改变皇天一样。"所以我们眼光要大。

二、时间是无穷的长。从地质学、生物学的研究，晓得时间是无穷的长，以前开口五千年，闭口五千年，以为目空一切；不料世界太阳系的存在，有几万万年的历史，地球也有几万万年，生物至少有几千万年，人类也有二三百万年，所以五千年占很小的地位。明白了时间之长，就可以看见各种进步的演变，不是上帝一刻可以造成的。

三、宇宙间自然的行动。根据了一切科学，知道宇宙、万物都有一定不变的自然行动。"自然自己，也是如此"，就是自己自然如此，各物自己如此的行动，并没有一种背后的指示，或是一个主宰去规范他们。明白了这点，对于月蚀是月亮被天狗所吞的种种迷信，可以打破了。

四、物竞天择的原理。从生物学的智识，可以看到物竞天择的原理，鲫鱼下卵有几百万个，但是变鱼的只有几个；否则就要变成"鱼世界"了！大的吃小的，小的又吃更小的，人类都是如此。从此晓得人生不受安排，是自己如此的行动；否则要安排起来，为什么不安排一个完善的世界呢？

五、人是什么东西。从社会学、生理学、心理学方面去看，人是什么东西？吴稚晖先生说："人是两手一个大脑的动物，与其他的不同在程度上的区别罢了。"人类的手，与鸡、鸭的掌差不多，实是他们的弟兄辈。

六、人类是演进的。根据了人种学来看，人类是演进的；因为要应付环境，所以要慢慢地变；不变不能生存，要灭亡了。所以从下等的动物，慢慢演进到高等的动物，现在还是演进。

七、心理受因果律的支配。根据了心理学、生物学来讲，心理现状是有因果律的。思想、做梦，都受因果律的支配，是心理、生理的现象，和头痛一般；所以人的心理说是超过一切，是不对的。

八、道德、礼教的变迁。照生理学、社会学来讲，人类道德、礼教也变迁的。以前以为脚小是美观，但是现在脚小要装大了。所以道德、礼教的观念，正在改进。以二十年、二百年或二千年以前的标准，来判断二十年、二百年、二千年后的状况，是格格不相入的。

九、各物都有反应。照物理、化学来讲，物质是活的，原子分为电子,是动的,石头倘然加了化学品,就有反应,像人打了一记,就有反应一样。不同的,只在程度不同罢了。

十、人的不朽。根据一切科学知识,人是要死的,物质上的腐败,和猫死狗死一般。但是个人不朽的工作,是功德:在立德,立功,立言。善恶都是不朽。一块痰中,有微生物,这菌能散布到空间,使空气都恶化了;人的言语,也是一样。凡是功业、思想,都能传之无穷;匹夫匹妇,都有其不朽的存在。

我们要看破人世间,时间之伟大,历史的无穷,人是最小的动物,处处都在演进,要去掉那小我的主张,但是那小小的人类,居然现在对于制度、政治各种都有进步。

以前都是拿科学去答复一切,现在要用什么方法去解决人生,就是哪样生活?各人有各人的方法,但是,至少要有那科学的方法、精神、态度去做。分四点来讲:

一、怀疑。第一点是怀疑,三个弗相信的态度,人生问题就很多。有了怀疑的态度,就不会上当。以前我们幼时的知识,都从阿金、阿狗、阿毛等黄包车夫、娘姨处学来;但是现在自己要反省,问问以前的知识是否靠得住。有此态度,对于什么马克思、牛克思主义都不致盲从了。

二、事实。我们要实事求是:现在像贴贴标语,什么打倒田中义一等,都仅务虚名,像豆腐店里生意不好,看看"对我生财"泄闷一样。又像是以前的画符,一画符病就好的思想。贴了打倒帝国主义,帝国主义就真个打倒了么?这不对,我们应做切实的工作,奋力地做去。

三、证据。怀疑以后,相信总要相信,但是相信的条件,就是拿凭据来,有了这一句,论理学诸书,都可以不读,赫胥黎的儿子死了以后,宗教家去劝他信教,但是他很坚决地说:"拿有上帝的证据来!"有了这种态度,就不会上当。

四、真理。朝夕地去求真理,不一定要成功,因为真理无穷,宇宙无穷；我们去寻求，是尽一点责任，希望在总分上，加上万万分之一。胜固是可喜，败也不足忧。明知赛跑只有一个人第一，我们还要跑去，不是为我为私，是为大家。发明不是为发财，是为人类。英国有一个医生，发明了一种治肺的药。但是因为自秘，就被医学会开除了。

所以科学家是为求真理。庄子虽有"吾生也有涯，而知也无涯，以有涯逐无涯，殆已"的话头，但是我们还要向上做去，得一分就是一分，一寸就是一寸，可以有亚基米特氏发现浮力时叫 eureka 的快活，有了这种精神，做人就不会失望。所以人生的意味，全靠你自己的工作；你要它圆就圆，方就方，是有意味；因为真理无穷，趣味无穷，进步快活也无穷尽。

讲演录

赠与今年的大学毕业生

　　这一两个星期里，各地的大学都有毕业的班次，都有很多的毕业生离开学校去开始他们的成人事业。学生的生活是一种享有特殊优待的生活，不妨幼稚一点，不妨吵吵闹闹，社会都能纵容他们，不肯严格地要他们负行为的责任。现在他们要撑起自己的肩膀来挑他们自己的担子了。在这个国难最紧急的年头，他们的担子真不轻！我们祝他们的成功，同时也不忍不依据自己的经验，赠他们几句送行的赠言——虽未必是救命毫毛，也许做个防身的锦囊罢！

　　你们毕业之后，可走的路不出这几条：绝少数的人还可以在国内或国外的研究院继续做学术研究；少数的人可以寻着相当的职业；此外还有做官、办党、革命三条路；再有就是在家享福或者失业闲居了。走其余几条路的人，都不能没有堕落的危险。堕落的方式很多，总括起来，约有这两大类：

　　第一是容易抛弃学生时代求知识的欲望。你们到了实际社会里，往往学非所用，往往所学全无用处，往往可以完全用不着学问。而一样可以胡乱混饭吃，混官做。在这种环境里即使向来抱有求知识学问的人，也不免心灰意懒，把求知的欲望渐渐冷淡下去。况且学问是要有相当的设备的：书籍，实验室，师友的切磋指导，闲暇的工夫，都不是一个平常要糊口养家的人能容易办到的。没有做学问的环境，又谁能怪我们抛弃学问呢？

　　第二是容易抛弃学生时代理想的人生的追求。少年人初次和冷酷的社会接触，容易感觉理想与事实相去太远，容易发生悲观和失望。多年怀抱的人生理想，改造的热诚，奋斗的勇气，到此时候，好像全不是那么一回事了。渺小的个人在那强烈的社会炉火里，往往经不起长时期的烤炼就熔化了，一点高尚的理想不久就幻灭了。抱着改造社会的梦想而来，往往是弃甲抛兵而走，或者做了恶势的俘虏。你在那牢狱里，回想那少年气壮时代的种种理想主义，好像都成了自误误人的迷梦！从此以后，你就甘心放弃理想人生的追求，甘心做现在社会的顺民了。

要防御这两方面的堕落，一面要保持我们求知识的欲望，一面要保持我们对人生的追求。有什么好方子呢？依我个人的观察和经验，有三种防身的药方是值得一试的。

第一个方子只有一句话："总得时时寻一两个值得研究的问题！"问题是知识学问的老祖宗：古往今来一切知识的产生与积聚，都是因为要解答问题——要解答实用上的困难和理论上的疑难。所谓"为知识而求知识"，其实也只是一种好奇心追求某种问题的解答，不过因为那种问题的性质不必是直接应用的，人们就觉得这是无所谓的求知识了。

我们出学校之后，离开了做学问的环境，如果没有一两个值得解答的问题在脑子里盘旋，就很难保持求学问的热心。可是，如果你有了一个真有趣的问题逗你去想它，天天引诱你去解决它，天天对你挑衅你无可奈何它——这时候，你就会同恋爱一个女子发了疯一样，坐也坐不下，睡也睡不安，没工夫也得偷出工夫去陪她，没钱也得缩衣节食去巴结她。没有书，你自会变卖家私去买书；没有仪器，你自会典押衣物去置办仪器；没有师友，你自会不远千里去寻师访友。你只要有疑难问题来逼你时时用脑子，你自然会保持发展你对学问的兴趣，即使在最贫乏的知识中，你也会慢慢地，聚起一个小图书馆来，或者设置起一所小试验室来。所以我说，第一要寻问题。脑子里没有问题之日，就是你知识生活寿终正寝之时！古人说："待文王而兴者，凡民也。若夫豪杰之士，虽无文王犹兴。"试想伽利略和牛顿有多少藏书？有多少仪器？他们不过是有问题而已。有了问题而后他们自会造出仪器来解决他们的问题。没有问题的人们，关在图书馆里也不会用书，锁在试验室里也不会有什么发现。

第二个方子也只有一句话:"总得多发展一点非职业的兴趣。"离开学校之后,大家总是寻个吃饭的职业。可是你寻得的职业未必就是你所学的,未必是你所心喜的,或者是你所学的而和你性情不相近的。在这种情况之下,工作往往成了苦工,就感觉不到兴趣了。为糊口而做那种非"性之所近而力之所能勉"的工作,就很难保持求知的兴趣的生活的理想主义。最好的救济方法只有多多发展职业以外的正当兴趣与活动。

一个人应该有他的职业,也应该有他非职业的玩艺儿,可以叫作业余活动。往往他的业余活动比他的职业还更重要,因为一个人成就怎样,往往靠他怎样利用他的闲暇时间。他用他的闲暇来打麻将,他就成了个赌徒;你用你的闲暇来做社会服务,你也许成个社会改革者;或者你用你的闲暇去研究历史,你也许成个史学家。你的闲暇往往定你的终身。英国十九世纪的两个哲人,弥儿(J. S. Mill)终身做东印度公司的秘书,然而他的业余工作使他在哲学上、经济学上、政治思想史上都占一个很高的位置;斯宾塞(Spencer)是一个测量工程师,然而他的业余工作使他成为前世纪晚期世界思想界的一个重镇。古来成大学问的人,几乎没有一个不善用他的闲暇时间的。职业不容易适合我们的性情,我们要想生活不苦痛不堕落,只有多方发展。

有了这种心爱的玩艺儿,你就做六个钟头抹桌子工作也不会感觉烦闷了。因为你知道,抹了六个钟头的桌子之后,你可以回家做你的化学研究,或画完你的大幅山水,或写你的小说戏曲,或继续你的历史考据,或做你的社会改革事业。你有了这种称心如意的活动,生活就不枯寂了,精神也就不会烦闷了。

第三个方子也只有一句话:"你得有一点信心。"我们生当这个不幸的时代,眼中所见,耳中所闻,无非是叫我们悲观失望的。特别是在这个年头毕业的你们,眼见自己的国家民族沉沦到这步田地,眼看世界只是强权的世界,望极天边好像看不见一线的光明——在这个年头不发狂自杀,已算是万幸了,怎么还能够保持一点内心的镇定和理想的信任呢?我要对你们说:这时候正是我们要培养我们的信心的时候!只要我们有信心,我们还有救。

古人说:"信心可以移山。"又说:"只要功夫深,生铁磨成绣花针。"你不信吗?当拿破仑的军队征服普鲁士、占据柏林的时候,有一位教授叫作费希特的,天天在讲堂劝他的国人要有信心,要信仰他们的民族是有世界的特殊使命的,是必定要复兴的。费希特死的时候,谁也不能预料德意志统一帝国何时可以实现,然而不满五十年,新的统一的德意志帝国居然实现了。

一个国家的强弱盛衰,都不是偶然的,都不能逃出因果的铁律的。我们今日所受的苦痛和耻辱,都只是过去种种恶因种下的恶果。我们要收获将来的善果,必须努力种现在新因。一粒一粒地种,必有满仓满屋地收,这是我们今日应有的信心。我们要深信:今日的失败,都由于过去的不努力。我们要深信:今日的努力,必定有将来的大收成。

佛典里有一句话:"福不唐捐。"唐捐就是白白地丢了。我们也应该说:"功不唐捐!"没有一点努力是会白白地丢了的。在我们看不见想不到的时候,在我们看不见的方向,你瞧!你下的种子早已生根发叶开花结果了!

你不信吗?法国被普鲁士打败之后,割了两省地,赔了五十万万法郎的赔款。这时候有一位刻苦的科学家巴斯德终日埋头在他的化学试验室里做他的化学试验和微菌学研究。他是一个最爱国的人,然而他深信只有科学可以救国。他用一生的精力证明了三个科学问题:(1)每一种发酵作用都是由于一种微菌的发展;(2)每一种传染病都是一种微菌在生物体内的发展;(3)传染病的微菌,在特殊的培养之下可以减轻毒力,使他们从病菌变成防病的药苗。

这三个问题在表面上似乎都和救国大事业没有多大关系。然而从第一个问题的证明,巴斯德定出做醋酿酒的新法,使全国的酒醋业每年减除极大的损失。从第二个问题的证明,巴斯德教全国的蚕丝业怎样选种防病,教全国的畜牧农家怎样防止牛羊瘟疫,又教全世界怎样注重消毒以减少外科手术的死亡率。从第三个问题的证明,巴斯德发明了牲畜的脾热瘟的疗治药苗,每年替法国农家减除了二千万法郎的大损失;又发明了疯狗咬毒的治疗法,救济了无数的生命。所以英国的科学家赫胥黎在皇家学会里称颂巴斯德的功绩道:"法国给了德国五十万万法郎的赔款,巴斯德先生一个人研究科学的成就足够还清这一笔赔款了。"巴斯德对于科学有绝大的信心,所以他在国家蒙奇辱大难的时候,终不肯抛弃他的显微镜与试验室。他绝不想他在显微镜底下能偿还五十万万法郎的赔款,然而在他看不见想不到的时候,他已收获了科学救国的奇迹。

朋友们,在你最悲观失望的时候,那正是你必须鼓起坚强的信心的时候。你要深信:天下没有白费的努力。成功不必在我,而功力必不唐捐。

中国文艺复兴运动

诸位朋友：我今天能够参加"文艺协会"成立八周年的纪念大会，真值得高兴。今天正巧是"五四"纪念日，纪念三十九年前的"五四"；各位先生也许听到我昨天在中国广播公司①对大陆上的广播，讲到"五四"是什么。

在那个广播里面，我特别讲到"五四"——狭义的"五四"。狭义的"五四"是一个纯粹的青年人的自动自发的爱国运动。那是国家受压迫，国家很危险的一个时期，青年爱国心的一个自动表示，毫无一种操纵的力量。今天早上，我在北京大学的"五四"的纪念会上，我曾讲到，我说那一天，胡适并没有参加。那一天——"五四"爆发的时候，我个人在上海，住在蒋梦麟②先生的家里，完全不知道"五四"的发生。第二天早上起来，看见上海各报没有北京的专电。那是从来没有过的。上海的报纸，平日没有北京专电，就不能出报。我正在惊异的时候，听见有人打门，开开门，进来几位上海的记者。那个时候的报馆主笔，有张东荪先生，有俞仲华先生。《上海时事新报》的记者，才告诉我们昨天北平（那时候叫北京）的新闻。所以我是完全没有参加"五四"这个事件的。等到我回去，蔡先生（北京大学校长蔡元培先生）已经离开了北京。那时候，"五四"已成了全国性的运动，成了一个不但是北京学生的运动，而是全国响应的运动，不但全国学生响应，甚至于工会、商会、教育会以及各种的法团、各种的公共团体，都参加这个运动。可是我没有参加。我是的确不负领导"五四"责任的；说是我领导的"五

---

① 中国广播公司：指台湾"中国广播公司"。
② 蒋梦麟（1886—1964）：中国近现代著名教育家，北京大学教育系教授。

四",是没有根据的。刚才看见会里发给我这些读物的里面,《笔汇》里有一篇文章,讲到我那个时候不在北平,我现在可以证明,这的确是事实。

那么,三十几年前的"五四",与文艺有什么关系?今天上午我也谈到,我说我们在北京大学的一班教授们,在四十年前——四十多年前,提倡一种所谓"中国文艺复兴"的运动。那个时候,有许多的名辞,有人叫做"文学革命",也叫做"新文化思想运动",也叫做"新思潮运动"。不过我个人倒希望,在历史上——把四十多年来的运动,叫它做"中国文艺复兴运动"。多年来在国外有人请我讲演,提起这个四十年前所发生的运动,我总是用 Chinese Renaissance(中国文艺复兴运动)这个名词。Renaissance 这个字的意思就是再生,等于一个人害病死了再重新更生。更生运动、再生运动,在西洋历史上,叫做文艺复兴运动。"五四"的前一年(五四是 1919 年),在一九一八年的时候,北京大学一般学生,一般高材学生,已经成熟的学生,里面有傅斯年先生,有罗家伦[①]先生,有顾颉刚先生,还有很大的一群——也不能说是很大的一群,只可以说是北京大学那个时候最成熟、最高材、最有学问、有知识、有见解的那一班学生,——他们响应他们的先生们——北京大学一班教授们,已经提倡了几年的新文艺新思想,也就是所谓的文艺革命、思想革命。他们办了一个杂志,那个杂志我今天早上已经说明白,我说我们在学生办的刊物当中,《新潮》杂志,在内容和见解两方面,都比他们的先生们办的《新青年》还成熟得多,内容也丰富得多,见解也成熟得多。在这个大学的学生刊物当中,在那个时候世界学生刊物当中,都可以说是个很重要的刊物。他们那个刊物,中文名字叫做《新潮》,当时他们请我做一名顾问,要我参加他们定名字的会议——定一外国的英文名,印在《新潮》封面上。他们商量结果,决定采用一个

[①] 罗家伦(1897—1969):我国近现代著名的教育家、思想家、社会活动家。民国年间,曾担任中央大学、清华大学校长之职。

不只限于"新潮"两个字义的字,他们用了个Renaissance。这个字的意义就是复活、再生、更生。在历史上,这就是欧洲文艺复兴的名字。他们这班青年——北京大学最成熟的青年们,在他们看起来,他们的先生们,对于这个运动已经提倡了一两年时间了,他们认为这和欧洲在中古时期过去以后,近代时期还未开始,在那个过渡时期的文艺复兴运动,是很相同的。所以他们用这个Renaissance做他们杂志的名字。四十年来,我一直认为当时北京大学一班学生的看法,是对的。

我这几年来,对外讲到这件事,认为这个运动就是中国的文艺复兴运动。前年,在我大病之前,在加州加利福尼亚大学教了五个月的书;在那个时候,加利福尼亚大学请我做十次公开的讲演(用英文做十次公开的讲演)。他们要一个题目:近千年来的中国文艺复兴运动。从西历纪元一千年到现在,将近一千年,从北宋开始到现在,这个九百多年,广义的可以叫做文艺复兴。一次文艺复兴又遭遇到一种旁的势力的挫折,又消灭了,又一次文艺复兴,又消灭了。所以我们这个四十年前所提倡的文艺复兴运动,也不过是这个一千年当中,中国文艺复兴的历史当中,一个潮流、一个部分、一个时代、一个大时代里面的一个小时代。

我们那个时候为什么叫他再生?为什么叫做革命?别的不说,比方白话文,我在四五年前,"文艺协会"的朋友们欢迎我的时候,我讲到好像是几个偶然的事件,在一块儿爆发的。今天呢,我从历史的立场说:不完全是偶然的。在个人的历史上,这件事本身的方面有许多是偶然的,我在四五年前在本会讲的,就是一连串的偶然事件。不过广义的看,不是完全偶然的。比方讲白话,不是胡适之创出来的呀!也不是陈独秀创出来的呀!白话是什么?是我们老祖宗的话,是我们活的语言,人人说的话,你说的话,我们说的话,大家说的话,我们做小孩子时都说的话。这是老祖宗多少年,几千年慢慢地演变的话:从北方区域慢慢地推广出去,不但整个北方、中原之地说白话,而且扩充到整个长江。从镇江开始往西一直到四川，整个都是国语区域。从南京往北一直到东三省，整个东北，都是官话的区域。一直到西北都是白话的区域。从南京到西都是白话区域。你们诸位若坐沪宁路（从南京到上海这条铁路）都记得，有个火车站叫丹阳，到了丹阳这个车站呢，这个车站的东边，说苏州话（吴语），丹阳这个车站西面是说官话（南京话、镇江话），丹阳这个车站是"吴头楚尾"。自这里开始，东去就是讲苏州话，说吴语；丹阳往西就是楚语，所谓长江的官话。从那个地方到安徽（我是安徽人，我不是安徽的国语区域，是安徽极南部徽州人，我们说的话是很难懂，一出门几里话就不同），安庆人、怀宁人、合肥人，他们总说他们的话是天下最普通的话。从前北平市市长何其巩先生（他是桐城人），总是对我讲："适之呀，我桐（teng）城的话，是天下最普通（ten）的话。"我说："你这句话里面就有两个字最不'普通'，这个桐城就不叫'桐'（teng）城，这个普通就不叫普通（ten）!"但是我们安徽人总觉得我们安徽的话，是天下最普通的话。再上去到湖北、四川、云南、贵州、广西的北部，这都是官话区。这些官话就是我们的基础，所谓国语文学，白话文学，就是拿这么大的地区做基础。从极东北的哈尔滨划一根直线一直到昆明，这个直线四千多英里长，在这四千多英里的直线上，每一个人，他总觉得他没有改话的需要，个个人总说他的话是天下最普通的话。这就是国语，这就是我们的资本。我们的语言就是我们的文学基础，就是国语文学，白话文学的基础。这并不是我们造出来的，是老祖宗几千年给我们留的这一点资本。第二，这是语言的基础，语言是我们的资本，国语是我们的资本，这一个全中国百分之九十的区域，百分之七十五的人口所说的话，是我们语言的基础。不是我们造出来的。所以我们说：文艺复兴是我们祖宗有了这个资本，到这个时候给我们来用，由我们来复兴它。

我们中国几千年的文学史上有两个趋势，可以说是双重的演变，双重的进化，双重的文学，两条路子。一个是上层的文学，一个是下层的文学。上层文学呢，可以说是贵族的文学，文人的文学，私人的文学，贵族的朝廷上的文学。大部分我们现在看起来，是毫无价值的死文学，模仿的文学，古典的文学，死了的文学，没有生气的文学，这是上层的文学。但是，同时在这一千年当中，无论哪个时代：汉朝、三国、六朝、唐朝、宋朝、元朝、明朝、清朝，到现在，有一个所谓下层的文艺。下层文艺是什么呢？是老百姓的文学。是活的文艺，是用白话写的文艺，人人可以懂，人人可以说的文艺。这很简单：一个母亲抱了个小孩子，小孩哭了不肯睡觉，这个妈妈要叫小孩睡觉，便唱个儿歌给小孩听。她没有法子说是到第一中学去上几年课，等到中学毕业再到台湾大学去上几年课，等到毕业把国文学好了，再来唱这只儿歌，这个小孩子等不得，小孩子要哭呀！她也不能等八年或十年等到学会古文再来唱个儿歌给孩子听，这孩子要恼了。结果呢？那个母亲，就在哼哼一个儿歌，给孩子听。她哼的这个儿歌呢，她用的语言，就是活的语言，孩子也可以听得懂，她也可以听得懂。还有我们在西南常看见的一对痴男怨女，彼此调情，对唱一个情歌，这个山头上有一个姑娘，那个山头上有一位年轻男子，他们要唱歌，要用情歌来和答，他们就不能说："喂！小姑娘，请你小姐等一等，我到北京大学、台湾大学，读了国文系毕业之后，我再来给你唱个情歌，你等四年吧！"绝对等不得！等不得！所以他们的歌，母亲哼的儿歌，痴男怨女唱的情歌或者怨歌，都是活的语言。还有，在当初的时候，许多地方，都市里或者乡下，戏台上唱戏的，戏台下面讲故事的；或者庙会里面的，说故事的，唱故事的，说书的，说评话的，他们讲故事，他们说故事，弹词种种，他们不能说："你们等一等，我到大学里面上几年课，再来跟你唱戏、说书、讲故事。"这不行的，而且他们学了之后，说的故事他们也就听不懂了。所以他们讲的是老百姓最爱听的话，听得懂的话，人人都懂的话；而且大家听了会笑，小孩子也听了会笑。这种故事，这种评话，就是我们所说的《今古奇观》，现在所印出来的《三言两拍》。其中有许多所谓五百年前，一千年前，在北宋，也许还是唐朝留下来的故事，流传到现在。长的故事，所谓《三国演义》《隋唐演义》《封神演义》《水浒传》，这些故事，先就是老百姓里面讲故事的人流传下来的，到了后来，写定了，才有头等的作家，再把它改善，把它修改。无数的人，无数的无名作家，你改一笔，他改一笔，你改几笔，他改几笔，这样子越来越好，到今天有所谓《水浒传》，有所谓《西游记》，有所谓《隋唐演义》定本，《水浒传》的定本。这些，并不是我们在四十年前替他定出来的，而是几百年，尤其最近这五百年，甚至上到宋朝，北宋到南宋，到元朝，经过差不多一千年，七八百多年流传下来的。那些话本、弹词、戏曲，是由老百姓唱的情歌、情诗、儿歌这些东西变来的。这就是我们的基础。在文学方面，我们也可以说是文艺复兴。

我们老祖宗已经做的事体我们拿来提倡，我们学他们的样子，我们来发扬光大。我们从前以为这是老百姓的东西，士大夫看不起。我们当初的大学教授们号称为学者，都是从古文里面打了跟斗出来，从古文里面洗了澡出来。在古文里面，无论是古文，无论是古诗都站得住了，在社会上已经有了地位了，我们愿意解放这一种古诗古文，我们愿意采用老百姓活的文字，这是我们所谓的革命；也可以说不是革命，其实还是文艺复兴。我们的资本——这个语言的资本，是我们的几万万人说的语言，是我们的文学的资本，文学的范本，文学的基础；几百年来，一千年来，老百姓改来改去，从无数的无名作家，随时改来改去，越改越好，这些名著、这些伟大的小说做了我们的资本。所以说文艺复兴，正是我们的老祖宗，给我们的材料，给我们的基础。

不过在当时我们也有一点贡献，我们都是私人、个人，都没有钱，都没有权，也没有力量，我们怎么可以提倡一种东西？假如我们要提倡一个东西，必须要设一百万个学堂，或者十万个学堂，来训练白话的作家，那就不行啦。至少要设二十个极大的书店和印刷厂，拿出几万万银元来印这些新的著作，那也办不到。我们当初假使必须要一个政府的大规模的力量，那我们也做不到。那个时候我们完全是私人、个人，无权、无势、无钱的作家。所以我们采用了一个很简单的口号，叫"写白话"。"写白话"，也就是用白话作文学。再说得详细一点，可以用五个字，叫做"汉字写白话"。拿汉字来写白话，这是我们从经验中得来。我刚才说过，我是安徽人，生长在徽州方言的区域里面，从小没出过门（我八九岁的时候，我已认得了几千字了，在小孩子算是个聪明人，诸位看过我的《四十自述》就晓得我小的时候的情形），有一天，大概先生出去了，我在屋里面，看见一只木箱子，是美孚煤油公司的煤油箱子，我叔叔用它来做字纸篓的，我不知道是不是丢东西到字纸篓里，或是到字纸篓里捡东西出来（先生不在，我们那个学堂只有两个学生，一个学生赖学跑掉了，我就一个人在那里没事做，我是一个比较肯念书的人），我就站在字纸篓旁边，找到一本破烂的《水浒传》，我记得很清楚，封面也没有了，里面也残缺了，上面头一回就是"李逵打死殷天赐"（这个故事其实不大顶好）。我就站在字纸篓旁边，美孚煤油木头箱子旁边，我就拿着那本翻开来头一回就是"李逵打死殷天赐"的书，我这个没有学过官话，没有学过白话，没有人教过白话，是在乡下最难懂的一个徽州土话的区域里一个八九岁小孩子，拿了那本小说在那里发愣，呆住了，站着不动一直把它看完，从头看到底。看了半天，只有上面讲的"李逵打死殷天赐"，下面讲的是什么都没有了，找来找去找不到，糟糕糟糕，这怎么办呢？赶快出去找我的五叔（我五叔，他是一个坏人，在地方上算是一个不成材的人，抽鸦片烟，喜欢讲故事讲笑话的人），我就问他："你家里有没有这一部书呀？第五才子书《水浒传》，你有没有呀？"他说："我家里没有，我给你借去。"我说："谢谢，谢谢，赶快给我借去。"借来之后，几个晚上不睡觉，便看完了《水浒传》。所以，我们可以晓得：没有学过官话和甚么方言，也没有这个训练，那个训练，更没有人教过国语，然而只要认得一点字，就可以看得懂这个东西——白话的小说。没有标点，大概是没有标点，我记不得了。但是可以发疯——一个几岁的小孩子可以发几天的疯，一口气就可以看完了。从这个经验，我后来晓得，这是我们的语言。文字是很难懂的东西，文字是很难写的东西；但是我们这个语言，这个活的语言，是很容易学的东西。

我们的语言和欧洲一些文明的语言比较起来，我们的老祖宗留给我们这个语言，活的国语——我们国语的文法，是全世界最简单的，——是最容易学的语言。英国话在欧洲文字当中，比较最进化。但在世界语言当中，最完确最简单，中国话要考第一（中国话，不是文字）。英国话要考不及格的第二，因为没别的话可以够得上第二的资格的。至于诸位学法文的，学过德文的，甚至学拉丁、希腊文的，更容易知道，他们没有道理，没有理智，不合理，比喻讲性的区别，文法上性的区别，这是最没有道理的事。我们没有这个东西。中国语言最简单，只要认得一两千个字，就很可以看小说，比读《古文辞类纂》《古文观止》，学《四书》《五经》，比看司马相如这类文章，容易懂得多。所以我们当时就得到一个经验，就是在这个一千年当中，尤其这个五百年当中，社会上出了这么多的小说，有这么多的短篇小说，这么多的长篇小说，这些小说早已流行当做 Best Seller（畅销书），外国 Best Seller 销一年已经不得了，我们这些 Best Seller 可以销上三百年四百年五百年，《水浒传》至少是四百年的 Best Seller，一年销几百万本，几千万本。这些书过去我们的老祖宗是怎么写出来的？没有字模，没有标准的文字。这是社会有这种需要的时候，这些人不知不觉地就想出一个方法来啦。他们用的方法，就是刚才我讲的五个字：汉字写白话。用汉字写他们创造的活文学。这个活的文学没有字模来表现它，他们就把文言里面的汉字充分的采用。没有这个字的时候，他们就创造一个字。这个字有的时候硬借得来给它一个意思。比方讲"这个""这个"，中间有"这个"的"这"，用之乎者也的"者"字来讲，或者是用遮盖的"遮"字讲，不过后来用一个"言"加一个"走"字。你要查查字典看，《康熙字典》什么字典那个字不读"这个"的"这"，老百姓说：这个字没有用处，我把它借来叫做这个的"这"字，老百姓的话就是权威，这些作家规定了这个的"这"字，管它字典是怎么说。老百姓说它是这个的"这"字，就一直几百年用这个字。所以叫做用汉字写白话，写下来这么多好的短篇小说，这么多好的长篇小说。这些短篇小说、长篇小说，流行了几百年，就变成了中国的白话文的标准导师、最受欢迎的教师。中国的白话文、活的字，才有了一个标准。现在可以遵照它写；真正讲起来，老百姓几百年前就采用了。我们现在给它下五个字的公式，就叫做"汉字写白话"。许多人没有学过白话，没有学过国语，《红楼梦》他也看得懂，《水浒传》也看得懂。看《七侠五义》《小五义》里面的徐良，那个白眉毛徐良，讲的话是山西话，大家也懂；《水浒传》里面鲁智深讲陕西话，我们也看得懂；武松说的话是山东话，我们也懂。这个标准，可以说是中国的活文字。活文学，有一个标准的文字，标准的工具，是不能不感谢我们老祖宗的。

我这一个徽州的小孩子，没有学过国语，没有受过国语的训练，站在那个字纸篓的旁边，找到一本破烂的、不完全的《水浒传》，"李逵打死殷天赐"，就这样的发疯。根据这个经验，我们就提倡"白话的文学"，这是我们有把握的。我们晓得，全中国凡是进过学堂的人，凡是受过教育的人，凡是认得一千字或两千字的人，只要他瞒住了老师，瞒住了父母，半夜里偷看小说，把小说瞧得得意忘形而发疯，这般人都得了一个工具，一个文学的工具，一个语言的工具，将来都可能成为国语文学的作家。诸位先生，都是来自各地，来自不同的区域，最早没有受过国语的训练，没有受过白话文学的训练，我们当初提倡白话文学的人没有给你们开学堂，给你们辅导白话文学，大家却都能够用白话写文章了。

不过我们与白话文学也有一点关系。1915年，我在外国做学生的时候，就同许多同学，通讯讨论，打笔墨官司，后来这笔墨官司的一部分，在《胡适文存》里面也发表了。在良友公司出版的《中国新文学大系》第一本，里面发表我一篇自传，叫做"逼上梁山"，我把当时在国内的许多通讯发表出来，现在那一篇文章放在台湾版的《四十自述》的后面做一个附录。我那自传在那个时候——在打笔墨官司的时候，就感觉到，不要怕没有标准的语言，没有标准的国语，没有标准的文学的国语，没有标准的国语的文学，不要紧。我们就是规定标准文学的人，我们的创作就是规定这个国语文学标准的人，不要怕。没有一个人要把每一个字都要看标准国语字典才能做文学家，大家都有这个经验，所以大家都知道。我们当初就叫它做"中国文艺复兴"，实在说来是不错的。不是我们创造的，不是我们几个人创造的，是我们老祖宗几千年给我们的，演变下来的。一直演变到现在可以说是最了不得的，最合逻辑的，最简单的一种文法的语言。同时呢，在这个七八百年当中，尤其在这个四五百年当中，有了《水浒传》《西游记》《红楼梦》《儒林外史》《儿女英雄传》，这一类伟大的小说以后，我们有一个文学的标准国语，文学的标准国语就是标准文字。说这一个的"这"字是怎么写法，那个的"那"字是怎么写法，诸位要想一想，在那个语言还没有标准的时候，这些小说没有通行之前，要看到宋朝的高僧传，和尚的语录里头用白话，比方说"呢"字——你肯不肯"呢"？现在用尼姑的"尼"字加"口"字就够了，古时间的那个"呢"字怎么写呢？想不到的，古时间的"呢"字是用渐渐的"渐"字，那就困难了，在底下加个耳朵的耳字，那个字读起来，你看多么困难！再比方你们我们的"们"字，现在容易了，"门"字旁加个"人"字，这个"们"字，古时间就没有这个东西。当时有的人用"满"字，后来用每一个人的"每"字——"我每""你每""他每"；到后来才标准到我们的"们"字。当初不单是我"们"、你"们"、他"们"没有，我面前这样的桌子也是没有的，播音器也是没有的，这样的杯子也没有的。后来，"人"有了，"兄弟"有了，"姊妹"有了，"学生"有了，"朋友"有了，这个都是老百姓创造出来的。回头想来,那个时候造个"们"字,造个数目字的多数,也是很困难,我们不能不感谢他们这个几百年的小说家,就是无意当中找到了这个公式,乱抓汉字,把汉字拿来写白话,写他们的白话的作品,写他们的活的文学。这样说起来,说破了所谓文学革命,是一个钱不值。简单得很,"白话"!就是"汉字写白话"!就是我们几千年我们老祖宗给我们的语言,活的语言。这个几百年无数的无名的作家做的这些评话、儿歌、情歌、戏曲、小说都是了不得的东西。

所以呢,我们回头来想一想,我们这个文学的革命运动,不算是一个革命运动,实在是一个中国文艺复兴的一个阶段。因此我们常常说说笑话:我们是提倡有心,创作无力;提倡有心也不能说提倡有功。陈独秀、胡适之、钱玄同、刘半农这一班人,都不完全是弄文学的人,所以我们可以说是提倡有心。可是我们没有东西,比如那个时候我写了几首诗,现在我觉得我写诗的时代过去了。我一生只写了两个短篇小说。一个短篇小说,就收在《胡适文存》第一集里面,叫做《一个问题》,现在看了我都害羞,实在不像样子。一篇小说收在《胡适文存》台湾版的第四集里面,在大陆叫做《胡适论学近著》里面,叫做《〈西游记〉里的第八十一难》,那是我做了一个假古董,实在太寒伧。长篇小说是我在小孩子的时候写的,有一个提倡革命的报,叫做《竞业旬报》,我居然胆子很大,写了一个长篇小说给他们,叫做《真如岛》,内容是什么意思我也想不起来了,是章回小说,是要破除迷信,提倡开通民治的小说,写了七八回就没了,就放弃了。到后来走上了考据的路,文学这一条路就放弃了。戏剧是写了一个短篇的独幕剧,叫做《终身大事》,现在看来也是幼稚得很。不过在那个时候,很有许多学堂拿来演,当做一种新剧的独幕剧的教科书,现在回头看看觉得难为情得很。诗、小说、戏剧让给诸位去创作吧,所以诸位先生现在的责任很重。我们这般人现在已经老了!我今年照中国算法已经六十八岁了,就是算足了也是六十六岁半了,过了退休之年了!无论国内国外,大学教授到了六十五岁便是退休之年，我已经过了一年又半，现在应该可以退休了！在创作这一方面，也可以退休了，让给大家来努力向前。

我既然到这里来，也想多说几句话．就是在我们那个时候——四十年前所提倡的新的文学运动，难道单是这一个公式吗？——"汉字写白话"。人家都说胡适之所提倡不过是文体革命而已，这话也不错。我们当初所以能够成功，所以能够引起大家注意，就是我们那时认清楚了，这个文学的革命最重要的是文体的解放，把死的文字放弃了，采用活的文字。这个文体的革命是文学革命最重要最重要的一点。我们抓住了这一点不讲别的，不讲内容，什么内容也不谈，最重要的即先做到文体的革命，这的确不错。但是，除了文体之外也曾经讨论过（见之于文字的），除了白话是活的文字活的文学之外，我们希望两个标准：第一个是人的文学；不是一种非人的文学，要够得上人味儿的文学。要有点儿人气，要有点儿人格，要有人味儿的，人的文学。第二，我们希望要有自由的文学。

诸位！我们今天在这个自由世界，要充分用我们创作的自由，我们做点东西——有价值的东西，给世界人士看看。

我们是自由世界的自由创作者！

诸位谢谢！